新装版

日蓮のことば365日

Okamoto Renjyo
岡元錬城

東方出版

日蓮聖人御影（木像）〈東京本門寺蔵〉

はしがき

『日蓮のことば365日』と名づけた本書は、日蓮聖人が書きのこされた多量の文書の森の中から、短句小節を摘出して少しばかり解説めいたものを付加してなったものである。

日蓮聖人遺文はまことに膨大である。七百年をへた先人の文言を今に伝える事例はもとより多いが、個々の数量では日蓮聖人遺文がもっとも多大ではなかろうか。数値をあげてみると、専門分野の学術的論文（著述）と弟子信徒へあてたときどきの消息文（書簡）が四三八篇。右の一部分ではない独立の書の断簡（いつしか分断散逸して不完全な形で伝わる）が三五〇点をこえて現存する。他に図録と呼ばれている門弟教育の際や説法のおりなどに使用した資料・教材としての書きものが六五点。研究や備忘のために経・論・釈などの重要文献を書写した要文録が一六〇種以上。信仰の対象として染筆され弟子信徒へ授与した曼荼羅本尊が一三〇幅をこえて現存する。これらの総数は優に一千点を越えている。おびただしい数量といわねばならない。このうち、私たちが容易に読み得るのは著述・消息四三八篇と断簡の一部である（断簡は前後が欠失しているので全体の文意が明瞭ではないが）。

本書は、右の四三八篇の中からその一部分を任意に選び出したもので抄出・断章である（断簡からは一点だけ掲出した）。断章は文章全体の一断片・一小部分である。断章取義という。一断片を取りだし全体の本意とは無関係に小節の意味だけを用いることで、この方法はおうおうにして都合のよい引用・利用になりおわる欠点をもつ。「文は人なり」という。このことの本当の意味を了解するためには、断章取義を廃して全文を読みその人の全集に接することが最良確実な方法であろう。そのことによって、たとえ片言隻句にも著者その人の人間の全部が窺え感じとることができよう。とはいえ、全集の入手自体はいつでもできるが、誰しもが全集は読み難いものであるから手近に日蓮聖人のことばに触れる機会として、本書のごとき存在も無意味ではなかろうとおもうのである。

日蓮聖人のことばは、格調高く味わい深い達意の文章が多いが、一方では晦渋・難解に感じられる文章も大変多いかも知れない。仏教者日蓮聖人のことばは、一語一句が仏の心を伝える教導のためであり、したがってそれはあげて慈愛のことばである。このことが日蓮聖人遺文の基底である。この点を諒知して味読すれば、人生の喜び慰め励ましを得、美しい魂の長養をもたらせてくれる語句で充満していることに気づかされる。人生を処す思索の糧と示唆に富む標識が風格とつれそってあふれているとおもうのである。日蓮聖人のことばは仏教徒だけに示されたのではなく、すべての人々に向けられた遺産である。何を遺産として継承し、何を汲みだして発展させるかは私たちの課題であろう。

本書は、三六六日に割りふったが、その配列は気ままである。それゆえ、掲出遺文と月日に関連はない。日蓮聖人を知るためには、何よりも一生の行実を承知する必要があろう。そのため本書には、誕生から死までの一生の歩みを、後半（七月二十七日から）の一五八日分をあてててたどりみようとした。過不足あって整然たるものではないが、伝記の一応は知り得ると考える。前半には、一月の賀状から始めて、教理とかかわらない形の名句格言警句の類。あるいはたとえば命や病気や死など、人生の諸問題に触れる至言。ついで基礎的教理に属する用語の文言をいくつか配列した。日蓮聖人の宗教は、「仰ぐところは釈迦仏、信ずる法は法華経なり」というように、釈迦仏・法華経への信仰がすべてであったから、教主釈尊と法華経への讃嘆讃仰の辞がさまざまに表現されている。これらを類従したりもし、他の分野にも類同のことばを主題に即して重ねたところが相当にある。従って、重複が見られることは、おおい難い事実であるが、そこに筆者のなにがしかのおもいが存するかともおもえる。

本書執筆にあたって、日蓮聖人遺文全集を精読し要句をカードにとった。その数は一六〇〇点にのぼった。筆者の我意に任せての採録だが、そのうちの三六六篇が本書である。類似の句も多く載せたから、もっと精選吟味して配分すべきとおもいもするし、ぜひ登載し紹介すべきことばだと考えるものもはなはだ多い。たとえば著述にかぎっていえば、代表作『立正安国論』は比較的短篇なのだが二〇点掲出し、この書と対をなす『守護国家論』からも一三点をかかげたが、両書をはるかに超える最大長篇『開目鈔』からはわずか一二点であり、『撰時抄』や『報恩抄』などの長篇からも少ない。重厚な思想書『観心本尊抄』からはついに一点も載せられていない。その一方、短かい書簡なのだがそのほぼ全文を採録したのもある。つまりは片手落ちなのであって、できれば次の機会を待ちたいとおもう。

日蓮聖人の文章は大変いきが長いから、前述の断章取義の弊を避けるためにも止むなく見合わせたことばが多かったのも事実である。たとえば、蒙古襲来にあたり防備のために出征する武士とのこされた家族との別離の悲しさを告げる次の一文がある。

ゆき（壱岐）・つしま（対馬）の事、だざひふ（大宰府）の事。かまくら（鎌倉）の人々の天の楽のごと（如）にありしが、当時つくし（筑紫）へむかへば、とどまる女こ（妻子）、ゆくおとこ、はなるるときはかわ（皮）をはぐがごとく、かを（顔）とかをとをとりあわせ、目と目とをあわせてなげきしが、次第にはなれて、ゆい（由比）のはま（浜）・いなぶら（稲村）・こしごへ（腰越）・さかわ（酒匂）・はこねさか（箱根坂）。一日二日すぐるほどに、あゆみあゆみとをざかるあゆみも、かわ（河）も山もへだて、雲もへだつれば、うちそうものはなみだなり、ともなうものはなげきなり。いかにかなしかるらん。

ご覧のように本書に適合させるのには長文であり、句切るにふさわしくはない。この文はさらに逸し得ぬ前後の文と連絡するのであって、文脈を無視しての切断は不能なのである。悪しき断章におわるとおもえ捨てざるを得なかった。右様なわけで書き上げてたいへん不満がのこるのだが、筆者の非力のほかはない。

解説めいた文言も未熟をさらしている。意訳するほどもないわかりやすい卑近なことばもあるが、当時の日常語ではあっても今日では難解であり、さらに一般になじまない仏教術語で充満しているから、語釈や辞解を記し、もしくは執筆背景を説明したりもした。本来は原文味読にしくはないからわずらわしいこととおもうし、何よりも二ヵ月たらずで書き上げたものゆえ粗雑であっていわゆる未定稿に近い。不遜であり謹粛ではない。所詮、格調もとよりなく、味わいさらに乏しく、生硬・散漫・贅言に満ちていることはおおい難いばかりか、誤読・誤釈の恐れ多く、大方のご叱正を待つほかない。

暦の三百六十日をかんがうるに、一日も相違せば万日倶に反逆すべし。三十一字を連ねたる一句一字も相違せば、三十一字共に歌にて有るべからず。

との日蓮聖人のいましめのことばを鏡として、さらなる勉強の階梯を登っていきたいと念願している。かさねて読者諸賢のご斧正を乞いたい。併せて、現代の書物氾濫下に本書をお手にされていただいた光栄につつしんで感謝を申しあげたい。

なお、筆者は日蓮宗の旬刊情宣紙『日蓮宗新聞』連載のコラム「きょうの言葉」を昭和四十三年四月一日号から昭和五十一年六月二十日号まで、通計二三六回にわたって担当した。日蓮聖人のことばに若干のコメントを付したもので二百字前後の掌篇である。本書執筆にあたり、このコラムを活かすべく当局の許諾を受けたが、結果的には参考に資しただけで全文改訂した新稿であり、そのままの再録は一篇もない。教団の機関紙と本書では性格が異なるからである。また、この新聞切り抜きの全部を原稿用紙におろす作業を佐藤幸子さん（自坊本妙寺設置の「少年少女のための夏季仏教修養道場」の修了生）に何ヵ月も費やして奉仕していただいた。これらを明記してありがたく御礼申しあげる次第である。

終わりに、本書を企画され筆者に勉学の機会を提供くだされた書肆東方出版に敬意を表しつつしんで感謝を申しあげたい。とりわけそのことに当られた同書肆の今東成人氏に甚深の謝意を表する。

昭和五十九年十二月八日

釈尊成道の聖日に本妙寺にて

岡元錬城

目次

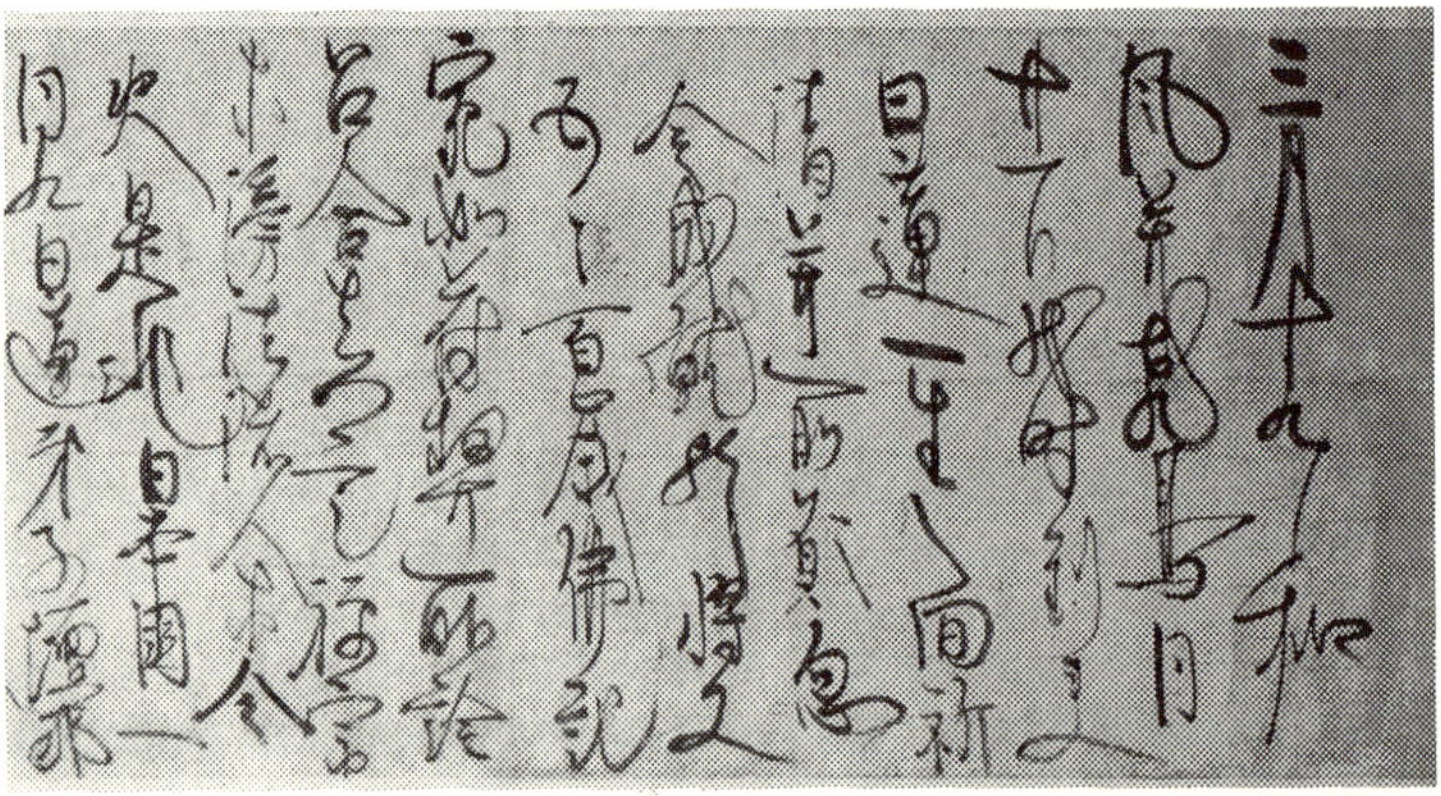

◉挿絵＝岡元桂子

『諸人御返事《しょにんごへんじ》』〈千葉県本土寺蔵〉（下部写真）

「諸人」とは門弟一同のこと。弘安元年三月二十一日の書簡で、急ぎ一同へ披見回覧させた。鎌倉の門下は身延の日蓮に急使をたて、公場対論実現のおもむきを報じた。報に接した日蓮はただちに本状を勇躍の気持をのせて執筆し、事変に対応した。「戌時」と時刻も付す。全一巻三紙。

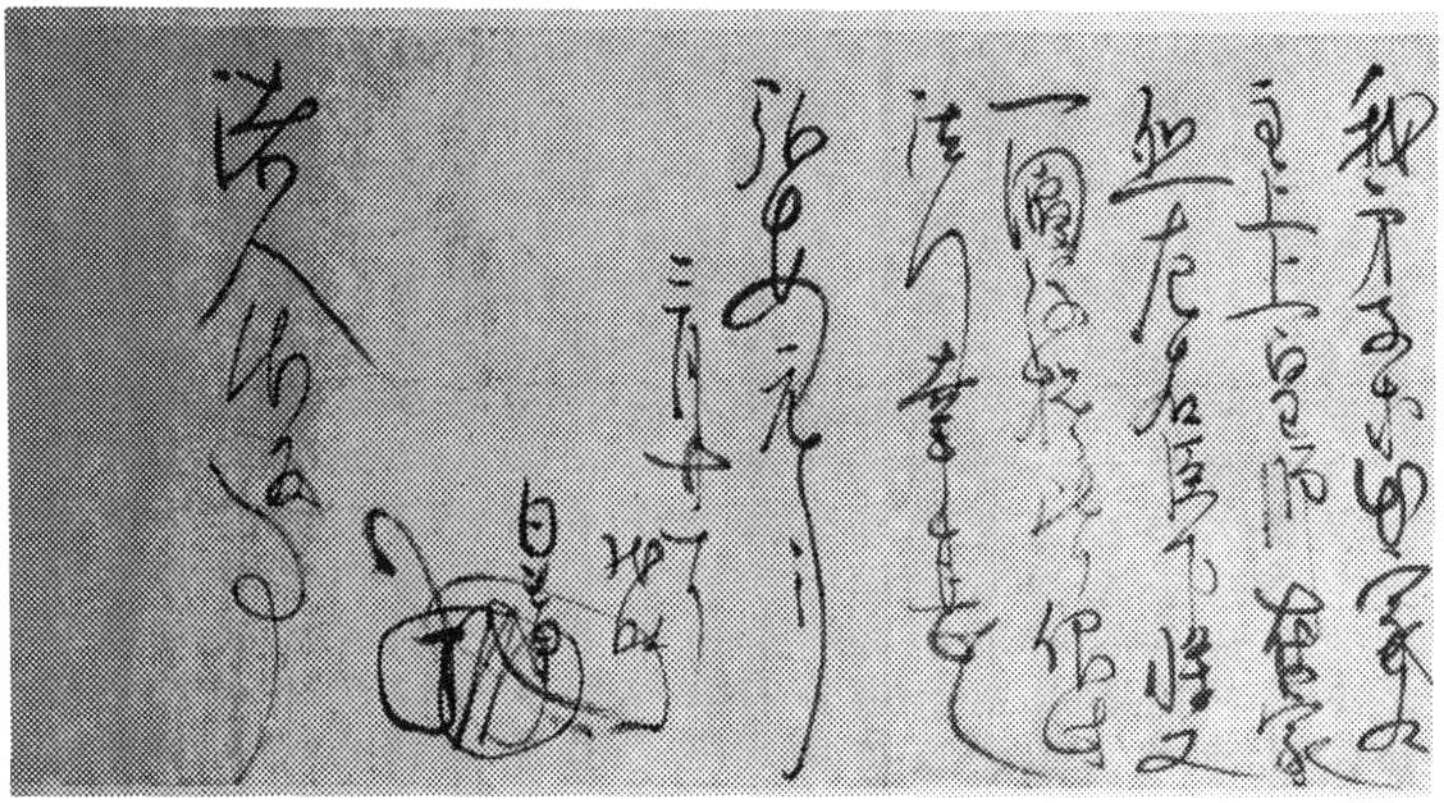

凡例

一、本書は日蓮聖人のことば（遺文）を遺文全集から選び、1月1日から12月31日まで366日に抄出し適宜に配列した。

一、日蓮聖人遺文はすべて『昭和定本日蓮聖人遺文』（立正大学日蓮教学研究所編、総本山身延久遠寺発行）によった。典拠遺文名につづくカッコ内の数字は底本のページ数である。

一、原本のカタカナはひらがなとし、本文にとり込んだ送りがなも同様である。

一、原本のかな文字は適宜に漢字に置き換え、もしくは直下にカッコで示した。

一、漢字は原則として現行表記に改めた。

一、原本にない句読点・並列点を打った場合がある。

一、原本の漢文は読み下し文に改めた。

一、旧かなづかいを現行かなづかいに改めた（例、ひ→い・ふ→う・へ→えなど）が古体を活した場合もある。

一、原本の年号に付されている干支（えと）はすべて略した。

一、省略引用の場合は該当箇所を…で示したが、スペースの都合で略した場合もある。

一、引用遺文の漢字には頻出する字句も含め、すべてふりがなをふった。ただし「日蓮」「法華経」「南無妙法蓮華経」は初めの所ではふったが後は略し、また年月日・数字はほぶいたものが多い。

一、字数の制約から、漢字へのふりがな等はかならずしも通行のごとく厳密ではない。

一、五箇所の〔　〕は原文理解に資するために補った（例、服〔着〕）。

日蓮のことば365日

1月

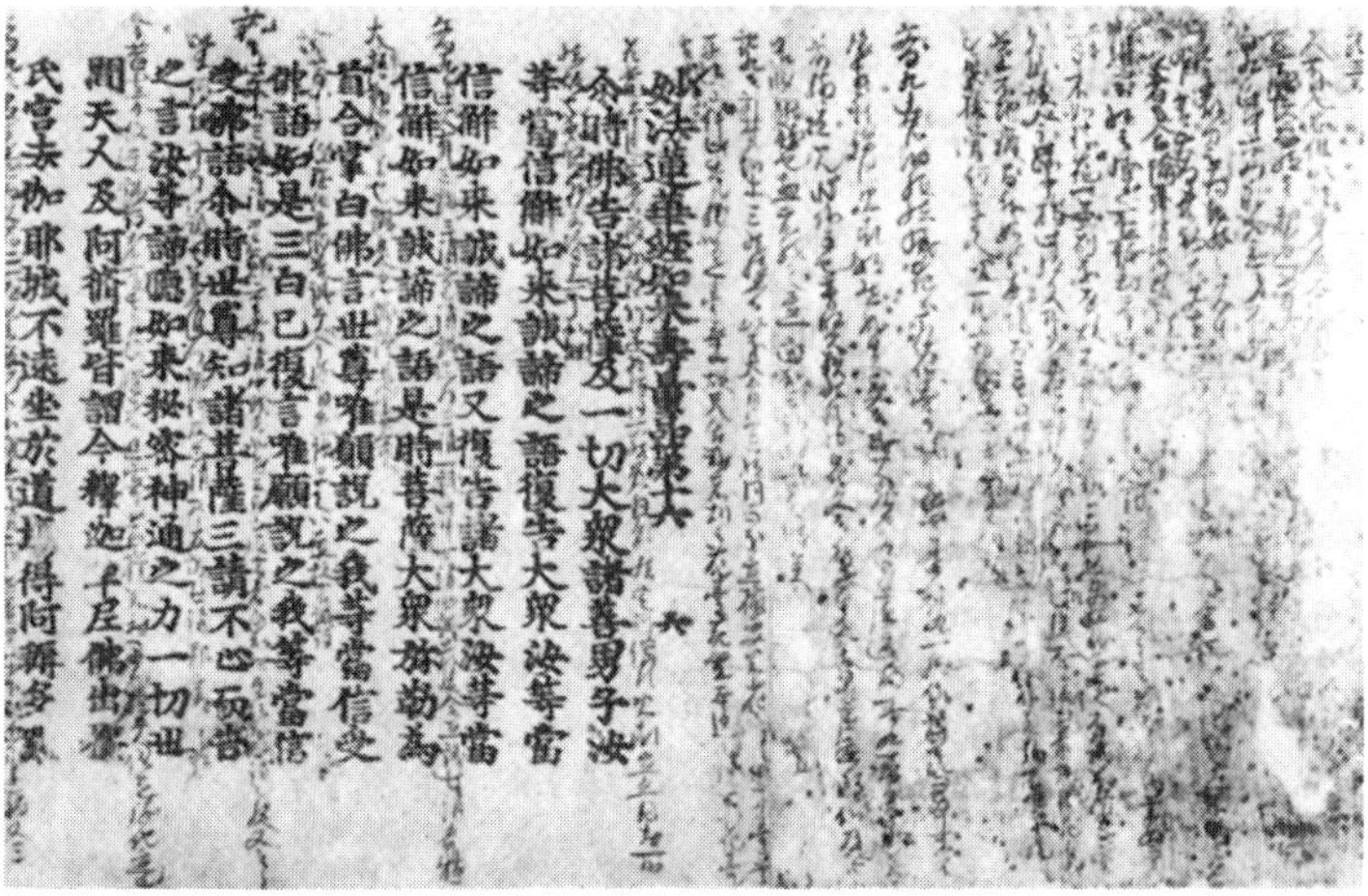
妙法蓮華經如來壽量品第十六
爾時佛告諸菩薩及一切大衆諸善男子汝
等當信解如來誠諦之語復告大衆汝等當
信解如來誠諦之語又復告諸大衆汝等當
信解如來誠諦之語是時菩薩大衆彌勒爲
首合掌白佛言世尊唯願説之我等當信受
佛語如是三白已復言唯願説之我等當信
受佛語爾時世尊知諸菩薩三請不止而告
之言汝等諦聽如來祕密神通之力一切世
間天人及阿脩羅皆謂今釋迦牟尼佛出釋
氏宮去伽耶城不遠坐於道場得阿耨多羅

『注法華経』〈静岡県妙法華寺蔵〉

『注《ちゅう》法《ほ》華《け》経《きょう》』〈静岡県妙法華寺蔵〉

法華経八巻と開結両経全十巻の経文の行間と天地の余白および紙背に、経・論・釈の要文を撰集注記したもの。法華経が諸他の経々に冠絶する由縁を文々句々に即してその箇所に縦横に注記対校した鬱然たる撰集。出典籍二七一部、注記要文二一〇六章にのぼるおびただしさである。日蓮が長い年月をかけ深志のもとに書き入れた「私集最要文」。

1月1日

正月《しょうがつ》の一日《ついたち》は日《ひ》の始《はじ》め、月《つき》の始《はじ》め、年《とし》の始《はじ》め、春《はる》の始《はじ》め。此《これ》をもてなす人《ひと》は月《つき》の西《にし》より東《ひがし》をさして満《みつ》が如《ごと》く、日《ひ》の東《ひがし》より西《にし》へわたりて明《あきら》かなるが如《ごと》く、徳《とく》もまさり、人《ひと》にも愛《あい》せられ候《そうろう》なり。

『重須殿女房御返事《おもすどのにょうぼうごへんじ》』（一八五五）

〝始めよければ終わりよし〟という。〝始めの一歩、末の千里〟ともいう。また、〝初め有《あ》らざるなし、克《よ》く終わり有る鮮《すくな》し〟のいましめも注視が必要。始めが大事、始め半分ではあるのだが、〝始めよし後《のち》悪し〟では功を欠く。一月一日は、なにもかも新しい。旧いものは旧いままなのだが、それが清新さにあふれる。新年とは、正月とはそういうもの。元旦は日の月の年の始まり、四季の始め。日光・月光。昼の太陽・夜の月。清浄な光輝につつまれて功徳（業績）を積もう。敬愛の人生がそこから始まる。

1月2日

今《いま》、正月《しょうがつ》の始《はじ》めに法華経《ほけきょう》をくよう（供養）しまいらせんとおぼしめす御心《みこころ》は、木《き》より花《はな》のさき、池《いけ》より蓮《はちす》のつぼみ、雪山《せっせん》の栴檀《せんだん》のひらけ、月《つき》の始《はじ》めて出《いづ》るなるべし。

『重須殿女房御返事《おもすどのにょうぼうごへんじ》』（一八五七）

春は清新の気がみつる。木に花が咲きそめる。ことに枯木《かれき》とみまごう桜の花は新鮮で、生成躍動の感深い。泥中《でいちゅう》の蓮華がつぼみをふくらませる。蓮華は清浄の代表花。芳香を放つ栴檀木《せんだんぼく》が、ふしぎや雪山ヒマラヤ山中に花ひらく。闇夜《やみよ》に月が照り輝く。これらはいずれも、ほのぼのとさわやかでうるわしい。かつはめづらしい。これが正月の気分。新春の香気の中に、法華経を読み仏のみ前にぬかづいて供養のまことをささげる。年頭に身も心も晴れやかに、法華経とともなる信仰者の気概をたしかめる。それが正月。

1月3日

元三《がんさん》の内《うち》に十字《むしもち》九十枚《まい》、満月《まんげつ》の如《ごと》し。心中《しんちゅう》もあきらかに、生死《しょうじ》のやみ（闇）もはれ（晴）ぬべし。あわれなり〳〵。

『上野殿御返事《うえのどのごへんじ》』（一六二一）

元三は正月三日（元三は年・月・日それぞれの始まりが三つそろうので元日の意味もある）。十字は餅《もち》。「餅九十枚・薯蕷《やまのいも》五本。わざと御使をもって正月三日ひつじの時に駿河《するが》の国富士郡上野郷《うえのごう》より甲州波木井《はきい》の郷身延山《みのぶさん》の洞《ほら》へおくりたびて候」と書き出される弘安二年正月三日の礼状。各地の日《にち》蓮《れん》の信徒は正月の賀詞を述べ祝賀の品を届けた。この年は前年十一月よりの豪雪。「去年の十一月より雪つもりて山里路《みち》たえぬ。年返《としかえ》れども鳥の声ならではおとづるゝ人なし」とある。多雪をおかしての訪問であった。それだけに、芳志のほどが尊く、「あわれなり〳〵」と告げるゆえんである。

1月4日

満月《まんげつ》の如《ごと》くなるもちい（餅）二十・甘露《かんろ》の如《ごと》くなるせいす（清酒）一筒《ひとつつ》給《た》び候《そうら》い了《おわ》んぬ。春《はる》の始《はじめ》の御《おん》悦《よろこ》びは月《つき》のみつるが如《ごと》く、潮《しお》のさすが如《ごと》く、草《くさ》のかこむが如《ごと》く、雨《あめ》の降《ふる》が如《ごと》しと思食《おぼしめ》すべし。

『四条金吾殿御返事《しじょうきんごどのごへんじ》』（一九〇六）

正月の便り、賀状の多くが今に伝わる。迎春の喜びを清新の気をのせて様々《さまざま》に表現していて楽しい。「春の初の御悦び、木に花の咲が如く、山に草の生出《おいいず》るが如し、と我も人も悦び入って候」「春の始の御悦び、花のごとく開け、月のごとく明《あきら》かにわたらせ給うべし」「春のはじめ、御喜び花のごとくひらけ、月のごとくみたせ給うべきよし、うけ給わり了《おわ》んぬ」「新春之《の》御慶賀、自他幸甚《こうじん》々々」「春の始の御悦び、自他申籠《もうしこ》め候い了《おわ》んぬ」等々。月末のそれには「春の祝はすでに事ふり（古）候いぬ」とある。筆まめな日蓮の年賀状。

1月5日

月《つき》は山《やま》よりい（出）で、山《やま》をてらす。わざわ（災）いは口《くち》より出《い》でて身《み》をやぶ（破）る。さいわい（幸）は心《こころ》よりいで、我《われ》をかざる。

『重須殿女房御返事《おもすどのにょうぼうごへんじ》』（一八五六）

幸せの鍵《かぎ》は心にある。「さいわいは心よりいで、我をかざる」。もの言わずとも、心のぬくもりやまなざしがある。そのことによって、さりげなく自然のかたちでおのれを輝やかせ、美しいよそおいとなる。こっそりと山の端《は》に顔をのぞかせる月。いつしか山並の全体を照らし、山容を浮かびあがらせる。しゃしゃり出てはこない。むき出しでもない。そんな月の姿・月の光は、おぼろだけにいっそう美しさを増す。月の美も人の美も、あらわでないところにあろうか。無論、災禍のもと悪口《あっく》の失《とが》はそこにはない。身の破滅をもたらせることはない。「我をかざる」のは所詮「心」にある。

1月6日

花《はな》は開《ひら》いて果《このみ》となり、月《つき》は出《い》でて必《かなら》ずみち、燈《ともしび》は油《あぶら》をさせば光《ひかり》を増《ま》し、草木《そうもく》は雨《あめ》ふればさかう。人《ひと》は善根《ぜんこん》をなせば必《かなら》ずさかう。

『上野殿御返事《うえのどのごへんじ》』（一七二九）

実り豊かな収穫を得るには、それにふさわしい努力が必要。何もせず、棚からボタ餅式ではどうしようもない。なせばなるのであって、なさねば何事もならぬものである。ここの道理は否応《いやおう》なしだ。田の苗も、草を除き肥料を施し愛育の手をのべてこそたわわに実る。世事万般そのとおり。人も同様。善《よ》き心根《こころね》あってこそ、人生の花開き大果を得る。善根功徳《ぜんこんくどく》の積み重ねあって、豊かに栄え、命を美しくかがやかせる。光輝にみちた人生は、善根の有無による。善を生ずる本《もと》が善根で、それが根本である。そのことなくては「必ずさかう」に結実しない。燈に油・草に雨が必要条件。

1月7日

魚《うお》の子《こ》は多《おお》けれども魚《うお》となるは少《すく》なく、菴羅樹《あんらじゅ》の花《はな》は多《おお》くさけども菓《み》になるは少《すく》なし。人《ひと》も又此《またかく》の如《ごと》し。菩提心《ぼだいしん》を発《おこ》す人《ひと》は多《おお》けれども退《たい》せずして実《まこと》の道《みち》に入《い》る者《もの》は少《すく》なし。

『松野殿御返事《まつのどのごへんじ》』（一二六九）

初志貫徹。なかなかできえるものではない。一念発起。中途挫折がいいところ。不退転《ふたいてん》の決意。これもまあ無理だ。人の多くは優柔不断《ゆうじゅうふだん》・躊躇逡巡《ちゅうちょしゅんじゅん》・右顧左眄《うこさべん》。ダメ人間でグウタラがとり得のようなもの。菩提心とは、人間完成をめざす大いなる心持ち・志願・真理探究の気概。仏をめざす勇猛の心。おこし得てなしがたいのが菩提心。多勢に無勢、少数者はいつでも悲哀のみ多い。しかし、少なき者のほこりは自他を鼓舞激励してやまず、ついには、無上の光輝を放ち、無量の遺産を後代にのこす。

1月8日

世界《せかい》に申《もう》すこぎこい（漕漕）での船《ふね》こぼ（溢）れ、又《また》、食《じき》の後《のち》に湯《ゆ》の無《な》きが如《ごと》し。

『崇峻天皇御書《すしゅんてんのうごしょ》』（一三九三）

世に名だたる船漕ぎの名手も、漕《こ》ぎに漕《こ》いでもう少しで着岸するという寸前で船破れて転覆することがある。磯際《いそぎわ》で船を破る失敗。猿も木から落ちるし、河童《かっぱ》の川流れともいう。九仞《きゅうじん》の功《こう》を一簣《いっき》に虧《か》くことあってはならぬ。諺《ことわざ》をもう一つ。せっかくの食事をすませても食後に湯のないのはものたりぬ、仕上げにならぬ。食後の湯は三里行っても帰って飲めというほどである。完成直前、成功寸前で臍《ほぞ》を噛《か》むことなかれ。急ぎの文《ふみ》は静かに書かなくてはならない。同輩の嫉妬讒言《しっとざんげん》で危地にある信徒訓誡の手紙の一節。「若干《そこばく》の人の殿《との》を造《つく》り落《おと》さんとしつるに、おとされずして、はや勝《かち》ぬる身が、穏便《おんびん》ならずして造り落されなば」に続く。

1月9日

一《ひと》つ船《ふね》に乗《の》りぬれば、船頭《せんどう》のはかり事《ごと》わる（拙）ければ、一同《いちどう》に船中《せんちゅう》の諸人損《しょにんそん》じ、又《また》、身《み》つよ（強）き人《ひと》も、心《こころ》かい（甲斐）なければ多《おお》くの能《のう》も無用《むよう》なり。

『乙御前御消息《おとごぜんごしょうそく》』（一〇九九）

指導者の無能・無策は大損・大害をもたらす。身体いかに頑健でも、それだけでは無用の長物。無用を有用に効果あらしめるのは心の問題。心の働きがなくては宝のもち腐《ぐさ》れになりおわる。心の働きは智慧。ものの道理の分別力。ものの値打ちを智慧の光明で照射し、真価を表出させることなくては駄目。根本の智慧は仏智《ぶっち》。仏の智見あれば世の一切は有用有益、なくば無用無益。引文は後続に「日本国には賢き人人はあるらめども、大将のはかり事拙《つたな》ければ甲斐なし」とあり、国政批判の文脈からの提言。

1月10日

夫《そ》れ斉《せい》の桓公《かんこう》と申《もう》せし王《おう》、紫《むらさき》を好《この》みて服《き》（着）給《たま》いき。楚《そ》の荘王《しょうおう》と言《い》いし王《おう》は、女《おんな》の腰《こし》のふとき事《こと》をにくみしかば、一切《いっさい》の遊女腰《ゆうじょこし》をほそからせんがために餓死《がし》しけるものおおし。

『四条金吾殿御返事《しじょうきんごどのごへんじ》』（六六〇）

引文は「しかれば一人の好む事をば我心にあわざれども万民随いし也」とつづき、さらに「譬えば、大風の草木を靡《なび》かし、大海の衆流を引くが如し。風にしたがわざる草木は折れ失《う》せざるべしや。小河大海におさまらずばいづれのところにおさまるべきや」という。引文は滑稽《こっけい》なバカ話、馬鹿王様の無知と我ままだが、笑いごとを通過して悲惨である。国王の威光とご機嫌とりする宮仕《みやづか》えの悲劇。愚かで気の毒な事件だが、「善悪に付《つけ》て国は必ず王に随《したが》うもの」との文脈から、あるべき王と民の肯定と否定。

1月11日

身命《しんみょう》を捨《す》て仏法《ぶっぽう》を学《がく》すべし。とても此身《このみ》は徒《いたずら》に山野《さんや》の土《つち》と成《な》るべし。惜《おし》みても何《なに》かせん。惜《おし》むとも惜《おし》みとぐべからず。人久《ひとひさ》しといえども百年《ひゃくねん》には過《すぎ》ず。其《そ》の間《あいだ》の事《こと》は但一睡《ただいっすい》の夢《ゆめ》ぞかし。

『松野殿御返事《まつのどのごへんじ》』（一二七二）

命を投げだす覚悟で仏の教えを学ぼうではないか。仏法習学は教養ではない。文化ではない。余技に非ず。ぎりぎりの人間の営みであり己れとの対決である。どうせわが身は白骨となって山野に朽ちる。惜むべき身ではない。値打ちのある身ではない。たかだか命は百年が限度。その間もはかない一夜の眠り。それも堕眠に悪夢。ろくでもない人生が、どうして惜しかろう。さすれば、学ぶ必要があろう。仏法は人生の要諦《ようたい》をあかす。何故《なにゆえ》に生き活かされているのか。人間とは何か。仏法を学ぶとは己れとの格闘だ。

1月12日

人身《にんしん》は受《う》けがたし、爪《つめ》の上《うえ》の土《つち》。人身《にんしん》は持《たも》ちがたし、草《くさ》の上《うえ》の露《つゆ》。百二十《ひゃくにじゅう》まで持《もち》て名《な》をくたし（腐）て死《し》せんよりは、生《い》きて一日《いちにち》なりとも名《な》をあげん事《こと》こそ大切《たいせつ》なれ。

『崇峻天皇御書《すしゅんてんのうごしょ》』（一三九五）

人間に生まれることは大変に困難なことである。爪の上に乗る微量の土のように。人間として齢《よわい》をまっとうすることは非常にむつかしい。草の上の露のはかないように。ただ長生きすればよいなどというものではない。無意義な人生をたとえ百二十歳まで長らえても汚名を着て死ぬのであれば、価値ほとんどない。生きている今、今の一日を大事に活かしきって生きる。命の値打ちを確《たし》めて尊く生きる、そのような一日の生活こそもっとも大切である。命を生きることは、活かすことである。功名手柄ではない。

1月13日

請《こ》い願《ねがわ》くは道俗《どうぞく》、法《ほう》の邪正《じゃしょう》を分別《ふんべつ》して、其《そ》の後《ご》、正法《しょうぼう》に付《つ》いて後世《ごせ》を願《ねが》え。今度《こんど》、人身《にんしん》を失《うしな》い三悪道《さんあくどう》に堕《だ》して後《のち》に後悔《こうかい》すとも何《なん》ぞ及《およ》ばん。

『守護国家論《しゅごこっかろん》』（一二七）

どうか、僧も俗もすべての人々にお願いしたい、考えてもらいたい。まず私たちがなすべきことは、何をおいても法の邪正を分別することではないでしょうか。分別とは道理にもとづく慎重な判断によって正邪を区分することです。法の是非・善悪の識別は容易ではありません。容易ではありませんが信仰の自立、主体の構築のためになさねばならぬ角逐《かくちく》、それが法の邪正の弁別です。このことなくして、真正の信・懸命の信は生まれません。正法との出会い、正法の把捉。ついで一途な信が安心救済となります。重ねて請願します、邪正の弁別を。また、「後悔すとも何ぞ及ばん」と。

1月14日

此等《これら》の意《こころ》を以《も》って之《これ》を案《あん》ずるに、我門家《わがもんけ》は夜《よる》は眠《ねむり》を断《た》ち、昼《ひる》は暇《いとま》を止《とど》めて之《これ》を案《あん》ぜよ。一生空《いっしょうむなし》く過《すご》して万歳《ばんさい》悔《く》ゆること勿《なか》れ。

『富木殿御書《ときどのごしょ》』（一三七三）

「止暇断眠《しかだんみん》」。壮絶というべきである。昼は少しの暇《ひま》をも惜しみ、夜は眠る時間も断って学習活動に精励せよ。不眠不休の勉学のすすめであり、門家への厳命である。懸命な勉学のすすめは仏弟子としてなさねばならぬ当然の要請であり課題である。日蓮《にちれん》自身、壮烈なまでの学習活動に生涯従事した。倦《う》むことのない研究に歳月を送った。仏の真意を探究し、依《よ》るべき真仏教を探求するためになさねばならぬ作業であった。一生を空く過して悔《くい》を万歳に残すことがあってはならない。徹底尋究、徹底糾明。これによって仏者たる自己の確立がある。学べよ。

1月15日

行学《ぎょうがく》の二道《にどう》をはげみ候《そうろう》べし。行学《ぎょうがく》たえなば仏法《ぶっぽう》はあるべからず。我《われ》もいたし人《ひと》をも教化候《きょうけそうら》へ。行学《ぎょう》は信心《しんじん》よりおこるべく候《そうろう》。力《ちから》あらば一文一句《いちもんいっく》なりともかたらせ給《たま》うべし。

『諸法実相鈔《しょほうじっそうしょう》』（七二九）

「行学の二道をはげみ候べし」。日蓮の門下勉励のスローガンである。行学、修行と学問の二道に精進せよ。行動と学習は不可分で互いに支えあわなくてはならない。得手・不得手はあっても懸命に取り組まねばならぬ。学問は自己錬磨、実践は布教活動、このことは分離せず相即させよ。行学は仏法の基礎。そして、さらなる行学の基礎は信心である。肝要の信心の上に、行学の二道に精励しなくてはならぬ。そのことによって、力のかぎりを尽して、仏意の一文一句を語り伝えねばならぬ。倦《う》まず励めよ。

1月16日

我門弟《わがもんてい》、委細《いさい》に之《これ》を尋討《じんとう》せよ。……眼有《まなこあ》らん我《わが》門弟《もんてい》は之《これ》を見《み》よ。……我門弟《わがもんてい》、之《これ》を見《み》て法華経《ほけきょう》を信用《しんよう》せよ。目《め》を瞋《いか》らして鏡《かがみ》に向《むか》へ。

『法華取要抄《ほっけしゅようしょう》』（八一〇）

学習活動を督励する日蓮の言葉は大変に多い。学び知るということは行動への基礎である。実践に向けて動きださない学習は知的遊戯になり終わる。学んで行ずる。知ったら行う。このことのはたされぬ学習はほとんど無意味に近い。日蓮は仏教を学び、仏の真意を知った「知教者《ちきょうしゃ》」となった。仏教の本旨を知った者の義務・責任として弘《ぐ》法《ほう》・弘教《ぐきょう》の行動が生れ、さらなる習学実践が必然要請された。はてしない勉学の累積が日蓮に行じられ、門下に要求された。「我門弟、委細に之《これ》を尋討せよ」。当然である。これによって法の信用を培《つちか》う。「目を瞋らして」法の鏡に向かわねばならぬ。

1月17日

此《こ》の大法《だいほう》を弘通《ぐづう》せしむるの法《ほう》には、必《かなら》ず一代之《いちだいの》聖教《しょうぎょう》を安置《あんち》し、八宗《はっしゅう》の章疏《しょうしょ》を習学《しゅうがく》すべし。

『曽谷入道殿許御書《そやにゅうどうどのもとごしょ》』（九一〇）

門下に向けて勉学を奨励した一文。「此の大法」とは日蓮の主張する法華《ほっけ》仏教。「一代之聖教」とは全仏釈迦仏一代の全仏教経典。「八宗の章疏」とは全仏教界の典籍。要するに仏教関係の全書物を座右に置き、すべてに目をさらして学ぶこと。このことが「日蓮仏法」を弘通する基本であり、なさねばならぬ作業であるというのである。まことに壮大といわねばならぬ。日蓮仏法はきわめて理知的である。この基礎あってこそ、全仏教を総括し統一し得た。この裏付けが絶大な信念と自信と抱負をもち得た。法華仏教とは全一仏教。法華経の教旨は仏教全体を括《くく》る。日蓮仏法は経の教旨を存分に把捉したところに樹つ。聖教・章疏の習学は必然。

1月18日

各々《おのおの》師子王《ししおう》の心《こころ》を取《と》り出《いだ》して、いかに人《ひと》おどすともおづる事《こと》なかれ。師子王《ししおう》は百獣《ひゃくじゅう》におぢず。師《し》子《し》の子《こ》又《また》かくのごとし。彼等《かれら》は野干《やかん》の吼《ほう》るなり。日蓮《にちれん》が一門《いちもん》は師子《しし》の吼《ほう》るなり。

『聖人御難事《しょうにんごなんじ》』（一六七四）

この文は直接には国権弾圧の迫害に窮迫する門下策励の書状の一節であるが、単に、異常事態の激語ではない。信仰集団には大小・陰陽さまざまな迫害がつきまとう。動揺しがちな我等。不安におののく我等。弱い心を凌駕《りょうが》する強い心を持たねばならない。百獣の王は獅子。獅子王の心を取り出さなくてはいけない。迫害者は、所詮は虎の威を借る野干《やかん》（狐）にすぎぬ。狐のなき声などにおじ恐れてはならぬ。日蓮が一門は獅子の吼《ほ》えるものである。諸経の王は法華経《ほけきょう》。百獣の王は獅子。我等は獅子王だ。

1月19日

願《ねがわ》くは我弟子等《わがでしとう》は師子王《ししおう》の子《こ》となりて群猿《ぐんえん》に笑《わら》わる事《こと》なかれ。過去《かこ》遠々劫《おんのんごう》より已来《このかた》、日蓮《にちれん》がごとく身命《しんみょう》をすてて強敵《ごうてき》の科《とが》を顕《あらわ》す師子《しし》には値《あ》いがたかるべし。

『師子王御書《ししおうごしょ》』（一六〇九）

百獣の王ライオン。四肢を張って睥睨《へいげい》するさまは威圧十分、猛獣界の王者だ。人間界の王者となろうとするのが法華経の教旨であるから、まさに獅子奮迅の大勇猛心が要請される。日蓮は獅子である。獅師日蓮にはあいがたいはずである。「国王の責《せ》めなをおそろし。況《いわん》や閻魔《えんま》のせめをや。日本国のせめは水のごとし。ぬるゝをおそるゝ事なかれ。閻魔のせめは火のごとし。裸《はだか》にして入《はい》るとおもへ。はげます心なり、すすむる心なり」と後続文はいう。猿などに笑われるな。国権弾圧下、法のための決然実行鼓舞の辞だ。

1月20日

師子王《ししおう》の如《ごと》くなる心《こころ》をもてる者《もの》、必《かなら》ず仏《ほとけ》になるべし。例《れい》せば日蓮が如《ごと》し。これおごれるにはあらず。正法《しょうぼう》を惜《おし》む心《こころ》の強盛《ごうじょう》なるべし。

『佐渡御書《さどごしょ》』（六一二）

仏教者・仏弟子として、仏の教え・正法の衰微をどうして悲しまずにおられよう。正法の衰滅にあらがい、正法護持建立に奮然たつ。正法哀惜の情うたた強盛たらざるを得ぬ。これが仏者の当然の気持である。そのため百出の困難をしのぐ内なる勇気、かの獅子は小兎《こうさぎ》一匹にも全力を尽し、大象にも畏れず雄々しくたちむかう。そのような獅子王の気概。この心あればかならず仏となる。日蓮がその実例だが、これは決して日蓮のおごりではない、慢ではない。日蓮は獅子王だ、日蓮の言は獅子吼だ。受難の我門弟よ、ついの願い仏になるために、このことを知悉《ちしつ》せよ。冷静に判断せよ。

1月21日

仏《ほとけ》になるみちは善知識《ぜんちしき》にはすぎず。わが智慧《ちえ》なにかせん。ただあつきつめたきばかりの智慧《ちえ》だにも候《そうろう》ならば、善知識《ぜんちしき》たいせち(大切)なり。而《しか》るに善知識《ぜんちしき》に値《あ》う事《こと》が第一《だいいち》のかたき事《こと》なり。

『三三蔵祈雨事《さんさんぞうきうのこと》』（一〇六五）

親友を善知識という。本当の友は、悲喜苦楽ともに何くれとなく対処し導びいてくれる。相手の立場に身をおいての自己滅却だ。知識とは、もとより物知りではない。人格向上のための血肉である。われらは凡夫。凡夫の浅智慧ともいう。ただ、暑い寒いを本能的に感知する程度の浅薄なもの。それではどうしようもない。だから、善知識にめぐりあうことが大切だがその善知識との出会いが難事中の難事。人格の完成、人間の完成者を仏という。仏になる、成仏の方途は善知識と出会うことである。真の善知識、仏にまみえることである。

1月22日

悪知識《あくちしき》と申《もう》すは、甘《あま》くかたらい詐《いつわ》り媚《こ》び、言《ことば》を巧《たくみ》にして愚痴《ぐち》の人《ひと》の心《こころ》を取《とり》て善心《ぜんしん》を破《やぶ》るという事《こと》なり。

『唱法華題目鈔《しょうほっけだいもくしょう》』（一九四）

人の善心をそこなわせ、身を破滅させる悪友が悪知識。「国を損じ人を悪道におとす者は悪知識に過たる事なきか」「悪知識と申してわづかに権教《ごんきょう》を知れる人、智者の由《よし》をして」「一切の悪縁よりは悪知識を恐るべし」「悪知識には親近《しんごん》せざれ」。悪知識拒絶のことばはたいへん多い。悪しき友、悪しき指導者は、身心をむしばみ破壊する。毒を薬に変えるように、悪知識を善知識として活かす気概があれば、悪は転じて善となる。しかし人の多くは甘言に惑《まど》わされ諂《へつら》いにとろかされる。巧言令色鮮《すくな》し仁《じん》と。悪知識からの離脱を仏は説く。「涅槃《ねはん》経《ぎょう》二十二に云く……。文の心は」と引文につづく。

1月23日

仏《ほとけ》は善知識《ぜんちしき》に値《あ》う事《こと》をば一眼《いちげん》の亀《かめ》の浮木《ふぼく》に入《い》り、梵天《ぼんてん》より糸《いと》を下《さげ》て大地《だいち》の針《はり》のめに入《い》るにたとえ給《たま》えり。而《しかる》に末代悪世《まつだいあくせ》には悪知識《あくちしき》は大地微塵《だいちみじん》よりも多《おお》く、善知識《ぜんちしき》は爪上《そうじょう》の土《つち》よりも少《すくな》し。

『三三蔵祈雨事《さんさんぞうきうのこと》』（一〇六五）

浜の真砂《まさご》はつきるとものたぐいで、世に悪事は多く悪人が多い。よき友が善知識、悪友は悪知識。悪には染まりやすい。悪の易《やす》きや火の原《はら》を燎《や》くが如しという。悪知識に親近《しんごん》せざれとはいっても、はびこりようは大地微塵のごとしだ。一方、善知識とのめぐりあいは、はなはだ困難。仏は譬える。盲亀浮木《もうきふぼく》・一眼《いちげん》の亀《かめ》であると。盲亀あるいは一眼（片眼）の亀が、海上の浮木《うきぎ》にあうことはむつかしいと。また、天空より地上の針に糸を通すことは至難と。善に従うは登るが如く悪に従うは崩るるが如し。

1月24日

抑《そもそ》も仏法《ぶっぽう》を学《がく》する者《もの》は大地微塵《だいちみじん》よりおおけれども、まことに仏《ほとけ》になる人《ひと》は爪上《そうじょう》の土《つち》よりもすくなしと、大覚世尊涅槃経《だいがくせそんねはんぎょう》にたしかにとかせ給《たま》いて候《そうら》いしを、日蓮《にちれん》み（見）まいらせ候《そうろう》。

『三沢鈔《みさわしょう》』（一四四三）

一体《いったい》、仏《ほとけ》の教えを学ぶ人は大地の微塵《みじん》のように多いのだが、本当に仏になる人は極端に少なく、爪の上にのる土の微量さにも劣るほどである。ということを大覚世尊・教主釈尊は、『涅槃経』の中にしっかりとお説《と》きになられておられる。日蓮はこの経文をはっきりと拝見し肝《きも》に銘《めい》じている。以上のようにいって日蓮は、次下《つぎしも》に「げにもさるならんとおもう事候」という。まったくそのとおりであると実感したのである。「仏になる」ことをめざした日蓮にとって、爪上の土の仏説は大変に重くひびく示教であった。

1月25日

仏《ほとけ》、末代《まつだい》を記《しる》して云《いわ》く、謗法《ほうぼう》の者《もの》は大地微塵《だいちみじん》よりも多《おお》く、正法《しょうぼう》の者《もの》は爪上《そうじょう》の土《つち》よりすくなかるべし。仏語《ぶつご》まことなるかなや、今日本国《いまにほんこく》、か(彼)の記《き》にあたれり。

『破良観等御書《はりょうかんとうごしょ》』(一二八三)

仏は、その滅後末世を予《あらかじ》め知《し》ろしめしておられた。『涅槃経《ねはんぎょう》』の十方の土と爪上の土を対比しての譬話がある。仏の教法を正しく信じ受けつぐ「正法の者」は、爪の上にのるわずかの土のように乏少である。仏の教えをはきちがえるばかりか、不信・無信の逆徒「謗法の者」はおびただしい。仏法の衰滅を歎き、正法の受持者を激励する仏のことばは末代を遠鑑しての〝未来記〟だ。正法広布者日蓮は、「爪上の土」の少数者であった。「仏語まことなるかなや」とは、日蓮の実感であった。このおもいが、日蓮の苦渋に満ちた生涯を支えた。

1月26日

経王《きょうおう》、国《くに》に失《うしな》いしかば世王又《せおうまた》たえて或《あるい》は大王臣《だいおうしん》下《か》におかされ、或《あるい》は他国《たこく》にあなづられ、終《つい》に主《しゅ》なき国《くに》となりぬ。仏法《ぶっぽう》は主体《しゅたい》なり、世法《せほう》は影響《えいきょう》なり。体曲《たいまが》れば影《かげ》なゝめなりというは此《これ》なり。

『仏説御書《ぶっせつごしょ》、断簡《だんかん》五四』(二四九七)

「経王」とは諸経の中の王・法華経。「世王」とは世俗社会の王で国の主権者。当代は鎌倉幕府でその執権北条氏の得宗《とくそう》。経王が正しく受容され、そのことによって王権の安定、社会の平安が保たれる。法の乱れが国の乱れに直結する。仏法存して世法も存す。ここの道理が乱れると王位争奪の内乱・下剋上《げこくじょう》おこり、他国の侵略に国破れ、ついに主なき亡国となりおわる。世に正しい道理が守られ、政治が正しい理念にもとづかねばならない。正しい道理・理念とは正法であり経王にもとづくことである。影は体の反映である。

1月27日

仏法《ぶっぽう》ようやく顚倒《てんどう》しければ世間《せけん》も又濁乱《またじょくらん》せり。仏法《ぶっぽう》は体《たい》のごとし、世間《せけん》は影《かげ》のごとし。体曲《たいまが》れば影《かげ》なゝめなり。

『諸経与法華経《しょきょうよほけきょう》 難易事《なんいのこと》』（一七五二）

仏法と王法（世間法）は不可分の関係にある。その関係は、仏法が主体で王法はその影現である。本末の関係である。体と影は相即する。仏法の顚倒によって世間の濁乱が起る。仏法の混濁・迷妄はそのまま世間法に悪影響を与える。源流が濁っていれば下流が清いはずはなく、身が曲《ま》がっていては影がまっすぐなはずがない。「法定《さだま》り国清《す》めり」、国土の平安は仏法の正しい安定による。要するに宗教の邪正と国家の消長は比例するのである。立正安国《りっしょうあんこく》の主張はここに立脚する。日蓮の一生の主張と課題と使命感をあふれさせた〝立正安国〟。「立正」の意味は深重だ。

1月28日

夫《そ》れ十方《じっぽう》は依報《えほう》なり、衆生《しゅじょう》は正報《しょうほう》なり。依報《えほう》は影《かげ》のごとし、正報《しょうほう》は体《たい》のごとし。身《み》なくば影《かげ》なし、正報《しょうほう》なくば依報《えほう》なし。又《また》、正法《しょうぼう》をば依報《えほう》をもて此《これ》をつくる。

『瑞相御書《ずいそうごしょ》』（八七三）

依報と正報の不可分性・一体性をのべている。正報とは私たちの心身、依報とはその依りどころである環境や国土。自己主体と環境世界、人間界と自然界。両者の関係は相依相関で二《ふたつ》であって二《ふたつ》でない、而二不二《ににふに》。十方世界は依報、私たちは正報。依報は影のようなもの、正報は本体であり、本体なくては影がないように、正報なくして依報なく、また正報も依報の反映であって、要するに一体不離で分離不能の関係である。人間が環境をつくり、環境が人間をつくる。ともに因となり、ともに果となる。依正不二《えしょうふに》は原理原則である。

1月29日

人《ひと》の悦《よろこ》び多多《たた》なれば、天《てん》に吉瑞《きちずい》をあらわし、地《ち》に帝釈《たいしやく》の動《うごき》あり。人《ひと》の悪心盛《あくしんさかん》なれば、天《てん》に凶変《きようへん》・地《ち》に凶夭出来《きようようしゆったい》す。瞋恚《しんに》の大小《だいしよう》に随《したが》いて天変《てんぺん》の大《だい》小《しよう》あり。地夭《ちよう》も又《また》かくのごとし。

『瑞相御書《ずいそうごしよ》』（八七五）

自然界に起るさまざまな異変は、自然の運行、自然それ自体の活動とはせず、人間界の動向と深くかかわると考えるのが依正不二論《えしようふにろん》。人の平安多幸は、吉祥の瑞が天にみちるし、地も帝釈《たいしやく》の快い活動を招いて安穏豊楽で五穀がうるおう。逆に悪心さかんで人の迷惑つのれば、不吉な天変・不祥な地夭が競起し充満する。人間堕落の根本は三毒。人間破壊の害毒三つの煩悩が貪《とん》・瞋《じん》・痴《ち》。災害は自然界の怒りで人間界の怒りの反動。心身の平安を乱しさとりを妨げる根本悪瞋恚。集団瞋恚の反動は当然に大きく、大害をもたらせる。

1月30日

嗟呼悲《ああかな》しいかな、如来誠諦《によらいじようたい》の禁言《きんげん》に背《そむ》くこと。哀《あわ》れなり、愚侶迷惑《ぐりようめいわく》の麁語《そご》に随《したが》うこと。早《はや》く天下《てんか》の静謐《せいひつ》を思《おも》はば、須《すべか》らく国中《くにぢゆう》の謗法《ほうぼう》を断《た》つべし。

『立正安国論《りつしようあんこくろん》』（二二三）

天下の平安・静謐は、仏説に信順し正法を信受することによってもたらされる。正法建立とは、逆にいえば邪法の根絶であり謗法の禁断を意味する。「如来誠諦の禁言」に反逆し、「愚侶迷惑の麁語」に随順するさかさまの現実が、世の太平を乱している。法が定まってこそ、国が静隠である。法の乱れは国の乱れである。このように日蓮は考え、『立正安国論』の趣旨はこのことを仏説にもとづいて論述した。「如来誠諦」とは法華経寿量品《じゆりようほん》の文、即ち釈尊の金言である。本仏の禁言は絶対順守が要請される。本仏釈尊の要請に応えることが、仏者の当然の行為である。禁断謗法は当然事。

1月31日

問《とう》て曰《いわ》く、何《いか》なる秘術《ひじゅつ》を以《も》って此《こ》の災難《さいなん》を留《とど》むべきや。答《こたえ》て曰《いわ》く、還《かえ》って謗法《ほうぼう》の書《しょ》ならびに所学《しょがく》の人《ひと》を治《じ》すべし。若《も》し爾《しか》らざれば、無尽《むじん》の祈請《きしょう》ありと雖《いえど》も、但費《ただつい》やして験《しる》し無《な》きか。

『災難興起由来《さいなんこうきゆらい》』（一六一）

連年の災害は対策なく、年号だけがしきりに改められた。災厄からの脱却を願っての災異改元《さいいかいげん》である。建長《けんちょう》・康元《こうげん》・正嘉《しょうか》・正元《しょうげん》・文応《ぶんおう》・弘長《こうちょう》と毎年、ときには一年に二度とめまぐるしく改まった。糊塗策《ことさく》・彌縫策《びほうさく》にすぎぬ。その他さまざまな一時的対応がとられたが、いずれも根本的施策ではなかった。「無尽の祈請」も浪費であって有効ではない。抜本対策は何か。天災は所詮は人災。人間の側の不埒《ふらち》・蒙昧《もうまい》が自然界の悪影響を生み、災害誘発となる。不法・邪法・悪法の阻止。これが災害対治の秘術である。

2月

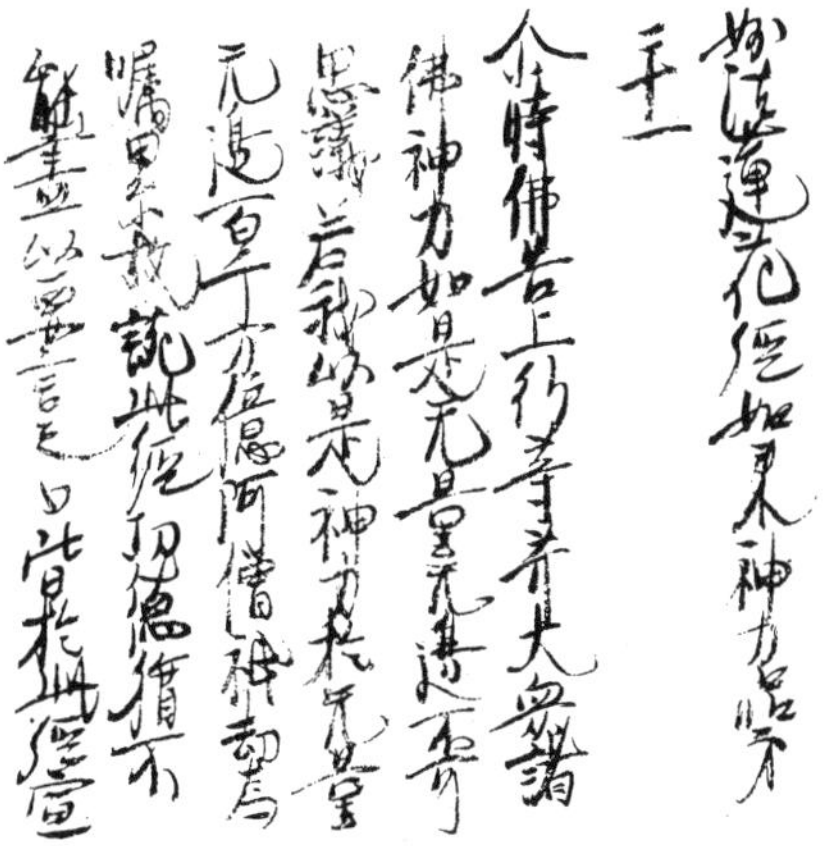

『妙法蓮華経』〈千葉県法華経寺蔵〉

『妙《みょう》法《ほう》蓮《れん》華経《げきょう》』〈千葉県法華経寺蔵〉

日蓮遺文の中に「要文集」と呼ばれる一群がある。日蓮が自己の研究のために各種の教籍の要文を抜粋集録したものである。教典閲覧のさいの備忘として、あるいは門下訓育の教材として、経や論や釈から転写した「要文集」は、今におびただしく残る。写真は『迦葉付属事』と名づけられる中に書写された法華経第二十一章「如来神力品」。

2月1日

日蓮仏語《ぶつご》の実否《じっぴ》を勘《かんが》えるに三類《さんるい》の敵人《てきにん》これ有《あ》り。これを隠《かく》さば法華経《ほけきょう》の行者《ぎょうじゃ》に非《あら》ず。これを顕《あら》わさば身命《しんみょう》定《さだ》めて喪《うしな》わんか。

『教機時国鈔《きょうきじこくしょう》』（二四五）

法華経の説示に従って修行実践する者、法華経如説修行《にょせつしゅぎょう》の者が法華経の行者。法華行者は、「大難に度々《たびたび》値《あ》う人をこそ滅後の法華経の行者とはしり候わめ」というように値難《ちなん》を資格条件とする。というのも、仏滅後の行者は大小さまざまな迫害にさらされると経文は示す。だから受難は行者たることのあらわな現証。仏語の真実性の証《あかし》である。とりわけ迫害者三種、俗衆《ぞくしゅう》・道門《どうもん》・僣聖《せんしょう》のおごれる者あって加圧する。権力者にとり入っての暴圧ゆえ生命の危機は不断にある。忍難忍苦のはてに行者は実証される。「三類の敵人」のあらわな出現、それは「仏語の実否」のものさしであった。

2月2日

我《わ》が言《げん》は大慢《だいまん》に似《に》たれども、仏記《ぶっき》を扶《たす》け如来《にょらい》の実語《じつご》を顕《あら》わさんがためなり。然《しか》りと雖《いえど》も、日本国《にほんこく》中《ちゅう》に日蓮を除《のぞ》き去《さっ》ては誰人《だれびと》を取《と》り出《いだ》して法華経《ほけきょう》の行者《ぎょうじゃ》となさん。

『顕仏未来記《けんぶつみらいき》』（七四一）

「法華経の行者」たらんとの念願に生きたのが日蓮の一生であり、宗教体験の累積はそのことを実証し、「法華経の行者・日蓮」の立場を確立・宣言した。行者の実証は、仏の未来予告の経文、未来《みらい》記《き》を現実の言葉・真実の言葉とすることである。体験によるのほかない。如来の予言の実証は、仏弟子としてのつとめであり、仏語を実語と証《あかし》する営為は、仏を支え扶助することとなる。仏弟子として誰しも取り組むべき課題に向かい実証したのは日蓮一人である。法華経行者われ日蓮とは揚言ではない。

2月3日

法華経は、紙付《かみつき》に音《こえ》をあげてよ（読）めども、彼《か》の経文《きょうもん》のごとくふれまう（振舞）事《こと》、かた（難）く候《そうろう》か。

『転重軽受法門《てんじゅうきょうじゅほうもん》』（五〇八）

言《いう》は易《やす》く行なうは難《かた》し、これ世の常態。読むは容易でも実践は困難、これ経を読む者の実況。経を読むだけならば鶯《うぐいす》でさえ経読鳥《きょうよみどり》である。己れの行動の基盤を仏教に依っている人を仏教徒という。法華経の説示にのっとって行動する法華仏教の実践者を法華経の行者という。ただ経文を読む、紙に印刷された文字を声にだして読む、これは信仰者でなくともできる。問題は経文の教示を行動化すること、振舞《ふるまう》ことである。経文の読誦《どくじゅ》、それは口読・音読にとどまらず、達意の読みをへての身読《しんどく》・色読《しきどく》である。身《しん》も色《しき》もからだのこと。肉体をあげて経意を読む、それが身読・色読。観念・思弁ではなく、経文説示の肉体を堵しての実践である。

2月4日

法華経を余人《よにん》の読《よ》み候《そうろう》は、口《くち》ばかり言葉《ことば》ばかりは読《よ》めども心《こころ》は読《よ》まず。心《こころ》は読《よ》めども身《み》に読《よ》まず。色心《しきしん》二法共《にほうとも》にあそばされたるこそ貴《とうと》く候《そうら》へ。

『土籠御書《つちろうごしょ》』（五〇九）

読むということは至難である。日蓮のいう読むとは、口に出し声を発してのそれではない。文字をなぞってのそれではない。心で読むこと、身で読むことをさして読むといっている。色心二法をともにあげて読みこむこと。色は身体、心は精神、全身心をそそぎこむ読書法、それはやはりいい得て至難。しかし、このことをぬきにした法華経の読みはない。かかる法華経の読み方は、法華経自体が要請するものであった。法華経の教旨を体得した法華経の行者日蓮なればこそ、身読・色読の不可欠をいい得た。真に経を読むとは身体で味わうこと、仏説の要請を受領することである。

2月5日

愚者《ぐしゃ》が法華経《ほけきょう》をよみ、賢者《けんじゃ》が義《ぎ》を談《だん》ずる時《とき》は国《くに》もさわがず、事《こと》もおこらず。聖人出現《せいじんしゅつげん》して仏《ほとけ》のごとく法華経《ほけきょう》を談《だん》ぜん時《とき》、一国《いっこく》もさわぎ、在世《ざいせ》にすぎたる大難《だいなん》おこるべしとみえて候《そうろう》。

『上野殿御返事《うえのどのごへんじ》』（一三〇八）

引文前段と対比して読むと文意がはっきりする。「虎《とら》うそぶけば大風ふく、龍《りゅう》ぎん（吟）ずれば雲おこる。野兎《やと》のうそぶき、驢馬《ろば》のいはうるに風ふかず、雲おこる事なし」。龍虎は風雲を巻き起す。うさぎやろばではおこりようがない。格がちがう。偉大と平凡に大差があり意義も影響も比較にならぬ。さて、愚者が法華経をさえずり読んでも、賢者学匠が利巧にたちまわって保身的・迎合的に講釈しても風雲を呼ばぬ。聖人《せいじん》あって大法を説けば社会国家を刺激して大風雲を巻き起す。かくて法華経行者に難起る。

2月6日

今《いま》、日蓮は賢人《けんじん》にもあらず、まして聖人《せいじん》はおもいもよらず。天下第一《てんかだいいち》の僻人《びゃくにん》にて候《そうろう》が、但《ただ》、経文《きょうもん》計《ばか》りにはあ(値)いて候《そうろう》ようなれば、大難来《だいなんきた》り候《そうろう》。

『上野殿御返事《うえのどのごへんじ》』（一三〇八）

正論を吐《は》けば難ずる者あり。大事をなさんとすれば妨げる者あり。善事にまさって悪事はびこる。矛盾は世の常。法華経の行者に大難は必来する。釈尊すら大難にあいたもうた。前文に、「滅後に法華経を信ぜん人は在世《ざいせ》の大難よりもすぐべく候」とある。日蓮は賢人でも聖人でもない。世のはみだし者・天下の邪魔者でさえある。ただ、経文のいちいちに合致して大難がせめ来る。この事は嬉しい。「父母のいきかえらせ給いて候よりも、にくきものの事《こと》にあうよりもうれしき事にて候へ」と。率直正直だ。日蓮の性格はまことに素直だ。一途に正直だ。経文との合致を素直正直に受領した。

2月7日

釈迦如来《しゃかにょらい》の御《おん》ためには提婆達多《だいばだった》こそ第一《だいいち》の善知識《ぜんちしき》なれ。今《いま》の世間《せけん》を見《み》るに、人《ひと》をよくなすものは、かたうど(方人)よりも強敵《ごうてき》が人《ひと》をばよくなしけるなり。眼前《がんぜん》に見《み》えたり。

『種種御振舞御書《しゅじゅおんふるまいごしょ》』(九七二)

提婆達多は仏陀の従兄《いとこ》で弟子だが反逆。新教団を創出して新仏たらんとした。さらに仏陀を殺そうと謀り破門された。釈尊に敵対した教団の破壊者。極悪人の代表である。非道の仏敵提婆達多は逆説的に釈尊に味方した。釈尊第一の敵こそかえって第一の善知識であった。世間の例を見てもそれは言える。強敵が人を育て人を磨くものである。戒《いまし》めなくてはならぬことは遠くではなく近くにあるものだ。釈迦に提婆、太子《たいし》に守屋《もりや》。毒薬も変じて薬となる。逆境に奮励、味方少なく敵多かった日蓮の述懐だ。

2月8日

日蓮が仏《ほとけ》にならん第一《だいいち》のかたうど(方人)は景信《かげのぶ》、法師《ほっし》には良観《りょうかん》・道隆《どうりゅう》・道阿弥陀仏《どうあみだぶつ》、平左衛門尉《へいのさえもんのじょう》・守殿《こうどの》ましまさずんば、争《いかで》か法華経《ほけきょう》の行者《ぎょうじゃ》とはなるべきと悦《よろこ》ぶ。

『種種御振舞御書《しゅじゅおんふるまいごしょ》』(九七三)

四面楚歌《しめんそか》のただ中にありつづけた日蓮。そこから、逆境を順境・恩寵《おんちょう》と感受していった。敵こそ味方、敵は善知識との観念も抱くにいたる。迫害の痛苦を忍ぶ忍難《にんなん》の中に無限の法悦を感じ、忍難忍苦の中から怨嫉者救済の慈悲心も高揚していった。かくて「忍難慈勝《にんなんじしょう》」の一生が日蓮の事蹟である。仏たらんとする日蓮にとって、殺害せんとした東条景信。法師では殺害をもくろんで讒訴《ざんそ》した極楽寺良観・建長寺道隆・道阿道教《どうあどうきょう》。さらに執権の家宰で得宗《とくそう》被官代表 平 頼綱《たいらのよりつな》や国主北条時宗《ほうじょうときむね》。彼等が日蓮をして法華経行者たらしめたという。

2月9日

相模守殿《さがみのかみどの》こそ善知識《ぜんちしき》よ。平左衛門《へいのさえもん》こそ提婆達多《だいばだった》よ。念仏者《ねんぶつしゃ》は瞿伽利尊者《くぎゃりそんじゃ》、持斎等《じさいとう》は善星比丘《ぜんしょうびく》。在《ざい》世《せ》は今《いま》にあり、今《いま》は在世《ざいせ》なり。

『種種御振舞御書《しゅじゅおんふるまいごしょ》』（九七一）

鎌倉幕府八代執権《しっけん》・北条相模守時宗。北条宗家の家令《かれい》で御内《みうち》の最大実力者・平左衛門尉頼綱。軍事・警察の最高指揮官が侍所《さむらいどころ》の所司《しょし》であった平頼綱。日蓮憎悪の頭領であって、実にさまざまに日蓮を圧迫した。私憤を晴《はら》すていの暴圧は惨鼻をきわめ血を流し門下は殺されていった。頼綱の主君が時宗、時宗は頼綱の暴挙を黙認した加害者。日蓮は敵こそ味方、親友であるという。仏弟子提婆達多は釈尊に反逆し、瞿伽利・善星も釈尊を讒《ざん》誣《ぶ》し迫害した。結果、釈尊の大を増《ま》した。釈尊在世と日蓮の今、同一である。釈尊在世の昔が今、日蓮の今は昔の在世。今昔もとることはない。

2月10日

法華経と申《もう》すは手《て》に取《と》れば其《そ》の手《て》やがて仏《ほとけ》に成《な》り、口《くち》に唱《とな》うれば其《そ》の口《くち》即《すなわ》ち仏也《ほとけなり》。譬《たと》えば天月《てんげつ》の東《ひがし》の山《やま》の端《は》に出《い》づれば、其《そ》の時《とき》即《すなわ》ち水《みず》に影《かげ》の浮《うか》ぶが如《ごと》く、音《おと》とひびきとの同時《どうじ》なるが如《ごと》し。

『上野尼御前御返事《うえのあまごぜんごへんじ》』（一八九〇）

現在の肉身のままでただちに成仏する、これが即身成仏《そくしんじょうぶつ》（現身成仏、現生成仏、一生成仏とも）。日蓮の教説は唱題受持《しょうだいじゅじ》によって成仏を決するので唱題成仏、受持成仏ともいう。「蓮華と申す花は菓《み》と花と同時なり」と花果同時の特性を述べるが、一般には「前華後菓《ぜんけごか》と申して花は前、菓は後なり」。しかし蓮華は同時。このことにこと寄せて、即身成仏の法門をあかし、法華経信仰は華果同時の蓮華のようであるといい、引文の簡明な説明と譬話となる。法華経信仰、唱題による凡夫即身成仏の卑近な説示。

2月11日

蓮《はちす》はきよきもの、泥《どろ》よりいでたり。梅檀《せんだん》はこうばしき物《もの》、大地《だいち》よりおいたり。桜《さくら》はおもしろき物《もの》、木《き》の中《なか》よりさきいづ。楊貴妃《ようきひ》は見《み》めよきもの、下《げ》女《じょ》のはらよりうまれたり。

『重須殿女房御返事《おもすどのにょうぼうごへんじ》』（一八五六）

蓮華の花は清浄に咲きほこる。けれども、清らかな蓮が実は汚泥の中に育っている。梅檀は香気を発する。しかし、よいかおりを含む土壌ではなく、汚物を含む大地に生じている。桜の花はとても不思議だ。枯木とみまごう中から咲きほこる。楊貴妃は稀代の美女。だが、その出身は一介《いっかい》の下女が生んだものという。我等はただの荒凡夫。煩悩汚濁の迷惑者。泥であり大地・枯木・下女である。にもかかわらず、清浄の蓮・芳香の梅檀にもなる。つまりは仏になり得る。即身の成仏、大事の法門を日蓮は身近な事例で語り告ぐ。

2月12日

稲《いね》は変《へん》じて苗《なえ》となる。苗《なえ》は変《へん》じて草《くさ》となる。草《くさ》変《へん》じて米《こめ》となる。米変《こめへん》じて人《ひと》となる。人変《ひとへん》じて仏《ほとけ》となる。女人変《にょにんへん》じて妙《みょう》の一字《いちじ》となる。妙《みょう》の一字変《いちじへん》じて台上《だいじょう》の釈迦仏《しゃかぶつ》となるべし。

『王日殿御返事《おうにちどのごへんじ》』（一八五三）

女性信徒の供養への礼状。前文に「法華経の一字は大地の如し、万物を出生す。一字は大海の如し、衆流を納む。一字は日月の如し、四天下《してんげ》を照す。此《この》一字変じて月となる。月変じて仏となる」とある。法華経は万物出生の大地、衆流を納める大海、世界を輝かす太陽と月。広大無量で命の母胎。すべてのものごとは単独では存在せず互いに関係し連鎖する。籾《もみ》―苗―草（稲）―米。米の一生はさらに変転する。人は米を食べて生きる。米―人―仏へと連鎖する。人は米によって仏の働きを生む。即身成仏。

2月13日

一文不通《いちもんふつう》の我等《われら》が如《ごと》くなる者《もの》は、いかにしてか法華経に信《しん》をとり候《そうろう》べき。又《また》、心《こころ》ね(根)をば何様《いかよう》に思《おも》い定《さだ》め侍《はべ》らん。

『唱法華題目鈔《しょうほっけだいもくしょう》』(一九六)

文字一つの意味さえ知らぬ無知な私たちは、一《いっ》体《たい》どのようにして法華経の信仰に入れるのでしょうか。また、心の底の気持はどのように確立すべきでしょうか。入信にあたってのあらわな告白である。「所詮《しょせん》、後世《ごせ》の事の疑わしき故に善悪《よしあし》を申して承わらんため也」と質疑の動機が引文の前段にあり、後段に「信ずる方《かた》も無《なく》して、空《むな》しく一期《いちご》過し侍《はべ》るべきにや」とある。後生の大事の自覚、信仰の尊貴、信仰なき者の不安、一生の浪費、徒労の人生への懐疑。人生の意義いかん。素朴で最も深刻な問いかけである。「いかにしてか」との問いかけは、痛切である。このことは古今通同。

2月14日

鹿《しか》は味《あじ》ある故《ゆえ》に人《ひと》に殺《ころ》され、亀《かめ》は油《あぶら》ある故《ゆえ》に命《いのち》を害せらる。女人《にょにん》はみめ形《かたち》よければ嫉《ねた》む者多《ものおお》し。国《くに》を治《おさ》める者《もの》は他国《たこく》の恐《おそ》れあり。財有《たからあ》る者《もの》は命《いのち》危《あやう》し。法華経を持《たも》つ者《もの》は必《かなら》ず成仏《じょうぶつ》し候《そうろう》。

『種種御振舞御書《しゅじゅおんふるまいごしょ》』(九八五)

人の世どうあっても不安はぬけきれぬもの。美女は嫉妬に、治国者は外敵に、富者は危害にそれぞれ身をさらさねばならぬ。競々とした人生はみじめである。動揺の波を鎮めるてだては法華経の信。『方丈記』は「勢いあるものは貪欲ふかく、独身なるものは、人にかろめらる。財あればおそれ多く、貧しければうらみ切なり。人に頼めば身、他の有なり。人をはぐくめば、心、恩愛につかはる。世にしたがへば、身、くるし。したがはねば狂せるに似たり」。文は似るが感性だけであって、救いがない。成仏への感受性欠落はただの呻《うめ》き。

2月15日

法華経を能々信《よくよくしん》じたらん男女《なんによ》をば肩《かた》に担《にな》い背《せ》に負《お》うべきよし経文《きょうもん》に見《み》えて候《そうろう》。日蓮が頭《こうべ》には大覚《だいがく》世尊《せそん》かわらせ給《たま》いぬ。昔《むかし》と今《いま》と一同也《いちどうなり》。各々《おのおの》は日蓮が檀那也《だんななり》。争《いかで》か仏《ほとけ》にならせ給《たま》わざるべき。

『乙御前御消息《おとごぜんごしょうそく》』（一〇九九）

妙法信受に仏天の守護あり。信の余慶である。法華経法師品には「是《こ》の人は仏の荘厳を以《もっ》て自らを荘厳するなり。即ち如来の肩に荷担せらるる」とある。日蓮は命におよぶ大難の数々に遭遇した。その一つ一つを不思議にも乗り越えたが、思うに虎口脱出は不思議ではない。仏天の加護である。「冥《みょう》に加し顕《けん》に助け給わずば、一時一日も安穏なるべしや」と確信している。法華経行者日蓮には大覚世尊が宿り替っている。代理といいえる。今昔通同、昔も今も同じなのだから必ず仏になれないことがあろうか。

2月16日

潮《しお》のひるとみつと、月《つき》の出《い》づると入《い》ると、夏《なつ》と秋《あき》と、冬《ふゆ》と春《はる》との境《さか》いには必《かなら》ず相違《そうい》する事《こと》あり。凡夫《ぼんぷ》の仏《ほとけ》になる又《また》かくの如《ごと》し。必《かなら》ず三障四魔《さんしょうしま》と申《もう》す障《さわり》いできたれば、賢者《けんじゃ》は喜《よろこ》び愚者《ぐしゃ》は退《しりぞ》く。

『兵衛志殿御返事《ひょうえさかんどのごへんじ》』（一四〇三）

すべて物事の展開には変わり目・区切り目がある。その節目を踏台《ふみだい》として活かすところに飛躍があり展望が開ける。潮の干満、月の出入、四季の推移なども一見なにげなく運行するかのようだが、子細に観《み》れば両者を分かつ境がある。世事万般、逆境と順境、災と福、苦と楽など、相互に混入・乱入し変転してやまぬ。順風に逆風がすさぶ。前後の相違、境目を正視し弁えることによって発展と後退がある。凡夫から仏への転回は、魔障奮起して普通の相違をこえる。賢者は勇気百倍し、愚者は意気阻喪する。

2月17日

南無《なむ》と申《もう》すはいかなる事《こと》ぞと申《もう》すに、南無《なむ》と申《もう》すは天竺《てんじく》のことばにて候《そうろう》。漢土《かんど》・日本《にほん》には帰命《きみょう》と申《もう》す。帰命《きみょう》と申《もう》すは我《わ》が命《いのち》を仏《ほとけ》に奉《たてまつ》ると申《もう》す事《こと》なり。

『事理供養御書《じりくようごしょ》』（一二六二）

掲出文の前には「一切のかみ仏をうやまいたてまつる始の句には、南無と申す文字をおき候なり」とあって、「南無」の字解につづく。南無の語源は天竺（インド）の語、「ナーモ」の音写。漢土（中国）・日本では意訳して「帰命」。帰命とは文字通り「我が命を仏に奉る」こと。命にまさる尊い財産はない。「財あるも財なきも、命と申す財にすぎ候財は候わず」と後文にある。至上の財産・命。「一身第一の珍宝」・命。その命を仏にささげる。命を投げだして仏の教えに従う。一大勇猛心が帰命にともなう。信は帰命の一念、帰命即信。

2月18日

世間《せけん》の浅《あさ》き事《こと》には身命《しんみょう》を失《うしな》へども、大事《だいじ》の仏法《ぶっぽう》なんどには捨《す》つる事難《ことかた》し。故《ゆえ》に仏《ほとけ》になる人《ひと》もなかるべし。

『佐渡御書《さどごしょ》』（六一一）

信とは帰命、無私の献身。容易ではない。けれども命を投げ出す決断なくては仏になることおぼつかない。容易ならざる難事である。「世間の法にも重恩をば命を捨てて報ずるなるべし。又主君の為に命を捨《す》つる人は少なきようなれども其数《そのかず》多し。男子は恥《はぢ》に命をすて、女人は男の為に命をすつ。魚は命を惜む故に池に栖《す》むに池の浅き事を歎《なげ》きて池の底に穴をほりてすむ。しかれども餌《え》にばかされて釣《つりばり》をのむ。鳥は木にすむ。木の低事《ひききこと》をおぢて木の上枝にすむ。しかれども餌にばかされて網《あみ》にかかる。人も又如是《かくのごとし》」。所掲前文である。餌にばかされる魚や鳥であってはなるまい。

2月19日

一生《いっしょう》はゆめ（夢）の上《うえ》、明日《あす》をご（期）せず。いかなる乞食《こつじき》にはなるとも、法華経にきず（疵）をつけ給《たま》うべからず。

『四条《しじょう》金吾《きんご》殿《どの》御返事《ごへんじ》』（一三六二）

法華経信仰に生きる者の永遠のおきては、法華経の精神を死《ころ》してはいけないということである。信仰とは卑少な自己の滅却である。我意はなく、命すらささげることである。だから信仰の純粋さのいきつくところを〝帰命《きみょう》〟という。不純に帰命はありえない。人の一生はつかのまの夢のようではかない。しかも明日をも知れぬたよりなさ。だから、どんなみじめな境遇におちても退転も反逆もあるべきではない。帰命の一念、不退の信に身をゆだねよ。これが教徒の法度《はっと》である。このことが法華経の命・法華経の心を活かすことである。法華経の精神をひき継ぐことである。

2月20日

法華経を信《しん》ずる人《ひと》は冬《ふゆ》のごとし。冬《ふゆ》は必《かなら》ず春《はる》となる。いまだ昔《むかし》よりきかず、みず、冬《ふゆ》の秋《あき》とかえれる事《こと》を。いまだきかず、法華経を信《しん》ずる人《ひと》の凡《ぼん》夫《ぶ》となる事《こと》を。

『妙一尼御前御消息《みょういちあまごぜんごしょうそく》』（一〇〇〇）

冬来たりなば春遠からじ、冬は春の先触れ。冬と春は直結し逆行はあり得ない。季節の推移が不変のように、法華経の信奉者は必ず成仏し、凡庸浅識のおろか者にはならない。それは、法華経を聞く人は一人として成仏しない者はないと説かれているからである。引文は後続して、「経文には若《にゃく》有《う》聞法者《もんぼうしゃ》無《む》一《いち》不成仏《ふじょうぶつ》と説かれて候」とある。経文は、法華経方便品第二の句。救済の絶対性をあかしたことば。冬は春に、信は仏にそれぞれ直結して例外はない。ただし、冬は峻厳。それゆえ冬の信も純信厳正。

2月21日

いづくも定《さだ》めなし。仏《ほとけ》になる事《こと》こそ、つい（終）のすみか（住処）にては候《そうら》へと、おもい切《き》らせ給《たま》うべし。

『こう入道殿御返事《にゅうどうどのごへんじ》』（九一四）

常住でありたいと願うが、ありとあるものすべてが無常のことわりをまぬがれぬ。無常はきわめて迅速かつ遅滞なしだ。まったなしである。無常の世にあって「ついのすみか」、永遠の安住所・依止処はただ一つ。「仏になる事」だけである。このことのみが、金剛不壊《こんごうふえ》の常住でありつづける。「仏になる事」への決断、おもい切りがまず要請される。無常苦の人生を観照し、無常苦の人生を実感させる事柄は日常眼前にたえずある。人生苦の実感、観照は絶望やあきらめではなく、飛躍・前進の幕あけである。まず、幕をあけねばならない。本当の人生の開幕である。人間としての開幕である。「おもい切らせ給うべし」。

2月22日

各々《おのおの》互《たがい》に読聞《よみきき》まいらせさせ給《たま》へ。かかる浮世《うきよ》には互《たがい》につね（常）にいいあわせて、ひま（間）もなく後世《ごせ》ねがわせ給《たま》い候《そうら》へ。

『法華行者値難事《ほっけぎょうじゃちなんじ》』（七九九）

浮世はそのまま憂世。四苦八苦に集約される人生苦。不安動揺にふりまわされ、文字通り浮沈転変にさらされる浮世。安定基盤がなく、波上にただよう根なし草の私たち。確固不動、無常にあらざる常住の世界は仏界のみ。仏の世界・仏の国土は願い求める理想の浄土であるが、一方、仏界・仏国土は築くもの建立すべき理想社会である。仏国土建設・仏界建立が仏教徒の仕事。浮世なるがゆえに、現実社会の浄土化、娑婆《しゃば》を浄仏国土に築きあげる営みに向けて不断の努力が必然。それゆえ、後世のための相互学習は緊急の課題。願求《がんぐ》すべき浄土、建設すべき仏国土をめざして。

2月23日

いわゆる、病《やまい》は重《おも》し薬《くすり》はあさし。その時《とき》、上行《じょうぎょう》菩薩《ぼさつ》出現《しゅつげん》して妙法蓮華経の五字《ごじ》を、一閻浮提《いちえんぶだい》の一《いっ》切衆生《さいしゅじょう》にさづくべし。

『高橋入道殿御返事《たかはしにゅうどうどのごへんじ》』（一〇八五）

仏は医者に、法は薬にたとえられる。心の病を予防し治療するからである。身の病も心の病も病気の数は無数にある。そのためなのか、宗教の数も病気に劣らず大変に多い。応病与薬というからよいのかもしれない(これは皮肉と冗談)。濁悪乱世の我等は重病人。名医による良薬なくては回復はおぼつかない。最高の名医は教主釈尊。最良の薬は法華経。末世に向けて釈尊の使徒・上行菩薩が出現し、名医の調薬を妙法五字の題目として療治する。投薬されても飲まねば無意味。服薬とは信仰である。名医の良薬はここにある。手に取って飲まねばならない。

2月24日

夫《そ》れ仏道《ぶつどう》に入《い》る根本《こんぽん》は信《しん》をもて本《もと》とす。たといさとりなけれども信心《しんじん》あらん者《もの》は鈍根《どんこん》も正見《しょうけん》の者也《ものなり》。たといさとりあれども信心《しんじん》なき者《もの》は誹謗《ひぼう》・闡提《せんだい》の者也《ものなり》。

『法華題目鈔《ほっけだいもくしょう》』（三九二）

仏法の大海は信を能入《のうにゅう》とするといい、信ずることによってのみ仏道に入ることができるとも経文はあかす。信心肝要、信心為先である。仏道に入るとは、信心の志とその実修によって成仏の大果をいただくことである。仏の救いにあずかる大安《だいあん》心《じん》の獲得である。そのための根本条件が信の一字である。さとりの有無、この場合のさとりは仏教の理解度をさすが、世の常の知恵・才覚は入仏道の必要条件ではない。いたずらな才能はややもすれば逆作用を生む。利根は不可。むしろ、鈍根者は純信のゆえに柔軟で正しい見識をすなおにもつ。

2月25日

信《しん》なくして此《こ》の経《きよう》を行《ぎよう》ぜんは、手《て》なくして宝山《ほうざん》に入《い》り、足《あし》なくして千里《せんり》の道《みち》を企《くわだ》つるが如《ごと》し。

『法蓮鈔《ほうれんしよう》』（九四二）

「仏道に入る根本は信をもて本とす」。仏道に入るとは仏となるため。その根本は信心である。だから、信仰心がなくてこの法華経を実行しようとするのは、あたかも手を使わずに宝の山で宝をつかもうとするようなもの、足を使わずに遠く千里の道を歩もうとするようなもの。手・足なくしては宝を手にし得ず、道も進めない。信なき修行は何事ももたらさぬ。法華経信仰は成仏の直道だが足なくば歩めず。法華経は宝庫だが手なくば得られず。手は信、足も信。手足を使う信仰実践が宝山の宝を獲得する。信のみが珍宝入手のてだてであり、別に手段方法はない。他に替えがたい無上宝珠とは、仏道の達成による成仏の大果である。

2月26日

抑《そもそ》も今《いま》の時《とき》、法華経を信《しん》ずる人《ひと》あり。或《あるい》は火《ひ》のごとく信《しん》ずる人《ひと》もあり。或《あるい》は水《みず》のごとく信《しん》ずる人《ひと》もあり。聴聞《ちようもん》する時《とき》はもえ(燃)たつばかりおもえども、とおざかりぬればすつる心《こころ》あり。

『上野殿御返事《うえのどのごへんじ》』（一四五一）

「火の信仰」と「水の信仰」。引文はつづいて、「水のごとくと申すはいつも退《たい》せず信ずる也」とある。「抑も今の時」とは、末法今時においてはということであろうが、信仰者の心すべき要諦として、時間をこえ今も昔も将来も同じであろう。燃えたつばかりの炎の信。盛んで勇ましいが、薪つきて消えるその場かぎりの信仰。こんな火の信を日蓮は勿論否定した。コンコンと湧き、とうとうと流れてやまぬ水の信。信仰とは持続が必備・必然である。「いつも退《たい》せず信ずる」ことである。水の信は尊とい。

2月27日

辛《から》きを蓼《りょう》葉《よう》に習《ならい》、臭《くさ》きを溷《こん》厠《し》に忘《わす》る。善言《ぜんごん》を聞《き》いて悪言《あくごん》と思《おも》い、謗者《ほうしゃ》を指《さ》して聖人《しょうにん》と謂《い》い、正師《しょうし》を疑《うたが》って悪侶《あくりょ》に擬《ぎ》す。其迷《そのまよい》誠《まこと》に深《ふか》く、其罪《そのつみ》浅《あさ》からず。事《こと》の起《おこ》りを聞《き》け、委《くわ》しく其趣《そのおもむき》を談《だん》ぜん。

『立正安国論《りっしょうあんこくろん》』（二一八）

蓼葉はたでの葉、溷厠は便所。たで食う虫も好きずきという。臭いもの身知らずともいう。その中になじんでしまうと事の是非判断ができなくなる。悪に染まると悪を悪とおもわぬようになる。善悪邪正の判断停止である。迷い深く自滅におちいり、罪深いこと身の破滅につながる。自滅・破滅からの脱却は正師に就き聖人に学ぶことである。善言に耳を傾けることである。何事も、「事の起り」とその「趣《おもむき》」を素直に虚心にたずねることである。これが盲信を廃し、正信に帰すための手続きである。

2月28日

人《ひと》の心《こころ》は時《とき》に随《したが》って移《うつ》り、物《もの》の性《しょう》は境《きょう》に依《よ》って改《あらた》まる。譬《たとえ》ば猶《なお》、水中《すいちゅう》の月《つき》の波《なみ》に動《うご》き、陣前《じんぜん》の軍《いくさ》の剣《つるぎ》に靡《なび》くがごとし。汝《なんぢ》、当座《とうざ》に信《しん》ずと雖《いえど》も、後《のち》定《さだ》めて永《なが》く忘《わす》れん。

『立正安国論《りっしょうあんこくろん》』（二二四）

人の心のうつりやすいことは、自他ともによく知らされることである。ここに、不安や動揺を生み、悲哀や憎悪など、さまざまな悶着・葛藤となる。時により所により、境遇や環境によって人心はめまぐるしく変わる。「水中の月」が風波にゆれ動き、「陣前の軍」も戦にのぞんで動揺するように。心の柱〝信仰〟は確固不動でなくてはならない。当座の信に終わらせてはいけない。カメレオンは外境に色を適応させるという。七変化《しちへんげ》の紫陽《あじさ》花《い》という。人心うつりやすし。信心は不変・不動たるべし。

2月29日

善《ぜん》なき者《もの》は多《おお》く、善《ぜん》ある者《もの》は少《すくな》し。故《ゆえ》に悪道《あくどう》に堕《だ》せん事疑《ことうたが》いなし。同《おな》じくは法華経を強《しい》て説《と》き聞《きか》せて毒鼓《どっく》の縁《えん》となすべきか。然《しか》れば法華経を説《と》いて謗縁《ほうえん》を結《むす》ぶべき時節《じせつ》なる事《こと》、諍《あらそ》いなき者《もの》をや。

『唱法華題目鈔《しょうほっけだいもくしょう》』（二〇五）

「毒鼓の縁」の譬話。毒を塗った太鼓を撃つ。音は聞きたくなくとも耳に入る。それによって聞く人は毒にあてられて死ぬという。聞法を拒否反対しても、そのことが縁となっていつしかさとりの花を開くことにつながる。それが毒鼓の縁。強いて縁を結ばせる。いっときの逆縁は将来の順縁となる。悪道におもむくをあわれんで、強て説き聞かせ、のちの良縁たらしむることは慈悲の発露である。末世の衆生は堕悪の者多し。強て説き聞かせ、毒鼓の縁を結ばせる時代である。良薬は苦《にが》い。忠言は耳に逆らう。しかし後々はよい。

3月

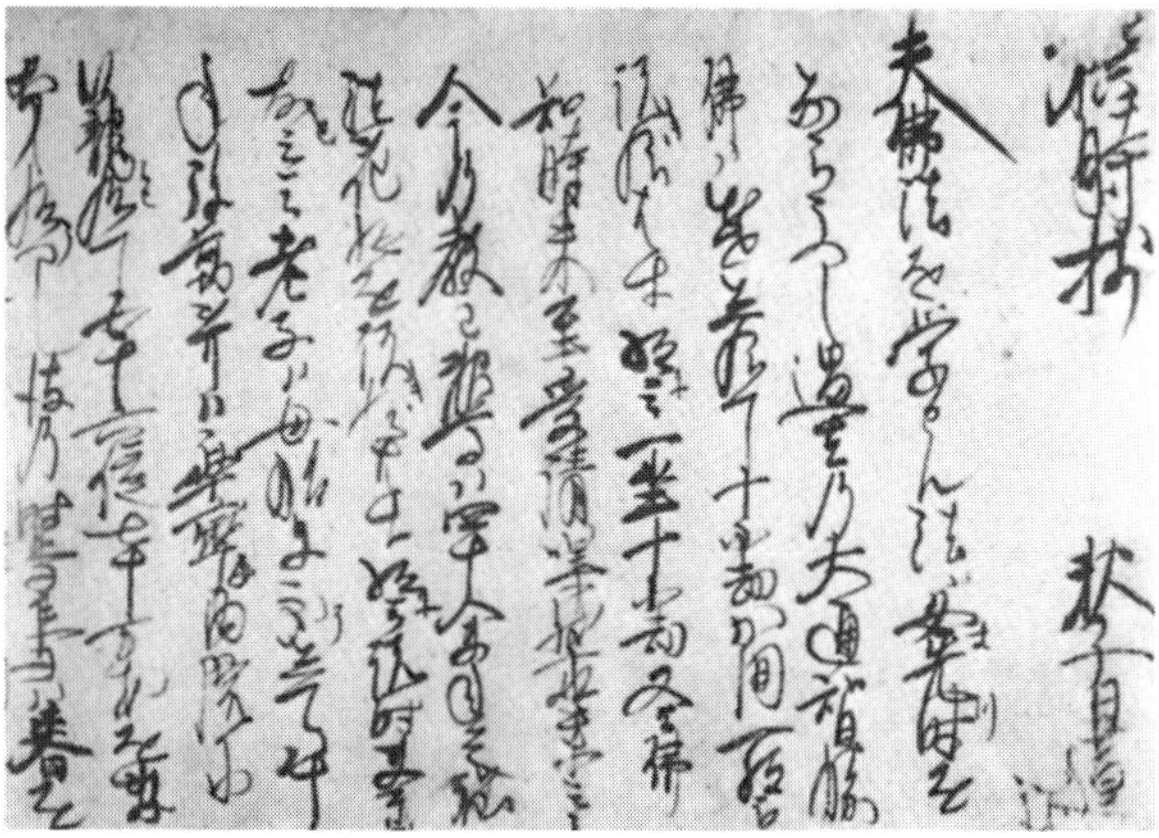

『撰時抄』〈静岡県妙法華寺蔵〉

『撰《せん》時《じ》抄《しょう》』〈静岡県妙法華寺蔵〉

『撰時抄』は五大著作の一つで、五巻一〇九紙に及ぶ大作。建治元年六月の述作である。写真は巻頭第一紙、題号下に「釈子日蓮述」と記す。時を撰ぶ「撰時」とは、日蓮の今が、妙法広布の必然の時であること歴史的必然であることの認識・選定の意。仏教流伝史を担う気迫をこめた一気呵勢・椽大の筆。

3月1日

仏《ほとけ》になりやすき事《こと》は別《べつ》のよう候《そうろ》はず。旱魃《かんばつ》に渇《かわ》ける者《もの》に水《みず》をあたえ、寒氷《かんぴょう》にこゞへたる者《もの》に火《ひ》をあたうるが如《ごと》し。又《また》、二《ふた》つなき物《もの》を人《ひと》にあたえ、命《いのち》のたゆるに人《ひと》のせ(施)にあうが如《ごと》し。

『上野殿御返事《うえのどのごへんじ》』(一八二八)

「仏にやす〳〵となる事の候ぞ。おしえまいらせ候はん」といい、人にものを教える方法は具体的でなければならぬとて、軋《きし》んで回らぬ重い車は油をさせば軽くなるとの事例をあげる。理屈ではなく直《じか》の教えが大切だというのである。論より証拠を例事して所掲文となる。やすやすと仏になる方法を教えよう。成仏の道は特別のことではない。渇者に水、寒さに火を提供すること。あるいは、二つとない宝物を人に与え、飢えて死にそうな時に人から施《ほどこ》しを受けるようなものである。施しの実践である。布施行即仏行と説く。

3月2日

世《よ》の中《なか》にいかに今《いま》まで御信用《ごしんよう》の候《そうら》いけるふしぎさよ。根《ね》ふかければ葉《は》かれず、いづみ(泉)玉《たま》あれば水《みず》たえずと申《もう》すように、御信心《ごしんじん》の根《ね》のふかく、いさぎよき玉《たま》の心《こころ》のうちにわたらせ給《たま》うか。

『窪尼御前御返事《くぼあまごぜんごへんじ》』(一五二五)

信仰の持続は容易ならぬことである。信仰の貫徹はなみなみならぬことである。持続・貫徹は壮挙である。人の多くは、信仰でさえ利害打算の欲得ずくで入信もし棄教もする。信心の根が浅くどっしりと深くなければ、根なし草であって動揺してやまぬ。信は決定《けつじょう》・随順《ずいじゅん》・無疑《むぎ》である。このことによって根が深まり、葉が茂る。それにしても、信仰の持続は困難といわねばならない。その困難をおしてこそ仏となることができる。仏になることは、けだし容易ではない。澄み切った潔《いさぎよ》い決定。尊いほかはない。

3月3日

世間《せけん》の人《ひと》の有様《ありさま》を見《み》るに、口《くち》には信心深《しんじんふか》き事《こと》を云《い》うといえども、実《じつ》にたましいにそむ（染）る人《ひと》は、千万人《せんまんにん》に一人《いちにん》もなし。

『身延山御書《みのぶさんごしょ》』（一九二〇）

頂門の一針という。痛い所をつく教訓のことである。「たましいにそむ」・心魂にしみわたる真実信心をつらぬくこと、このことが信心の要諦であり、これよりほかに信心の肝要はない。口に出して、このことは言える。しかし、多くはすぐはげるメッキで口さきばかり。言行一致の生き方は仏教徒なるがゆえにことさら要請される。その要請は外からではなく内からおこる。信仰者内心の要請であり、仏との約束である。いよいよ真実信心へ向けて反省と省察を加え、「一人」をめざしたいもの。千万人に一人では淋しすぎるが一人の核は拡大する。まことに寸鉄胸を刺す実語だ。

3月4日

一期《いちご》を過《す》ぐる事程《ことほど》も無《な》ければ、いかに強敵重《ごうてきかさ》なるとも、ゆめゆめ退《たい》する心《こころ》なかれ、恐《おそ》るる心《こころ》なかれ。縦《たと》い頸《くび》をば鋸《のこぎり》にて引切《ひききり》、……

『如説修行鈔《にょせつしゅぎょうしょう》』（七三七）

法《のり》の戦いに一生をついやした日蓮。法戦の場に出入して「大兵をおこして、一度も退《しりぞ》く心なし」といっている。その日蓮が、法を法の如く、説示のままに行ずる如説修行についてまっすぐに語ったのが本書。「縦《たと》い頸《くび》をば鋸《のこぎり》にて引切《ひききり》、胴《どう》をばひしほこ（菱鉾）を以《もっ》てつゝき、足にはほだし（絆）を打《う》て錐《きり》を以てもむとも、命のかよわんほどは南無妙法蓮華経・南無妙法蓮華経と唱えて、唱え死《じに》に死《しぬ》るならば」と述べ、捨身懸命の信、殉死の決断を望み、法に生き法に死ぬことを要請する。信仰とは厳しいものである。如説修行とそのはての殉難決死の後の果報をあかして本書は「あらうれしや」と結ぶ。

3月5日

末代《まつだい》の凡夫《ぼんぶ》は智者《ちしゃ》と云《いう》ともたのみなし。世《よ》こぞりて上代《じょうだい》の智者《ちしゃ》には及《およ》ぶべからざるが故《ゆえ》に。愚者《ぐしゃ》と申《もう》すともいやしむべからず。経論《きょうろん》の証文顕然《しょうもんけんぜん》ならんには。

『唱法華題目鈔《しょうほっけだいもくしょう》』（一九八）

智者・愚者とて仏法を行ずるに何等の差別も優劣もない。仏法を行ずるとは、仏を信じ仏の教えを信じることである。仏陀への信順、教法の信順、このことのみが必要条件であって、賢愚は絶対条件ではない。いささかの智慧をほこっても、仏の前にはなにごとの権威も認められない。むしろ些少の智慧のあることが邪魔でさえある。むしろ愚者であることが望ましい。こざかしく智者ぶることなく、あらわにまっすぐに仏法に触れ得るからである。経文は賢愚もとより分《わか》つことなし。証拠明瞭である。

3月6日

予《よ》が門家等《もんけとう》、深《ふか》く此由《このよし》を存《ぞん》せよ。今生《こんじょう》に人《ひと》を恐《おそ》れて後生《ごしょう》に悪果《あっか》を招《まね》くこと勿《なか》れ。

『大田殿許御書《おおたどのもとごしょ》』（八五五）

後生の善果、死後の成仏。仏教徒の究竟の願いである。このことのために今生を意義あらしめねばならない。今生はあげて後生のため。悪果の回避は今生のすごしかた、活用の仕方にある。仏法の正しい理解とその上にたつ正信の覚路を歩むこと。正解のための学習活動は深刻徹底でなくてはならぬ。門家への習学督励の辞は甚だ多い。止暇《しか》断眠《だんみん》、行学二道《ぎょうがくにどう》。「我弟子等、此旨《このむね》を存して法門を案じ給うべし」「我門弟、委細にこれを尋討せよ」「眼《まなこ》有ん者は開いて之《これ》を見よ」「眼有ん我門弟は之を見よ」等々。門弟の習学実践を勧め励ましてやまぬ日蓮自身が、まこと破格なまでの勉強に従事したから、督励の辞は大変に重い。

3月7日

病《やまい》なき人《ひと》も無常《むじょう》まぬがれがたし。但《ただ》しとし(齢)のはてにはあらず。法華経の行者《ぎょうじゃ》なり。非業《ひごう》の死《し》にはあるべからず。よも業病《ごうびょう》にては候《そうら》わじ。設《たと》い業病《ごうびょう》なりとも、法華経の御力《おんちから》たのもし。

『富木尼御前御書《ときあまごぜんごしょ》』(一一四八)

病床に伏す女性信徒への手紙の一節。強盛篤信《ごうじょうとくしん》の人であったから日蓮の説諭は一見かなり手きびしいが、切論の背後には日蓮の病者へのいたわり・激励・救済・信頼のおもいがふかぶかと横たわっていよう。病人でなくとも無常の死は常だ。あなたはまだ死期迫る老齢ではない。法華経の行者なのだぞ。不慮の死などでは死ぬな。まさか前《ぜん》世《せ》の悪業の報《むく》いの病ではあるまい。たとえそうであっても、悪業を転ずるのが法華信仰だ。しっかり信心せい。手紙は「身を持《じ》し、心に物をなげかざれ」とつづいている。

3月8日

此一門《このいちもん》をさん〱となす事《こと》も出来《しゅったい》せば眼《まなこ》をひさい(塞)で観念《かんねん》せよ。我等《われら》現《げん》には此大難《このだいなん》に値《あ》うとも後生《ごしょう》は仏《ほとけ》になりなん。設《たと》えば灸治《やいと》の如《ごと》し。当時《そのとき》は痛《いた》けれども後《のち》の薬《くすり》なれば痛《いた》くて痛《いた》からず。

『聖人御難事《しょうにんごなんじ》』(一六七四)

宗教に迫害のおよぶことは古来の歴史が示すとおりである。日蓮の教団も例外ではないばかりか、もっとも過酷《かこく》な迫害にあけくれたのであって、酸《さん》鼻《び》な教団史を形成している。日蓮も門弟たちも、血を流し、はては殺されていった。もとより弾圧は、単にいやがらせではない。棄教を要求し、転向を強《し》いる。かくれみのはない。退転なくば死である。それを知ってそれを乗り越える力、それは信であり、そのゆえにいっそう純潔の信たらざるを得ない。後生の大楽、死後の浄福。これ信ある者の力である。

3月9日

夫《そ》れ、水《みず》は寒積《かんつも》れば氷《こおり》となる。雪《ゆき》は年累《としかさな》って水精《すいしょう》となる。悪積《あくつも》れば地獄《じごく》となる。善積《ぜんつも》れば仏《ほとけ》となる。

『南条殿女房御返事《なんじょうどのにょうぼうごへんじ》』（一五〇四）

そもそも、水は寒気かさなると氷に変わる。また、雪は累年つみかさなって融けぬとよりすぐった水の精華、水晶となる。千年も過ぎれば氷は化して玻璃珠《はりじゅ》となるという。玻璃は水精、七宝の一つで水晶のこと。一所懸命のがんばり、精励、精進。混《ま》じりけをなくした精粋。これらはかならず尊い結晶をもたらせる。悪積れば地獄というのも、それなりの結晶である。われらの願いは、「善積れば仏となる」こと。善根功徳の累積は仏となるのほかない。積悪の余殃《よおう》、積善の余慶《よけい》。大善の持続が大果を生む。大果とは成仏。信仰主体者は、このことにおもいをこめる。経に「積功累徳《しゃっくるいとく》」と説く。

3月10日

抑《そもそ》も、地獄《じごく》と仏《ほとけ》とはいづれの所《ところ》に候《そうろう》ぞとたづね候《そうら》へば、或《あるい》は地《ち》の下《した》と申《もう》す経《きょう》もあり、或《あるい》は西方等《さいほうとう》と申《もう》す経《きょう》も候《そうろう》。しかれども委細《いさい》にたづね候《そうら》えば、我等《われら》が五尺《ごしゃく》の身《み》の内《うち》に候《そうろう》とみえて候《そうろう》。

『重須殿女房御返事《おもすどのにょうぼうごへんじ》』（一八五六）

いったい、仏教のめざす最高位・至福の位《くらい》は仏さまとなることである。逆に最底位・下劣の位は地獄である。これらはそれぞれいづこに存するものであろうか。地獄も仏も、はるかにかけ離れた他所にあるのではない。私たちの身の内に同居しているのである。委細・冷静にたづねると、慈愛の情も忿怒《ふんぬ》の気持もともに五体の心中に内在している。「さもやおぼえ候事は、我等が心の内に父をあなづり、母をおろかにする人は、地獄其人《そのひと》の心の内に候。仏と申す事も我等の心の内におわします」と日蓮は語りつぐ。

3月11日

此《こ》の文《もん》の如《ごと》くんば本地《ほんじ》久成《くじょう》の円仏《えんぶつ》は此《こ》の世界《せかい》に在《ましま》せり。此《こ》の土《ど》を捨《す》て何《いず》れの土《ど》を願《ねが》うべきや。故《ゆえ》に法華経修行《しゅぎょう》の者《もの》の所住《しょじゅう》の処《ところ》を浄土《じょうど》と思《おも》うべし。何《なん》ぞ煩《わづら》わしく他処《たしょ》を求《もとめ》んや。

『守護国家論《しゅごこっかろん》』（一二九）

「此文」とは引文前に提示された次の三文。「問て云く、法華経修行の者、何《いず》れの浄土を期《ご》すべきや。答て曰《いわ》く、法華経二十八品の肝心たる寿量品《じゅりょうほん》に云《いわ》く、我常《われつね》に此娑婆世界《このしゃばせかい》に在《あ》りと。亦云《またいわ》く、我《われ》常《つね》に此《ここ》に住《じゅう》すと。亦云《またいわ》く、我《わ》が此土《このど》は安穏《あんのん》と」。願《がん》求《ぐ》し期待し努力すべき浄土の所在はいずことというのが質問。我等所住のこの世、現実の娑婆世界こそ願うべき浄土である。あらぬ方《かた》を望むべきではない。何故《なぜ》なら久遠の昔から円満の仏で一切の迹《しゃく》仏《ぶつ》の本地である教主釈尊常住常在の地が娑婆であるからである。要するに、現実遊離は仏説に非ず。

3月12日

此経《このきょう》を信《しん》ずる人《ひと》の所住《しょじゅう》の処《ところ》は即《すなわ》ち浄土《じょうど》なり。……爾前《にぜん》の浄土《じょうど》は久遠実成《くおんじつじょう》の釈迦如来《しゃかにょらい》の所現《しょげん》の浄土《じょうど》にして実《じつ》には皆穢土《みなえど》なり。……寿量品《じゅりょうほん》に至《いた》りて実《まこと》の浄土《じょうど》を定《さだ》むる時《とき》、此土《しど》は即《すなわ》ち浄土《じょうど》なりと定《さだ》め了《おわ》んぬ。

『守護国家論《しゅごこっかろん》』（一二九）

此経《このきょう》とは法華経。久遠の昔、真実の成道《じょうどう》を達成された釈迦如来は法華経を説きあかし、如来寿量品に根本教義を詮顕された。そこでは真実の浄土は他処になくここに常在すと示す。ことは我等が住む娑婆。娑婆即寂光浄土《しゃばそくじゃっこうじょうど》。瓦礫荊棘《がりゃくけいきょく》の穢土《えど》・魑魅魍魎《ちみもうりょう》の不浄世界の娑婆が所期《しょご》の浄土であるという。娑婆を離れて浄土はない。不浄の地に浄花を咲かせ、苦悩の忍土《にんど》を逃避せず楽土にしたてあげる。西方浄土などというのは仮現・幻想の産物と指摘し喝破もされた。求むべき理想はかなたになくここにある。

3月13日

千年《せんねん》のかるかや(苅茅)も一時《いちじ》にはい(灰)となる。百年《ひゃくねん》の功《こう》も一言《いちごん》にやぶ(破)れ候《そうろう》は、法《ほう》のことわり(理)なり。

『兵衛志殿御返事《ひょうえさかんどのごへんじ》』(一四〇二)

人の一生、これでよしということはない。仕事も学問も、すべて終りなしだ。永遠の努力、これが人生。千里の道も一歩からという。今一歩、今一息のがんばりが肝心だ。九仞の功を一簣に虧《か》く、であってはならない。最後のツメが必要。営営として築きあげても土壇場の失敗がある。千年の蓄財も百年の功績も、瞬時に灰燼に帰すし、破滅への一言もある。これらは法爾自然《ほうにじねん》、みながよく知る道理だ。「一生が間賢《あいだけん》なりし人も一言に身をほろぼすにや」ともいって、日蓮はくれぐれ注意をうながしている。凡夫の我等、その「くれぐれ」が身に泌みず、とどのつまり「法の理」に無知。

3月14日

いう(言)にかい(甲斐)なきものなれども、約束《やくそく》と申《もう》す事《こと》は、たが(違)わぬ事《こと》にて候《そうろう》。

『上野殿御返事《うえのどのごへんじ》』(九八八)

約束の履行はなかなか困難である。人が世にあるということは、それ自体さまざまな約束ごとで結ばれている。網の目のようであって、一つの不履行は他への影響が大である。約束は、つまらないことであっても違《たが》えてはならない。違約・破棄は、世俗にあっても信頼をそこねる。まして、出世間・信仰の世界にあっては、棄教となってすべてを失なう。日蓮は世俗倫理にすぎぬかにおもえる約束を重視した。信仰とは約束であると。「まして約束せし事たがうべしや」「いかに約束をばたがえらるるぞ」と。日蓮の宗教は本仏釈尊との約束・契約である。日蓮は本仏に約束し、本仏は日蓮の応生を約束した。約束は世俗の規範ではない。

3月15日

孔子《こうし》と申《もう》せし賢人《けんじん》は九思《きゅうし》一言《いちごん》とて九度《ここのたび》思《おも》いて一度《ひとたび》申《もう》す。周公旦《しゅうこうたん》と申《もう》せし人《ひと》は沐《もく》する時《とき》は三度《みたび》握《にぎ》り食《しょく》する時《とき》は三度《みたび》吐《はき》給《たま》いき。確《たしか》にきこしめせ。我《われ》ばし恨《うら》みさせ給《たま》うな。仏法《ぶっぽう》と申《もう》すは是《これ》にて候《そうろう》ぞ。

『崇峻天皇御書《すしゅんてんのうごしょ》』（一三九七）

九思一言、孔子の訓誡で熟慮・自重の大事をいう。周の政治家周公旦の治績も知るべきである。旦は、洗髪中も食事中でも客が来れば待たせることなく三度も迎えた。賢者の到来を汲々として待った握髪吐哺《あくはつとほ》の故事。よくよくご承知くださいよ。孔子や周公旦の言行も伝えましたぞ。後で恨まれてもこまりますよ。仏の教えも、結局は人間らしい言行につきますよ。慎重な言動、適正な判断、先人美徳の継承、人倫の順守、忠実な実践。要するに人間としての大道を日常の中に活かすことです。仏法と生活は一枚です。

3月16日

而《しかる》に我身《わがみ》よりはじめて、一切衆生七大地獄《いっさいしゅじょうしちだいじごく》に堕《おっ》べしとおもえる者一人《ものいちにん》もなし。設《たと》い、言《ことば》には堕《おっ》べきよしをさえづれども、心《こころ》には堕《おっ》べしともおもわず。……僻案《びゃくあん》にや。

『顕謗法鈔《けんぼうほうしょう》』（二五二）

地獄、それは恐怖すべき悪所である。堕地獄を痛嘆し、痛嘆から覚醒へおもむくとはいえ真に自覚的で深刻な内心の葛藤はありえて乏しい。『顕謗法鈔』は地獄の紹介と説明の書。八大地獄のうち七大地獄の因果を明してのちのまとめの一節。「総じて上《かみ》の七大地獄の業因は諸経論をもて勘《かんが》え見るに当世日本国の四衆にあて見るに、此《この》七大地獄を離るべき人を見ず。又聞ず」。にもかかわらず、我も人も地獄行きの身と思わず、口先では殊勝げに言ってはいても内心では否定している。大間違いである。

3月17日

理《り》を曲《まげ》て会通《えつう》を構《かま》え以《もっ》て自身《じしん》の義《ぎ》に叶《かな》わしむ。設《たと》い後《のち》に道理《どうり》と念《おも》うと雖《いえど》も、或《あるい》は名利《みょうり》に依《よ》り或《あるい》は檀那《だんな》の帰依《きえ》に依《よ》って権宗《ごんしゅう》を捨《す》て実宗《じっしゅう》に入《い》らず。世《せ》間《けん》の道俗《どうぞく》、亦《また》無智《むち》の故《ゆえ》に理非《りひ》を弁《わきま》えず。

『守護国家論《しゅごこっかろん》』（九九）

自説はなかなかくつがえしがたい。翻意《ほんい》は困難なことである。一方、不本意なことでも名誉・地位などへの打算がはたらいて与同してしまう。勝手な都合が判断の基準であってはならぬはず。会《え》通《つう》ということがある。自説の都合にあわせてこじつけること。依るべき道理や正義はそこにはない。勝手なおもいこみや放恣は乱脈・乱用となって仏説にもとる。「私《わたくし》に会通を加えば本文を黷《けが》すが如し」「私に会通すべからず」。私意・私釈のご都合主義を日蓮は嫌った。客観に就《つ》く当然が、当然でなくなっている。理非の弁別がそこにはない。

3月18日

皆人《みなひと》の思《おも》いて候《そうろう》は、父《ちち》には子従《こしたが》い、臣《しん》は君《きみ》に叶《かな》い、弟子《でし》は師《し》に違《い》すべからずと云云《うんぬん》。賢《かしこ》き人もいやしき者《もの》もしれる事《こと》なり。しかれども、主《しゅ》に敵《てき》し親《おや》をかろしめ師《し》をあなづる、常《つね》に見《み》えて候《そうろう》。

『兵衛志殿御返事《ひょうえさかんどのごへんじ》』（一四〇二）

常識なるものがある。常識が常識たりえずに非常識の非難・顰蹙《ひんしゅく》をかう。それが憫笑《びんしょう》におわればその場かぎりですみもしようが、致命的過失や破滅ともなる。世人の常識として、古来現在、父子（親子）・君臣・師弟間の牢固《ろうこ》たるけじめ・役割・任務があり、もとるべからざるものとしてありつづける。しかるに、主・師・親への反逆・敵対・不孝・不忠もそれが常習とおもえるほどに多い。右の評は「但《ただし》師と主と親とに随いてあしき事を諫《いさ》めば孝養となる」ということの前置きとしての一般論否定の辞である。

3月19日

一切《いっさい》はおや（親）に随《したが》うべきにてこそ候《そうら》へども、仏《ほとけ》になる道《みち》は随《したが》わぬが孝養《こうよう》の本《もと》にて候《そうろう》か。

『兄弟鈔《きょうだいしょう》』（九二八）

親に孝。世間の常道でありいわゆる常識をこえた大本である、というのが一般的見解。にもかかわらず日蓮はその常識を否定した。世俗通途《つうず》の道徳的観念を拒否した。その否定や拒否は常識の破壊ではもとよりない。「仏になる道」・成仏の大道を歩むためにはとの大前提あってのものいいである。死は一般に嫌悪と恐怖の対象だ。それが宗教信仰の絶対安心に立てば晏如《あんじょ》たるものであって法悦裡に死地に赴く。火もまた涼しである。親の邪信を挫《くじ》き正信の覚路に達せしめんとの大道心こそ真の孝養である。そのための大前提として、区区たる小事、常識なるものは拒絶されざるを得ぬし、拒絶すべきである。棄《き》恩《おん》入《にゅう》無《む》為《い》真実《しんじつ》報恩者《ほうおんしゃ》。

3月20日

日蓮世《よ》を恐《おそ》れてこれを言《い》わずんば仏敵《ぶってき》とならんか。随《したが》って章安大師《しょうあんだいし》末代《まつだい》の学者《がくしゃ》を諫暁《かんぎょう》して云《いわ》く、仏法《ぶっぽう》を壊乱《えらん》するは……。余《よ》は此釈《このしゃく》を見《み》て肝《きも》に染《し》みるが故《ゆえ》に身命《しんみょう》を捨《す》ててこれを糺明《きゅうめい》する也《なり》。

『大田殿許御書《おおたどのもとごしょ》』（八五三）

大勢に与同せず一人孤塁を守るのは容易ではない。人は多きにつき少きをさける。賢善の人は稀《まれ》で愚悪の者は多い。智に働けば角《かど》が立つ。情に棹《さお》させば流される。世情におもねり衆愚につく堕負堕落。智は愚を責ずは事《こと》によりけり。知って言わざるの失《とが》あり。仏法破壊は内部から起る。城者破城の仏敵放置は自らも仏敵。章安大師はいう。「仏法を壊乱《えらん》するは仏法の中の怨《あだ》なり。慈無《じな》くして詐《いつ》わり親《した》しむは是彼人《これかのひと》の怨《あだ》なり。能《よ》く糺治《きゅうじ》する者は即《すなわ》ち是彼《これかれ》が親《しん》なり」。意地を通せば窮屈などと言ってはおれない。常に緊急事態、急を要す。

3月21日

譬《たと》えば、若《わか》き夫妻等《ふさいとう》が夫《おっと》は女《つま》を愛《あい》し、女《つま》は夫《おっと》をいとおしむ程《ほど》に、父母《ふぼ》のゆくへを知《し》らず。父母《ふぼ》は衣《ころも》薄《うす》けれども我《われ》はねや(閨)熱《あつ》し。父母《ふぼ》は食《しょく》せざれども我《われ》は腹《はら》に飽《あ》きぬ。

『一谷入道御書《いちのさわにゅうどうごしょ》』(九九三)

親子の問題、老夫婦と若夫婦の関係をまことに痛烈に批判し、なまなましく論じている。放縦・気ままは古今にわたって変らぬものか。暖衣飽食の若者たちは親の存在を忘れはててほうけるむごさ。房事はよし、飽食もよし。ただし、「父母のゆくへ」を問うべきである。「是《これ》は第一の不孝なれども彼等は失《とが》とも知らず。況や母に背く妻、父にさか(逆)へる夫、逆重罪にあらずや」と続く。孝道は仏道に則するばかりか成仏の要因と日蓮は把える。仏への不孝・反逆は罪深い。仏意妄失批判の文脈からの譬(悲)話。

3月22日

主《しゅ》の御《おん》ためにも、仏法《ぶっぽう》の御《おん》ためにも、世間《せけん》の心根《こころね》も吉《よ》かりけり吉《よ》かりけりと鎌倉《かまくら》の人々《ひとびと》の口《くち》にうたわれ給《たま》へ。穴賢穴賢《あなかしこあなかしこ》。蔵《くら》の財《たから》よりも身の財《たから》すぐれたり。身《み》の財《たから》より心《こころ》の財第一《たからだいいち》なり。

『崇峻天皇御書《すしゅんてんのうごしょ》』(一三九五)

人は蔵の財産よりも身体の財産が大事。身体の財産よりも心の財産がもっとも大切。蔵の財は物の財産、身の財は健康。それぞれ必要で大切だが、第一の宝は心。心の財とは真実の仏道を歩む道心、仏を鑽仰し仏たらんとする決定心。人生を歩むとは仏道を歩むことにほかならない。生きるとは仏をめざして生きることである。仏教者の肝心とはこのことである。「穴賢穴賢」、大変だ大変だ・ご注意ご注意。人が人として社会生活を営む原則は結局は物よりこころである。物質に屈伏してはならぬ。「心の財第一なり」。

3月23日

教主釈尊《きょうしゅしゃくそん》の出世《しゅつせ》の本懐《ほんかい》は、人《ひと》の振舞《ふるまい》にて候《そうら》いけるぞ。穴賢《あなかしこ》穴賢《あなかしこ》。賢《かしこ》きを人《ひと》と云《い》い、はかなきを畜《ちく》という。

『崇峻天皇御書《すしゅんてんのうごしょ》』（一三九七）

教主釈尊がこの世におでましになられたご本意はほかでもない。要するに人間が人間として生きることである。人間と畜生の相違はそれほどあるものではない。人間として生きるとは何か。人の振舞とはどういうことか。行為・行動・挙動・態度、これらが振舞だが、粗略・無思慮の畜にあらざる賢き人の振舞は、深刻な自省・省察と伴ってあるべき。人間らしい人間ともよくいう。いったい人間とはいかなる存在なのであろうか。安易なきめつけは放縦・軽薄に近い。考察を要す。深い考察を要しますぞ。宗教と生活の一体を呼びかける信徒訓育の状の一節。

3月24日

人《ひと》の〔に〕もの（物）をおしう（教）ると申《もう》すは、車《くるま》のおも（重）けれども油《あぶら》をぬればまわ（回）り、ふね（船）を水《みず》にうかべてゆ（行）きやす（易）きようにおし（教）へ候《そうろう》なり。

『上野殿御返事《うえのどのごへんじ》』（一八二八）

人に物事を教えるのは、具体的・直接的であるべきだという。高邁な理論、精細な分析、それも大事にはちがいないが多くは難解にすぎ無用に近い。論より証拠。論は後で証拠が先だ。車がきしんで重ければ油をさす。それはちょうど、大量の荷を積んだ船も水に浮かべれば重さ知らずで行き易《やす》いようなもので重い車への注油は車を軽くする。じかに、事実をもって役立ち助ける教示が教えるということである。無益な指導はかえって有害だ。日蓮はいう。「人の師と申すは、弟子の知らぬ事を教えたるが師にては候なり」と。

3月25日

外道《げどう》・悪人《あくにん》は如来《にょらい》の正法《しょうぼう》を破《やぶ》りがたし。仏弟子《ぶつでし》等《とう》、必《かなら》ず仏法《ぶっぽう》を破《やぶ》るべし。師子《しし》身中《しんちゅう》の虫《むし》の師子《しし》を食《はむ》等《とう》と云云《うんぬん》。大果報《だいかほう》の人《ひと》をば他《た》の敵《てき》やぶりがたし、親《した》しみより破《やぶ》るべし。

『佐渡御書《さどごしょ》』（六一三）

仏道を内道《ないどう》というのに対して仏教以外の宗教・哲学・思想を外道《げどう》という。仏の教えの破壊者は外《そと》になく、ほかならぬ内《うち》にある。同士討であり、城者破城である。外道や悪人などの外敵では如来の正法は破壊されない。かえって仏弟子によって破滅させられる。獣王獅子は他の獣によっては倒されず身中に寄生する虫に食われて死んでしまうようなものである。同例は多い。大果報を得て、すぐれた地位名声をきずいても、外敵のためには破られぬ。油断や身内の叛乱で自滅するものだ。心すべきことだ。

3月26日

都《すべ》て凡夫《ぼんぶ》の菩提心《ぼだいしん》は、多《おお》く悪縁《あくえん》にたぼらかされ、事《こと》にふれて移《うつ》りやすき物也《ものなり》。鎧《よろい》を著《き》たる兵者《つわもの》は多《おお》けれども、戦《いくさ》に恐《おそ》れをなさざるは少《すく》なきが如《ごと》し。

『松野殿御返事《まつのどのごへんじ》』（一二六九）

見せかけということがある。かけ声だけ、見ばえだけということもある。中味はない。鎧を身にまとったとて、千軍万馬の古強者《ふるつわもの》とて、しりごみの心になびく。劣勢、恐怖、撤退だ。心弱いごく普通の人間である私たちを凡夫という。迷《まよい》・惑《まどい》・煩《わずらい》・悩《なやみ》にとらわれ、しばられた私たち。迷惑者・煩悩者の私たち。迷惑からの跳躍、煩悩からの解放。このことの決意が菩提心。仏心ともいえよう。仏をめざす勇猛心だから。ただ、このことの妨害者・邪魔者が多くはびこる。おのれの内心に。敵は外になく内にある。だから、内なる敵を内なる味方で打破しなくてはならない。それが菩提心。

3月27日

なにとも思《おも》わぬ人《ひと》の酒《さけ》を飲《のみ》て酔《えい》ぬれば、あらぬ心出来《こころいできた》り人《ひと》に物《もの》をとらせばやなんど思《おも》う心出来《こころいできた》る。此《これ》は一生慳貪《いっしょうけんどん》にして餓鬼道《がきどう》に堕《お》つべきを、其《そ》の人《ひと》の酒《さけ》の縁《えん》に菩薩《ぼさつ》の入《い》りかわらせ給《たま》うなり。

『妙法比丘尼御返事《みょうほうびくにごへんじ》』（一五六九）

よいどれの話である。酔っ払いがたいへん好意的に扱われていて愉快だ。酔えば正常の状態ではなくなるものだが、ここはほどほどのほろ酔い機嫌の場合か。ふだんは吝嗇《りんしょく》（けちんぼ）な人でも酒に酔うと人に物をくれたくなる。これは一生欲深で餓鬼道に堕ちるはずのしみったれが、酒のせいで愛想がよくなる。慈愛の菩薩が乗り移ったというべきかとの意。日蓮の体験談か実見談かややこじつけに近いが、当意即妙ではある。ただし、信徒の供養は仏がその人に移り入ってなす業《わざ》と説くことの譬話例示である。ともかく、愉快だ。

3月28日

絵《え》に画《か》ける鬼《おに》には心《こころ》なけれども恐《おそ》ろし。遊女《とわり》を絵《え》に画《か》けば我夫《わがおつと》をばとらねどもそねまし。錦《にしき》のしとねに蛇《おろち》を織《お》るは服《ふく》せんとも思わず。身熱《みのあつ》きにあたゝかなる風《かぜ》いとわし。人《ひと》の心《こころ》も此《かく》の如《ごと》し。

『妙法比丘尼御返事《みょうほうびくにごへんじ》』（一五六九）

絵に画いても鬼は恐ろしい。遊女の絵をかざるだけでは夫を奪われることはないのだが妬《ねた》ましい。高級布団でも蛇が織りなされていれば気味が悪い。熱もつ身に温風はいやらしい。人の心も状況によってさまざまに変わり動く。「移りやすきは人の心なり」だ。前文に、「濁水に珠を入れぬれば水すみ、月に向いまいらせぬれば人の心あこがる」ともある。人心は、「善悪にそめられ」るもの。有為転変は世の習い、人心激動もすさまじい。外にある絵への嫉妬は内心潜在の醜心のあらわれ、迷妄の反映だ。

3月29日

賢人《けんじん》も五常《ごじょう》は口《くち》に説《と》きて、身《み》には振舞《ふるまい》がた（難）しと見《み》へて候《そうろう》ぞ。こう（甲）の座《ざ》をば去《さ》れと申《もう》すぞかし。

『崇峻天皇御書《すしゅんてんのうごしょ》』（一三九三）

「五常」、儒教にいう人倫の五つの規範、仁・義・礼・智・信。賢明な人も言うは易く行いは困難である。「甲の座」、一番の上席。高い位置についたら早く去れという。地位にしがみつく悪弊の打破。言行不一致の悪習批判。打破を叫び、批判を口にすることも実は容易で、いいっ放しになり終わること多い。「返《かえ》す返す御心得の上《うえ》なれども、末代のありさまを仏の説かせ給いて候には、濁世には聖《せい》人《じん》も居《こ》し難し。大火の中の石の如し。且《しばら》くはこらうるようなれども、終《つい》には焼け摧《くだ》けて灰となる」に続く訓誡。今昔通用のいましめである。放棄し難い執着。片片《へんぺん》たる地位に便便《べんべん》たる無恥と無知。

3月30日

畜生《ちくしょう》の心《こころ》は弱《よわ》きをおどし、強《つよ》きをおそる。当世《とうせい》の学者等《がくしゃとう》は畜生《ちくしょう》の如《ごと》し。智者《ちしゃ》の弱《よわ》きをあなづり王《おう》法《ぼう》の邪《じゃ》をおそる。諛臣《ゆしん》と申《もう》すは是也《これなり》。

『佐渡御書《さどごしょ》』（六一二）

学問を業とする人を学者と称してはいるが、学に志して人間を練《ね》る人・人間学修業者であるべきであろう。わけても仏教学者はそうあらねばなるまい。人間の完成者を仏といい、仏の探究と実践が仏教学者の務めである。畜生は弱者を脅かし強者には恐々とするもの。翻って現今の学者は畜生のような恥ずべき精神の所有者である。勢力の弱い少数の智者を軽蔑し邪曲で媚《こび》を売り勢力ある俗権の前に屈伏する。国を亡ぼす悪人、へつらい人、諛臣になり下がっている。輿論《よろん》雷同の阿諛者だ。かくては、世相人心教導の学者の本質を欠除し、任務を放棄するならず者にすぎぬ。

3月31日

無道心《むどうしん》の者《もの》、生死《しょうじ》をはなるゝ事《こと》はなきなり。……皆《みな》、法華経のゆへなればはぢ(恥)ならず。愚人《ぐにん》にほめられたるは第一《だいいち》のはぢなり。

『開目鈔《かいもくしょう》』（六〇八）

仏のさとりを求め願う心。仏道を信奉する心。これを欠く人が無道心者であり、無道心であっては決して生死の繋縛《けいばく》をたち切って覚者（仏）になり得ない。真の道心者は世に少ないから、世人の嘲《あざけ》りをうける。「教主釈尊の一切の外道《げどう》に大悪人と罵詈《めり》せられさせ給い、天台大師の南北並《なら》びに得一《とくいち》に三寸の舌もて五尺の身をたつと、伝教大師の南《なん》京《きょう》の諸人に最澄《さいちょう》未《いま》だ唐都《とうと》を見ず等といわれさせ給いし」が中略箇所。先師みな悪罵にさらされたが大道心のため恥ではない。道心なきが恥。愚人は智人の心を知り得ない。だから、そんな愚人からの讃辞は大恥だ。第一の恥だ。

4月

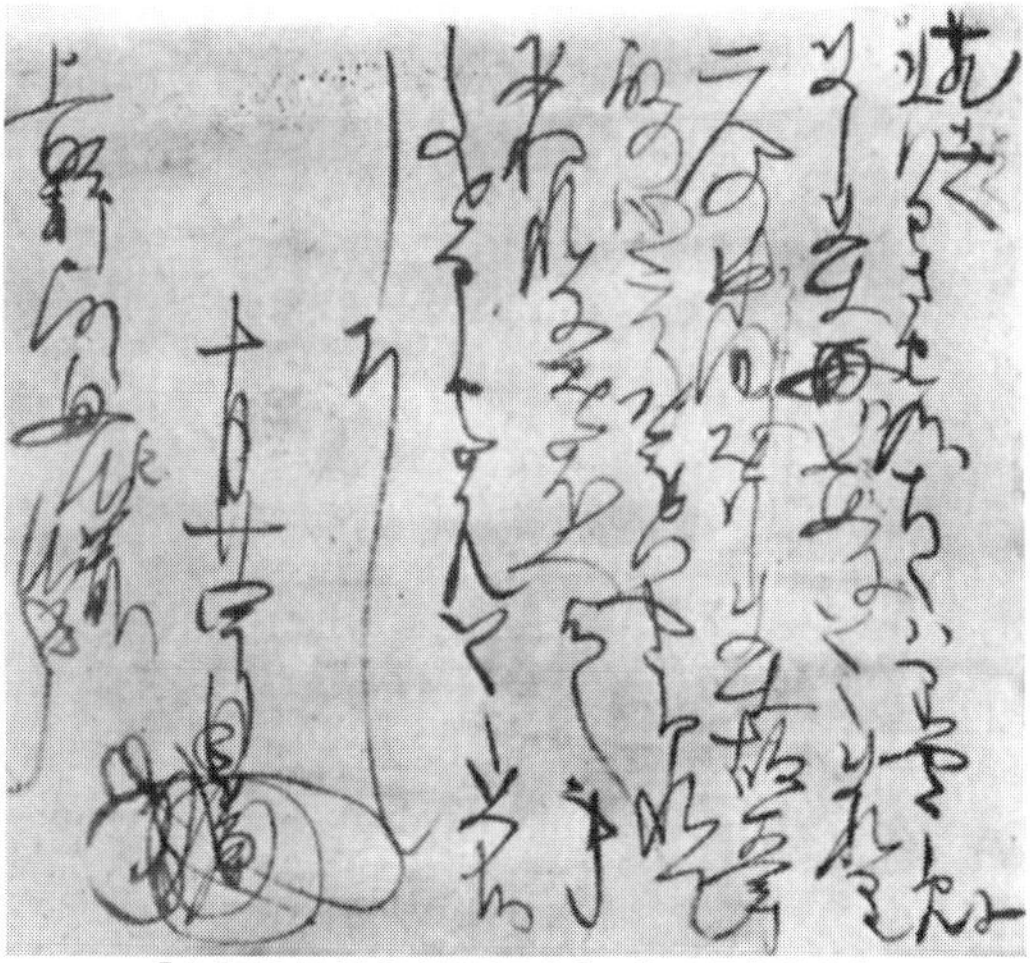

『上野殿母尼御前御返事』〈静岡県本門寺蔵〉

『上野殿《うえのどの》母尼《ははあま》御前《ごぜん》御返事《ごへんじ》』〈静岡県本門寺蔵〉

老いて子を亡くした母への手紙で、冒頭には「南条故七郎五郎殿の四十九日御菩提のために」とある。南条氏は駿河上野郷に住む地頭、地名から上野殿。母を慰める本状は長文二十九枚の用紙を費やすが、写真はその最末第二十九紙。弘安三年十月二十四日の状。涙とともに連綿として弔辞がつづく。

4月1日

されば、現《げん》に勝《すぐ》れたるを勝《すぐ》れたりという事《こと》は、慢《まん》にに(似)て大功徳《だいくどく》となりけるか。

『撰時抄《せんじしょう》』(一〇五六)

知って知らぬふり、ということはある。言わぬが花もある。美徳の一種かもしれぬが、遠慮は禁物か。知って言わざるの罪もある。善は善であり、悪はどこまでも悪。善悪正邪の是非けじめをはっきりとつける。利害の計算を離れて、言うべきことを言う。へつらいがあり、おもねりがあるのが世の常。へたな遠慮はへり下《くだ》りにつながり、堂々の論はおごりと邪推される。やはり世はままならぬ。法華最勝論者日蓮はいう。勝れているから正直に勝れているというのであると。それは決して慢でなく逆である。このことを諒知せねば評価は慢にとどまる。最勝を最勝と知り得ぬものが、どうして慢ときめつけられようか。評者自体が慢だ。

4月2日

よく〳〵けうくわん(教訓)せさせて、人《ひと》の多《おお》くき(聞)かんところにて人《ひと》をけうくん(教訓)せんよりも、我身《わがみ》をけうくんあるべしとて、かつぱとたたせ給《たま》へ。

『上野殿御返事《うえのどのごへんじ》』(一三一一)

所掲前文に、「方人《かたうど》なるようにてつくりおとして、我もわらい、人にもわらわせんとするがきくわひ(奇怪)なるに」とある。味方のようなふりをして、わなにおとして破滅をさそい、それ見たことかと笑い、他人にも笑わせようとたくらむのは奇怪千万である。敵の陥穽におちてはならぬ。十分に敵に親切めかした訓辞を吐かせてのち、多勢の場で人に教訓をたれるよりも、まず自分を教訓されるがよろしと言って、さっと起って帰りなさい。味方づらする敵の撃退法だ。同輩の妬みをうける信徒への教示。

4月3日

さき〴〵申《もう》し候《そうらい》しように、陰徳《いんとく》あれば陽報《ようほう》ありと申《もう》して、……かかる利生《りしょう》にもあづからせ給《たま》うぞかし。此《これ》は物《もの》のはしなり。大果報《だいかほう》は又来《またきた》るべしとおぼしめせ。

『陰徳陽報御書《いんとくようほうごしょ》』（一六三八）

一徹な鎌倉武士四条金吾頼基は純信のゆえ日蓮に深く愛された。日蓮はあたかも弟を保護するように身辺の些事まで教導した。師弟一枚の信が根底に存したのであるが、頼基の性格は直情径行でもあったから、主君のおぼえめでたい身は同僚の嫉妬を招き窮地に陥いり隠忍自重久しきにわたった。陰ながらの徳行はかならず報《むく》われると日蓮は言い教えてきた。年余のはてに主君の信頼を回復し一陽来復のときを迎える。陰徳は果報の来る門《かど》口《くち》であったし、来るべき大果報の前兆だと言い励ます。

4月4日

但法門《ただほうもん》をも(以)て邪正《じゃしょう》をただすべし。利根《りこん》と通力《つうりき》にはよ(依)るべからず。

『唱法華題目鈔《しょうほっけだいもくしょう》』（二〇八）

人ややもすれば神変《じんぺん》不思議に魅了され心を迷わせる。自由自在に何事もなしうる力が神通力だが、霊妙・不思議の本質面ではなく、いかがわしい俗信に堕し、そのことの有無をもてはやす。古今全同の風潮といえるが信仰の利用悪用のほかはなく堕落宗教の表示・見本である。宗教の本質として霊妙・不思議の要素を有す。しかしそれを阿諛迎《あゆげい》合《ごう》のひけらかしにおとしめ、たぼらかしに利し、真実の信の道を閉ざすから邪法邪師である。正邪の判別は法門によるべし。利で誘い奇態をさらす邪師邪法は嫌悪せよ。信じ就くべき法門（教法）は、正法であって邪法でなく、正師であって邪師ではない。「邪正をただすべし」。

4月5日

偏《ひとえ》に現在《げんざい》を以《も》って旨《むね》とす。所謂《いわゆる》畜類《ちくるい》を本尊《ほんぞん》として男女《だんじょ》の愛法《あいほう》を祈《いの》り、荘園等《しょうえんとう》の望《のぞみ》を祈《いの》る。是《かく》の如《ごと》き少分《しょうぶん》のしるしを以《も》って奇特《きとく》とす。若《も》し是《これ》を以《も》って勝《すぐ》れたりといわば彼月氏《かのがっし》の外道等《げどうとう》にはすぎじ。

『星名五郎太郎殿御返事《ほしなごろうたろうどのごへんじ》』（四一九）

仏法をおとしめて俗信をもっぱらとする邪教を唾棄《だき》し批判した一節。「現在を以って旨とす」とは、いわゆる現世利益の追求に狂奔する俗信の徒とそれに与同して現世祈禱にふけるエセ宗教家への非難である。畜生を本尊として男女愛欲の祈禱をしたり、知行地加増のための修法を行じたり、さまざまな私利私欲の祈りが横行する。これらを殊勝なことだの霊験ありだのというならば、かの印度ではやっているという外道《げどう》の魔術的修法・妖術と同じである。「通力ある者を信ぜば、外道・天魔を信ずべきか」。それでは、なさけない。

4月6日

それにつけても、心《こころ》あさ（浅）からん事《こと》は後悔《こうかい》あるべし。又《また》、前車《ぜんしゃ》のくつがえすは後車《こうしゃ》のいましめぞかし。

『兄弟鈔《きょうだいしょう》』（九二五）

現前の迫害は、自己を鍛《きた》える試練《しれん》である。信仰の虚実・真偽をはかるめやすとしての受難である。このように受けとって抑圧に対処しよう。とはいえ、それだからこそ、不安におもえてならない。気持の動揺、信心の浅薄、そうであっては、かならず後悔のほぞをかむこととなろう。また、いうではないか、〝前車の覆《くつがえ》るは後車の戒《いまし》め〟と。だから、どうか信念をしっかりとすえて難局打開につとめてください。くれぐれ申しておきます。後悔先きに立たずですぞ。前車の轍《てつ》を踏《ふ》むことがあってはなりませんぞ。迫害下の不安に動揺する信徒を、日蓮は懸命に教導しささえる。

4月7日

かれは人《ひと》の上《うえ》とこそみ(見)しかども、今《いま》は我等《われら》がみ(身)にかかれり。願《ねが》わくは我弟子等《わがでしとう》、大願《だいがん》をおこせ。

『上野殿御返事《うえのどのごへんじ》』(一七〇九)

日常茶飯の事柄でも、〃人のふり見て我がふり直せ〃、〃人の上見て我が身を思え〃としきりにいう。身辺の雑事でさえそうなのだから、ましてや俗事をこえた信仰の世界に生きんとする我等、不退転の決意で仏をめざしている我等なのだから、せまりくる暴圧にたじろぐことがあっては前車の轍《てつ》を踏むではないか。今は、傍観し得る他人事ではなく、我身に直接ふりかかってきた厄難《やくなん》である。心しなくてはならない。仏をめざす本願成就のために、大願を発起せねばならぬのだ。かえすがえす念願する。「我弟子等、大願をおこせ」。叱咤《しった》激励する教導者・日蓮。

4月8日

千丁万丁《せんちょうまんちょう》しる人《ひと》も、わづかの事《こと》にたちまちに命《いのち》をすて所領《しょりょう》をめさるる人《ひと》もあり。今度《こんど》法華経のために命《いのち》をすつる事《こと》ならば、なにはおし(惜)かるべき。

『上野殿御返事《うえのどのごへんじ》』(一三一〇)

上野殿は駿河《するが》上野郷の地頭で実名は南条氏。武士にとって所領は一所懸命の地、生活の基盤。一家一族・家人郎従の生活権を地頭はもつ。それだけに進退出入は慎重でなければならない。当時、所領の召返《めしかえ》しは日常のことであった。南条氏は日蓮帰依のゆえに異教徒の圧迫・鎌倉幕府の抑圧を数々うけた。死にはぶざまな犬死もあるが殉教死は崇高だ。惜しむべきではない。死の竿頭にさらされつづけた日蓮にしていい得る督励のことばだ。「千丁万丁しる人」は、千万巻の書を読んだ知識人と解せるが、千万町の知行地の意か。

4月9日

今度《こんど》、ねう（忍）しくらして法華経の御利生《ごりしょう》心《こころ》みさせ給《たま》へ。日蓮も又強盛《またごうじょう》に天《てん》に申《もう》し上《あ》げ候《そうろう》なり。いよ〳〵おづ（怖）る心《こころ》ね（根）すがた（姿）おわすべからず。

『兄弟鈔《きょうだいしょう》』（九二六）

事にあたって心弱くたじろぐのが人の常。信仰は絶対の世界。ひき退くことのない、全霊を打ち込む精神のたたかいである。事にあたって抑圧、迫害の加わるのが世の常でもある。おじ恐れる心、姿を人に見せてはならない。精神の自立、心の勇気、事にあたってふるいおこすべきはこれだ。このたびの大事、けなげに耐え忍んですごし、ひいて法華経信仰の利生を試《ため》さるべきである。今は、忍耐の生活が肝要ですぞ。日蓮も、貴殿と一緒に強盛な祈りをささげ仏天の加護を念じましょう。信仰のゆえの加圧に対処激励する日蓮のことば。

4月10日

善《よ》からんは不思議《ふしぎ》、悪《わる》からんは一定《いちじょう》と思《おも》え。ひだるしと思《おも》わば餓鬼道《がきどう》を教《おし》えよ。寒《さむ》しといわば八寒地獄《はっかんじごく》を教《おし》えよ。恐《おそ》ろしといわば鷹《たか》にあえる雉《きじ》、猫《ねこ》にあえる鼠《ねずみ》を他人《たにん》と思《おも》う事《こと》なかれ。

『聖人御難事《しょうにんごなんじ》』（一六七四）

「彼等には、ただ一円におもい切れ」といって引文の策励がつづく。彼等とは、駿河熱原《あつはら》の地の農民たち二十名。日蓮信仰のゆえに鎌倉幕府北条時宗の腹心、平頼綱の不当な暴圧久しくついに捕縛され、鎌倉に連行された。頼綱は私邸で彼等を拷問し、そのはてに虐殺《ぎゃくさつ》する。急報に接した日蓮は門弟に指示。この書がそれである。国権介入の不当な弾圧であり暴挙であった。日蓮は渾身《こんしん》の気迫をこめ必死の教示を筆にふるった。頼綱の狂気的加害は十分予測し得たから日蓮はまこと厳《きび》しいぎりぎりのことばをついやした。

4月11日

我《われ》ならびに我弟子《わがでし》、諸難《しょなん》ありとも疑《うたが》う心《こころ》なくわ、自然《じねん》に仏界《ぶっかい》にいたるべし。天《てん》の加護《かご》なき事《こと》を疑《うたが》わざれ。現世《げんぜ》の安穏《あんのん》ならざる事《こと》をなげかざれ。

『開目鈔《かいもくしょう》』（六〇四）

およそ考えられるあらゆる抑圧が日蓮とその門弟を襲った。公私の圧迫はひきもきらず押し寄せたが、一波が万波を呼ぶように弾圧の嵐が吹き荒れた。ここにおいて、さすがに疑惑せざるを得ない。おのが依ってたつ信仰の基盤を。信仰は安心の獲得である。心の静謐・泰平をもたらす。しかるに魔障紛然として競起する。現世の安隠、身の安全すらない。諸天の加護ないかのごとくである。無信とは〝無疑の義〟。疑いなきを〝信〟という。無疑の信の貫徹が仏界到達の一道。諸難雲集は決して悲歎事ではない。受難の痛苦を法悦におきかえるのが信仰者の菩提心である。

4月12日

わづかの事《こと》には身《み》をやぶり命《いのち》をすつれども、法華経の御《おん》ゆへにあやしのとが（科）にあたらんとおもう人《ひと》は候《そうろ》はぬぞ。身《み》にて心《こころ》みさせ給《たま》い候《そうら》いぬらん。とうとし〳〵。

『上野殿御返事《うえのどのごへんじ》』（一八六一）

人はつまらぬことにかかわって身の破滅を招き、あげくのはてに命を捨てることさえある。その例は世に多い。心せねばならない。あなたは法華経の信徒である。信仰のゆえに、奇異なこと不都合なできごとにであうなどと考える人はおりませんぞ。後悔の先走りは不必要なことですぞ。すでにあなたはこのことを熟知されておられる。身に体験されたのだから。尊いことである。ありがたいことである。信じ難き法を信じ、周囲の圧迫に耐えて強信を貫き、なお強迫下にある信徒への嘉賞と激励のことば。励めよ。試みよ。

4月13日

食《しょく》には三《みつ》つの徳《とく》あり。一《いち》には命《いのち》をつぎ、二《に》には色《いろ》をまし、三《さん》には力《ちから》をそう。人《ひと》に物《もの》をほどこせば我身《わがみ》のたすけとなる。譬《たと》えば、人《ひと》のために火《ひ》をともせば、我《わ》が前《まえ》あきらかなるがごとし。

『食物三徳御書《しょくもつさんとくごしょ》』（一六〇七）

食物は三つの効能をもつ。第一になによりも生命保善の糧であるから命を継ぐものである。また、第二・第三に健康体の容姿を育て、活力を生みだすもとである。命をまし、色をまし、力をます三徳の食物を、他人のために施与すれば人のためばかりではなく、かえって我身を養い助けることになる。ほどこしは、かならずめぐり来《きた》って己れの果報となる。物の施《ほどこ》しも、目に見えぬ心の施し、親切やおもいやり等も皆しかり。まかぬ種は、はえぬものである。ただし、人に施しては慎みて念うこと勿《なか》れ。施した恩恵は忘れよ。

4月14日

魚《うお》は水《みず》にすむ、水《みず》を宝《たから》とす。木《き》は地《ち》の上《うえ》におい（生）て候《そうろう》、地《ち》を財《たから》とす。人《ひと》は食《しょく》によ（依）て生《せい》あり、食《しょく》を財《たから》とす。いのちと申《もう》す物《もの》は一切《いっさい》の財《たから》の中《なか》に第《だい》一《いち》の財《たから》なり。

『事理供養御書《じりくようごしょ》』（一二六一）

魚にとっての水、木には大地。水なく地なくしては命の保証はない。生命保善の基盤、かけがえのない宝財が魚に水、木に地。人また食によって生きる。食は宝財であるが命あっての食。命こそすべての宝財中、唯一至上のたから。命あっての物種。生命の尊厳にまさるものはない。「三千大千世界にみてゝ候財をいのちにはかえぬ事に候なり。さればいのちはともしび（燈）のごとし。食はあぶら（油）のごとし。あぶらつくればともしびき（消）えぬ。食なければいのちた（絶）えぬ」と語りついでいる。

4月15日

命《いのち》と申《もう》す物《もの》は一身第一《いっしんだいいち》の珍宝也《ちんぽうなり》。一日《いちにち》なりともこれをのぶ(延)るならば千万両《せんまんりょう》の金《こがね》にもすぎたり。法華経の一代《いちだい》の聖教《しょうぎょう》に超過《ちょうか》していみじきと申《もう》すは寿量品《じゅりょうほん》のゆえぞかし。

『可延定業御書《かえんじょうごうごしょ》』(八六二)

人さまざまであるから、人によりかけがえのない宝物はいろいろあるにちがいない。無量珍宝といえよう。無量とはいえ、真にかけねなしの宝は命である。だから一日であっても命の尊厳を自覚しての延命は、たとえ巨万の富とひきかえてもできぬ相談。法華経第十六章は如来寿量品。如来の寿命は無量であると示す。久遠の生命、永遠のいのちを仏は有す。仏の信奉者は久遠のいのちに触れ、仏は永遠の生命を獲得させせんと志願している。法華経の信奉者よ、一身第一の珍宝命を大事にありがたく生きよう。

4月16日

閻浮第一《えんぶだいいち》の太子《たいし》なれども、短命《たんめい》なれば草《くさ》よりもかろ(軽)し。日輪《にちりん》のごとくなる智者《ちしゃ》なれども、夭《わか》死《じに》あれば生犬《いけるいぬ》に劣《おと》る。

『可延定業御書《かえんじょうごうごしょ》』(八六三)

閻浮は全世界。世界の国々を統治する大王の子と生れ、行末は国王の地位を約束されていても、短命であれば、太子たることも実がなく、たかだか路傍の草一本にもたらぬ軽々たる値打ちだ。赫々たる名声かがやくことがつとに約束される非凡な智者学匠といえども、未完のままで命短く夭死するのであれば、それは犬一匹にも劣るといえよう。だから、命は「一日なりともこれをのぶるならば千万両の金《こがね》にもすぎたり」といえるのだ。有限の命ゆえ乱費は禁物。無限に光彩放つ一生を送らねばなるまい。そのような人生の処し方、命の生かし方。生命の尊厳におもいをこめよう。

4月17日

一日《いちにち》もいき(生)ておわせば功徳《くどく》つも(積)るべし。あらおし(惜)の命《いのち》や〳〵。

『可延定業御書《かえんじょうごうごしょ》』(八六四)

命は何物にもかえがたい。日蓮はいう。「世間に人の恐るゝ者《もの》は火災《ほのお》の中と刀剣《つるぎ》の影と此身《このみ》の死《し》するとなるべし。牛馬猶《なお》身を惜しむ、況《いわん》や人身をや」「命をば三千大千世界にても買わぬ物にて候」「命と申す物は一身第一の珍宝也。一日なりともこれをのぶるならば千万両の金《こがね》にもすぎたり」「有情《うじょう》の第一の財《たから》は命にはすぎず」等々。生命の讃辞は多い。たたえてやまぬ命の尊厳性。その讃嘆はしかし無条件ではない。「功徳《くどく》」蓄積のための一日の命。人間練磨に資する命。命の無駄使いは論外である。惜しむべき命。讃えるべき命。どれほど惜しんでも惜しみたらぬ命。どれほど讃えても讃えたらぬ命。「あらおしの命や〳〵」。

4月18日

それについては、いのち(命)はつるかめ(鶴亀)のごとく、さいわい(幸)は月《つき》のまさり、潮《しお》の満《み》つがごとくこそ、法華経にはいのり(祈)まいらせ候《そうら》へ。

『富城殿女房尼御前御書《ときどのにょうぼうあまごぜんごしょ》』(一七一〇)

いのち。それはかぎりなく尊いもの。そうであるだけにいっそう命は、あの鶴亀のごとく長命でありたいもの。そのことによって、生きることの幸せがもたらされ、保善し得る。長寿の果報、それは群星にひいでている月のようにかがやく。大海の潮《うしお》のみちてくるように、ひきもきらず寄せてこよう。幸福はみずからつかむもの。無策からは生じない。傍観からも生れない。法華経への絶対信。一途まっすぐな無疑の信。このことによっていただける命と幸せ。純信のおもむくところ、祈りは利生《りしょう》を生む。

4月19日

なに(何)となくとも、一度《いちど》の死《し》は一定《いちじょう》なり。いろ(色)ばしあし(悪)くて、人《ひと》にわら(笑)われさせ給《たま》うなよ。

『兄弟鈔《きょうだいしょう》』（九二六）

ここがこうだったなどと、別にとりたてて言うことはなくとも、とどのつまり人間は一度は死ぬものです。結局は死なねばならないのです。だから、生きている今を懸命に生きるべきです。そして、生きている間は、妙な色あいを出したり、卑怯みれんな振舞をしたり臆病であったり、いろいろ人の道にもとることがあってはなりませんぞ。慎しむべきことを慎しまぬようでは、人に笑われるではありませんか。一度のいのち、尊く大事に心して生きようではありませんか。生活規範をあかす慈教である。やがて到来する「一度の死」。それへの対処対応なくしては意味ある人間たり得ない。

4月20日

とにかくに死《し》は一定《いちじょう》なり。おな(同)じくはかり(仮)にも法華経のゆへに命《いのち》をす(捨)てよ。つゆ(露)を大海《たいかい》にあつら(誂)へ、ちり(塵)を大地《だいち》にうづ(埋)むとおもへ。

『上野殿御返事《うえのどのごへんじ》』（一七〇九）

信仰は徳の余《あま》り、老《お》いてからの手すさび、などというものではあるまい。至尊《しそん》の命をおもい、その命が日々に死に瀕《ひん》していることをおもう。おもいが真剣であれば、暗然たらざるを得ないはず。とにもかくにも死はまちがいなくすぐそこにある。さすれば、死を知りて避《さ》けざるの勇をもたねばならぬ。そこに信仰がある。「死は或《あるい》は泰山《たいざん》より重く或は鴻毛《こうもう》より軽し」。法華経の信に生き、法華経に死ねよ。一滴の露を大海に注ぎ、一毛の塵を大地に埋めると思え。微少にすぎぬが法に殉ずる一滴一塵は甚《はなは》だ重い。

4月21日

人間《にんげん》に生《しょう》をうけたる人《ひと》、上下《じょうげ》につけて憂《うれへ》なき人《ひと》はなけれども、時《とき》にあたり人々《ひとびと》にしたがいて嘆《なげ》き品々《しなじな》なり。譬《たと》えば、病《やまい》の習《ならい》は何《いずれ》の病《やまい》も重《おも》くなりぬれば、是《これ》にすぎたる病《やまい》なしと思《おも》うが如《ごと》し。

『光日房御書《こうにちぼうごしょ》』（一一五七）

この世を娑婆《しゃば》という。忍土・忍界の意。多くの苦悩がある。その苦を忍び耐えねばとても生きていけない世界である。生きているということ、人間であるということは、人さまざまとはいえ一様に個別のあるいは全体の苦悩を背負い、避けることはできない。仏は人の世の実相、娑婆の在り様を濁世《じょくせ》・穢土《えど》といい、憂悲苦悩《うひくのう》・四苦八苦《しくはっく》にあふれているという。三界無安猶如火宅《さんがいむあんゆうにょかたく》、この世は安穏ではなく燃えさかる家に住んでいるようだともいう。衆苦充満、恐怖の世という。だからこそ娑婆を寂光浄土にという。

4月22日

世間《せけん》の定《さだめ》なき事《こと》は、病《やまい》なき人《ひと》も留《とどま》りがたき事《こと》に候《そうら》えば、まして病《やまい》あらん人《ひと》は申《もう》すにおよばず。但《ただ》し、心《こころ》あらん人《ひと》は後世《ごせ》をこそ思《おも》いさだ(定)むべきにて候《そうら》へ。

『南条 兵衛七郎殿御書《なんじょうひょうえしちろうどのごしょ》』（三一九）

この世は定めない無常である。常住をおもいつつも常に無常である。ものみな変転する中で人の生から死への移り行きはもっともつらい。諸行無常であり、無常迅速である。無常の極致は死。人の死は病の有無にはよらぬが、とりわけて病に沈むと無常の嵐は吹きつのる。無常の超克がはかられねばならない。それは何か。死を見つめる心・後世の直視である。無常を単に無情にとどめてはならぬ。「後世を思い定めん事は私には叶い難く候。一切衆生の本師にてまします釈尊の教こそ本《もと》にはなり候べけれ」。

4月23日

人《ひと》の死《し》ぬる事《こと》は病《やまい》にはよらず。……病《やまい》あれば死《し》ぬるべしという事《こと》不定《ふじょう》なり。又《また》この病《やまい》は仏《ほとけ》の御《おん》はからいか。病《やまい》ある人《ひと》、仏《ほとけ》になるべきよし説《と》かれて候《そうろう》。病《やまい》によりて道心《どうしん》はおこり候《そうろう》か。

『妙心尼御前御返事《みょうしんあまごぜんごへんじ》』（一一〇三）

人の死は病気によるとは限らない。死はさまざまであって変死・横死もある。病気であるから死ぬとはきまっていない。あなたの今度の病気は仏のお計《はか》らいであるかも知れません。経文に、病気をもつ人は仏になると説かれている。病気によって道心が起るからである。病が求道《ぐどう》のよき縁となるからである。病床に伏っている間は、「日々夜々《ひびやや》に道心ひまなし」で闘病生活につとめなさい。病によって信仰に入り安心《あんじん》の境に遊ぶことができる。災《わざわい》を転じて幸《さいわい》となし得る。病苦に辛吟する信徒教導の一節である。

4月24日

猿《さる》は木《き》をたのむ。魚《うお》は水《みず》をたのむ。女人《にょにん》は男《おとこ》をたのむ。別《わか》れの惜《お》しきゆへに髪《かみ》を剃《そ》り袖《そで》を墨《すみ》に染《そめ》ぬ。いかでか十方《じっぽう》の仏《ほとけ》もあわれませ給《たま》はざるべき、法華経もすてさせ給《たま》うべきとたのませ給へ。

『妙心尼御前御返事《みょうしんあまごぜんごへんじ》』（一一〇四）

夫の重病に発心《ほっしん》し、剃髪染衣《ていはつぜんね》した妻。尼となった婦人の志をあわれみ、信仰を励ました一節。けなげな信心・いさぎよい道心の発露。どうしてあなたの志・熱誠の信に対して、十方の仏があわれみをかけぬことがありましょう。法華経も必ずやあなたの特志をお見捨てにはなりません。どうか、ますます信心におはげみなさい。たのむ夫を失わんとする妻。夫婦の別れ、夫との離別はつらく悲しい。そのことを熟知する日蓮。慰藉《いしゃ》激励の辞の猿と魚の譬喩は、深々と妻の心情を打ち、尼の決断を支える。

4月25日

主《しゅ》の別《わか》れ、親《おや》の別《わか》れ、夫妻《ふさい》の別《わか》れ、いづれかおろかなるべき。なれども、主《しゅ》は又他《またた》の主《しゅ》もありぬべし。夫妻《ふさい》は又《また》かわりぬれば心《こころ》をやすむる事《こと》もありなん。親子《おやこ》の別《わか》れこそ月日《つきひ》のへだつるままに……

『光日房御書《こうにちぼうごしょ》』（一一五七）

人生にはさまざまな別れがある。別れはつらいものである。悲しいものである。再会の喜びが待つ一時《いっとき》の別れもある。ついの別れ、永遠の別れ、それは死別である。生の断絶・死。すべてとの離別・死。無常哀感のきわみとして死がある。主従の夫妻の親子のと、別れは多い。そのどの別れも辛く悲しく優劣の差はないかのようである。しかし、仕える主人は他に替えられもするし、夫婦も再婚によって安らぎえる。親子の別れにそれはない。「月日のへだつるままに、いよ〳〵嘆き深かりぬべくみえ候へ」。哀切と情感をのせての弔意文。

4月26日

一《ひと》つ種《たね》は一《ひと》つ種《たね》、別《べつ》の種《たね》は別《べつ》の種《たね》。同《おな》じ妙法蓮華経の種《たね》を心《こころ》にはらませ給《たま》いなば、同《おな》じ妙法蓮華経の国《くに》へ生《うま》れさせ給《たま》うべし。三人面《さんにんおもて》をならべさせ給《たま》わん時《とき》、御悦《おんよろこ》びいかが嬉《うれ》しく思食《おぼしめす》べきや。

『上野殿母尼御前御返事《うえのどのははあまごぜんごへんじ》』（一八一三）

掲出文は「乞《こ》い願くは悲母、我子を恋しく思食《おぼしめ》し給いなば、南無妙法蓮華経と唱へさせ給いて、故南条殿・故五郎殿と一所に生れんと願わせ給へ」につづく。母尼は夫南条氏をつとに亡くし、末子五郎も逝った。悲嘆に沈む母に日蓮は弔慰の状をあいついで送り届けた。本書は四十九日忌《しじゅうくにちき》のもの。長文二十九枚の用箋を費し情緒綿綿として慰め信仰の安心を語り告げた。「父は霊山《りょうぜん》にまします。母は娑婆にとどまれり。二人の中間におわします故五郎殿の心こそおもいやられてあわれにおぼへ候へ」と結ぶ。

4月27日

古《いにしえ》より今《いま》に至《いた》るまで、親子《おやこ》の別《わか》れ、主従《しゅじゅう》の別《わか》れ、いづれかつらからざる。されども男女《おとこおんな》の別《わか》れほどたとえなかりけるはなし。過去遠々《かこおんのん》より女《おんな》の身《み》となりしが、この男《おとこ》娑婆最後《しゃばさいご》の善知識《ぜんちしき》なりけり。

『持妙尼御前御返事《じみょうあまごぜんごへんじ》』（一七〇六）

古往今来、別れはつらい。さまざまの別れがあり、そのどれもがつらい。譬えようもなく悲しい別れは、相愛の夫婦の離別であると日蓮はいう。今あなたは夫を亡くし、最大の悲哀に身を沈めておられる。別離に沈淪する女性を慰撫し、さらに励ます。あなたは、遠い過去から女の身としてすごしてきたが、亡くなった夫こそこの娑婆世界最後の夫です。亡夫は信仰にあつく、夫の導きによってあなたは信の道に入られた。故夫は仏への道の指導者です。夫婦ともに仏になる。さすれば亡夫は最後の男です。

4月28日

ちりしはなおちしこのみもさきむすぶなどかは人《ひと》の返《かえ》らざるらむ。こぞもうくことしもつらき月日《つきひ》かなおもいはいつもはれぬものゆへ。法華経の題目《だいもく》をとな（唱）えまいらせてまいらせ。

『持妙尼御前御返事《じみょうあまごぜんごへんじ》』（一七〇七）

相思相愛の夫婦。夫が先きだち妻がのこった。妻の亡き夫を想う真情は、死後いよいよまさり、つのる。一年を過し二年目もすごして第三回忌を迎えた。日蓮は書状を呈し和歌二首をそえた。〝散し花　落し果も咲き結ぶ　などかは人の　返らざるらむ〟〝去年《こぞ》も憂く　今年も辛き月日かな　想いはいつも　晴れぬものゆへ〟。去ってのち再びまみえることのない死別。憂悲に沈む月日。亡夫恋慕《れんぼ》の情を、法華経の題目・南無妙法蓮華経におきかえて、どうぞどうぞお唱えつづけてくださいと念じ願う。

4月29日

さける花《はな》はちらずして、つぼめる花《はな》のかれたる。老《お》いたる母《はは》はとどまりて、若《わか》き子《こ》はさりぬ。なさけなかりける無常《むじょう》かな〱。

『上野殿母尼御前御返事《うえのどのははあまごぜんごへんじ》』（一八一七）

老いて子を失った母。世の無常を痛感せざるを得ない。悲嘆のどんぞこにある母に向けて日蓮は、共感同苦のおもいをつくして哀惜の手紙を悲痛に綴った。追悼の哀状が今に多数のこされている。咲きそめた花が咲きほこることなくにわかに花の命を終えた。咲かんとしてふくらんだ蕾《つぼみ》が蕾のままに枯れしぼんだ。そのように、あなたのお子さんは少年のままに死んだ。人生の花を咲かすことなく、十六の若年で死んでいったあなたのお子。若き子が先きだって去り逝き、老いた母が残された。無常のほかない。悲しいほかない。憂悲痛苦の人生、無常苦の人生。

4月30日

凡《およ》そ仏法《ぶっぽう》を修行《しゅぎょう》せん者《もの》は摂折二門《しょうしゃくにもん》を知《し》るべき也《なり》。一切《いっさい》の経論《きょうろん》此《こ》の二《ふたつ》を出《い》でざる也《なり》。されば国中《くにぢゅう》の諸学者等《しょがくしゃとう》、仏法《ぶっぽう》をあらあら学《がく》すと云《い》えども、時《じ》刻相応《こくそうおう》の道《みち》をしらず。四節《しせつ》四季《しき》取取《とりどり》に替《かわ》れり。

『如説修行鈔《にょせつしゅぎょうしょう》』（七三五）

仏教の化導《けどう》方法は、結局は摂取容受、寛容主義の摂受《しょうじゅ》と破折屈伏、厳格主義の折伏《しゃくぶく》の二法に大別される。柔と剛、寛と厳だが事の本質は一つで表裏の関係。病体を健康体とする慈愛の行ない、慈悲行として摂折二門がある。消極的治療法か積極的療法かの相違であり、いわば内科か外科かである。投薬で時間をかけた漸進法か患部摘出の手術かだ。ただ問題は、二門のどちらを適用するかの判断であろう。その要点は、時期・時代である。春の種、秋の実《み》で逆ではない。涼風は夏、冬には無用。仏法は時である。

5月

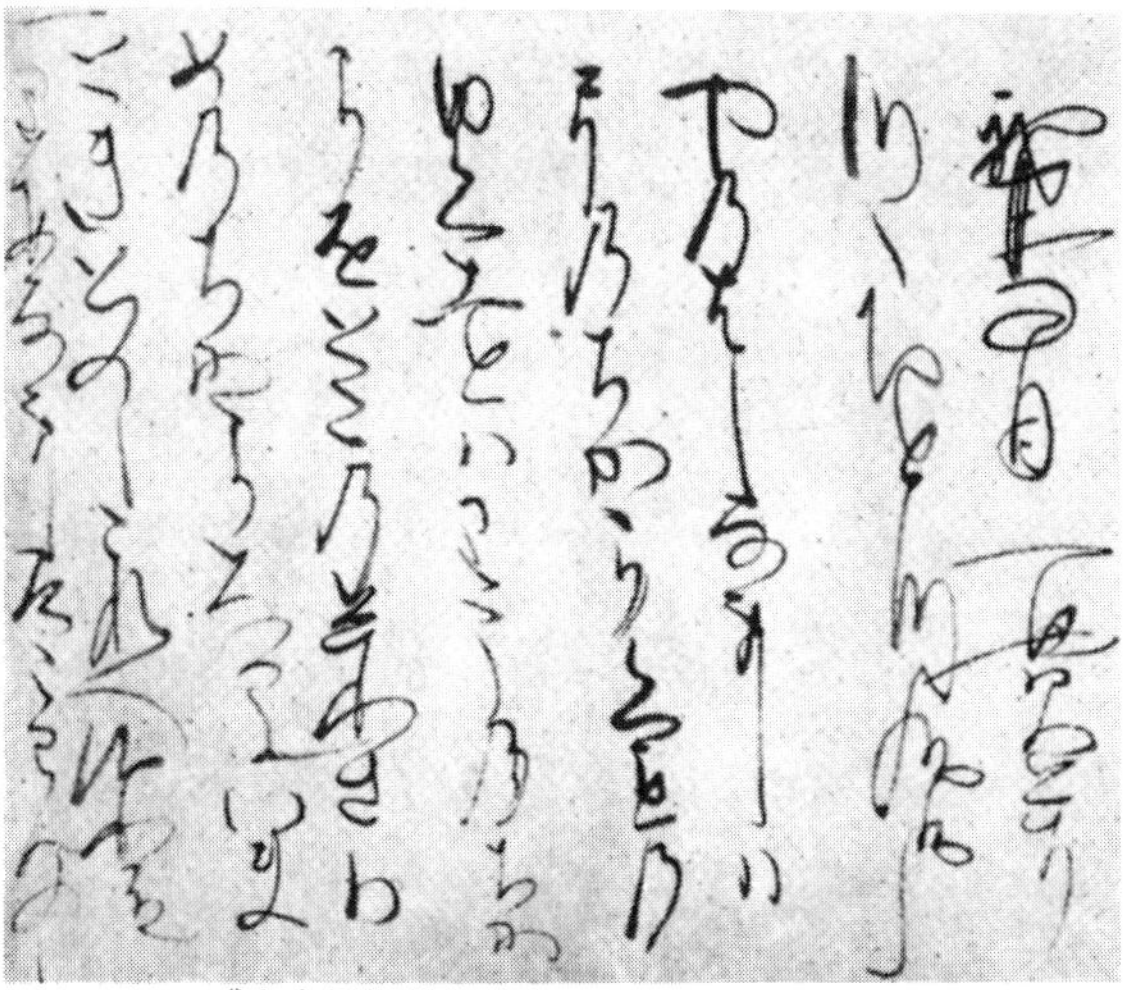

『**富木尼御前御書**』〈千葉県法華経寺蔵〉

『富木《とき》尼《あま》御前《ごぜん》御書《ごしょ》』〈千葉県法華経寺蔵〉

日蓮の宗教に全幅の信頼を寄せた下総の檀越富木常忍の妻へあてた書簡の冒頭。門下の代表富木氏夫妻あての書状は多いが、建治二年三月二十七日「尼ごぜんへ」との全文八紙の状。「や乃はしる事ハ弓乃ちから……をとこ乃志わざハめ乃ちからな里」とある。

5月1日

法華《ほっけ》折伏《しゃくぶく》破権門理《はごんもんり》の金言《きんげん》なれば、終《つい》に権教権門《ごんきょうごんもん》の輩《やから》を一人《いちにん》もなくせめおとして法王《ほうおう》の家人《けにん》となし、天下万民諸乗一仏乗《てんかばんみんしょじょういちぶつじょう》と成《なり》て妙法独《みょうほうひと》り繁昌《はんじょう》せん時《とき》、万民一同《ばんみんいちどう》に南無妙法蓮華経《なむみょうほうれんげきょう》と唱《とな》え奉《たてまつ》らば、……

『如説修行鈔《にょせつしゅぎょうしょう》』（七三三）

法華経の教旨は折伏が主体であるから権教権門の歪曲を打ち破るものであるということは、天台大師の著『法華玄義《ほっけげんぎ》』の大判《たいはん》・金言《きんげん》。権《ごん》は仮《かり》、仮は真実《まこと》をあらわす一時のてだて。実いでれば権は無用。所詮、仏法は一人ももらさず釈迦法王の家人・味方となって天下万民がみな一同に諸乗にあらざる一乗に結帰すること。諸乗とは各宗分立ばらばらのさま。一乗とは諸乗を総合した唯一の仏になる乗物で法華経。さすれば吹く風も荒れず降る雨も隠やかな天下泰平が約束される。折伏は現世安穏のためである。

5月2日

夫《そ》れ、仏法《ぶっぽう》をひろめんとおもわんものは必《かなら》ず五義《ご》を存《そん》して正法《しょうぼう》をひろむべし。五義《ごぎ》とは、一には教《きょう》、二には機《き》、三には時《とき》、四には国《くに》、五には仏法《ぶっぽう》流布《るふ》の前後《ぜんご》なり。

『顕謗法鈔《けんほうぼうしょう》』（二六三）

仏教を弘める者の心構え、弘法者《ぐほうしゃ》・弘経者《ぐきょうしゃ》の用心を考察して日蓮は、その依るべき基準を五項の範疇《はんちゅう》にまとめ、この根本的枠組を五義と称した。「五義を知って仏法を弘める」者が弘通者・弘教者である。この教理体系五義は、日蓮が構築した独創の法門である。法華経が一切の仏教中の唯一最上の位置にあることを証明して「教」を定める。「機」は教法の受け手の理解能力の判定。「時」は教法の説かるべき時代認識で末法時の歴史的宗教的絶対時。「国」は環境、地域、国家。五は仏法流伝史・順序次第の考察で要を取って「序」という。

5月3日

一に教《きょう》とは、釈迦如来所説《しゃかにょらいしょせつ》の一切《いっさい》の経《きょう》・律《りつ》・論《ろん》、五千四十八巻《かん》四百八十帙《ちつ》。此一切《このいっさい》の経《きょう》・律《りつ》・論《ろん》の中《なか》に小乗《しょうじょう》・大乗《だいじょう》・権教《ごんきょう》・実経《じっきょう》・顕経《けんきょう》・密経《みっきょう》あり。此等《これら》を弁《わきま》うべし。

『教機時国鈔《きょうきじこくしょう》』（二四一）

法華経至上主義・法華独一成仏の理念を論じ、日蓮の宗教思想を体系化した概念が五義である。その第一「教」とは、総じていえば小大・権実・顕密等に分類される釈迦如来所説の一切経であるが、約していえば「法華経は一切経の中の第一の経王《きょうおう》なりと知るは是《こ》れ教を知る者なり」と詮顕する。教とは救済の法、成仏の要法である。万巻の経々から択一さるべき仏種経として、法華経があることの弁別を仏は請うている。「一向《いっこう》法華経」たる教は尅実されて「本門寿量品《ほんもんじゅりょうほん》の肝心南無妙法蓮華経」となる。

5月4日

二に機《き》とは、仏教《ぶっきょう》を弘《ひろ》めん人《ひと》は必《かなら》ず機根《きこん》を知《し》るべし。……智慧第一《ちえだいいち》の舎利弗《しゃりほつ》すら尚機《なおき》を知《し》らず。何《いか》に況《いわ》んや末代《まつだい》の凡師《ぼんし》、機《き》を知《し》り難《がた》し。

『教機時国鈔《きょうきじこくしょう》』（二四二）

五義の第二項「機」。機は機根の略語で仏の教えに触れて発動する心的能力。受容もあり反発もあってさまざま、利鈍順逆まちまちな教の受け手。一機一縁の個人差をもつものであるが、個々の客観的な機の判別ではなく、末法の機はあげて法華経の機。「日本国の一切衆生は、一向に法華経の機なり」との共通機と知る。「是《こ》れ機を知る者なり」。智慧第一の舎利弗も知機者たり得なかった。「仏にあらざれば機を鑑《かんが》みん事もこれ難し。されば逆縁順縁のために先《ま》づ法華経を説くべしと仏ゆるし給えり」。第一の知教についで第二に知機が考察視点。機を鑑《かんが》みること、知機者たるべし。

5月5日

三に時《とき》とは、仏教《ぶっきょう》を弘《ひろ》めん人《ひと》は必《かなら》ず時《とき》を知《し》るべし。時《とき》を知《し》らずして法《ほう》を弘《ひろ》めば益《やく》なきうえ、還《かえ》って悪道《あくどう》に堕《だ》するなり。当世《とうせい》は末法《まっぽう》に入《い》って二百一十余年《よねんなり》也。能能《よくよく》時刻《じこく》を勘《かんが》うべき也《なり》。

『教機時国鈔《きょうきじこくしょう》』（二四二）

五義の第三項「時」。詮顕した教・法華経を説くべき時代のみきわめである。教は人（機）を相手に説くべきが一般だが、日蓮は機を時に包摂し、機より時を重視し優先させた。「仏法を修行せんに時を糾《ただ》ざるべしや」との提起も、「機は有《あり》しかども時の来らざればのべさせ給はず」「せんずるところ機にはよらず、時いたらざればいかにも説かせ給はぬにや」というように、知時は仏の指示であった。時節を違《たが》えば秋冬の田植のように大損となるのは見易《みやす》い道理。時に迷うべきではない。知時者たらねばならない。

5月6日

四に国《くに》とは、仏教《ぶっきょう》は必《かなら》ず国《くに》に依《よ》ってこれを弘《ひろ》むべし。……而《しか》るに日本国《にほんこく》は一向《いっこう》に小乗《しょうじょう》の国《くに》か。一向《いっこう》に大乗《だいじょう》の国《くに》か。大小兼学《だいしょうけんがく》の国《くに》か。能能《よくよく》これを勘《かんが》うべし。

『教機時国鈔《きょうきじこくしょう》』（二四三）

五義の第四項「国」。省略部分は「国には寒国・熱国・貧国・富国・中国・辺国・大国・小国・一向偸盗《ちゅうとう》国・一向殺生《せっしょう》国・一向不孝国等これ有り。又一向小乗国・一向大乗国・大小兼学国もこれ有り」。教が流布される還境、地域、国土、国家の考察。教法展開の場をみきわめること。とりわけ日本国は法華経流布の因縁・条件をもつか否か、必然性と普遍性の有無の検証である。「日本国は一向に大乗の国なり。大乗の中にも法華経の国たるべきなり。是《こ》れ国を知る者なり」「日本国は一向に法華経の国也」。知国者たるべき必然性の提起。

5月7日

五に教法流布《きょうぼうるふ》の先後《せんご》とは、……必《かなら》ず先《さき》に弘《ひろ》まる法《ほう》を知《し》って後《のち》の法《ほう》を弘《ひろ》むべし。……瓦礫《がりやく》を捨《す》て金《こん》珠《じゅ》を取《と》るべし。金珠《こんじゅ》を捨《す》て瓦礫《がりやく》を取《と》ること勿《なか》れ。

『教機時国鈔《きょうきじこくしょう》』(二四三)

五義の第五項「教法流布の先後」。別書に「仏法流布の前後」と標挙。また「仏法流布の国においても前後を勘うべし。仏法を弘る習《ならい》、必ずさきに弘りける法の様《さま》を知るべき也。例せば病人に薬を与《あた》うるにはさきに服したる薬の様を知るべし。薬と薬とがゆき合《あい》て争《あらそ》いをなし、人を損ずる事あり。仏法と仏法とがゆき合て争《あらそ》いをなして、人を損ずる事のある也」という。順序次第の逆行は慎むべきで乱すべきではない。「譬ば珠を捨てて石を取り地を離れて空に登るが如し。此は教法流布の先後を知らざる者なり」。流伝史考察をとおしてこそ、法のにない手たり得るからである。

5月8日

法華経《ほけきょう》は仏滅後《ぶつめつご》二千二百余年《よねん》に、いまだ経《きょう》のごとく説《と》ききわめてひろむる人《ひと》なし。天台《てんだい》・伝教《でんぎょう》もしろしめさざるにはあらず。時《とき》も来《きた》らず、機《き》もなかりしかば、書《か》ききわめずして終《おわ》らせ給《たま》へり。

『宝軽法重事《ほうきょうほうじゅうじ》』(一一七九)

「五義」は、日蓮の宗教の思想基盤として思索構成されたから、集中的発表後も随所に語りあかされた。しかも、五義の体系は宗教体験の深化とともに収約し拡大し展開を示していった。法華経有縁の日本国は一閻浮提《いちえんぶだい》(全世界)へ拡がり、客観的に思惟された教法流布の前後は法を担う主体的「師」の自覚へと開展し、機は時へと収束されてもいった。文中「ひろむる人」とは、法華経(教)の教旨を主体的、積極的に「きわめて」弘通の任にあたる導師である。五義の第五は「師」へと転換推移を示したのである。

5月9日

ここに日蓮願《ねが》って云《いわ》く、日蓮は全《まった》く誤《あやま》りなし。設《たと》い僻事《ひがごと》なりとも日本国《にほんこく》の一切《いっさい》の女人《にょにん》を扶《たすけ》んと願《がん》せる志《こころざし》はすてがたかるべし。何《いか》に況《いわん》や法華経《ほけきょう》のまゝに申《もう》す。

『千日尼御前御返事《せんにちあまごぜんごへんじ》』（一五四四）

母の大恩に報いようとのおもいが日蓮には大変強かった。「大恩を報ぜんには必ず仏法を習い極め、智者とならで叶うべきか」とは少年期の熱願である。迫害に翻弄されての苦難の日々は、人間のぬくもりでつつんでくれる女性の多くに接した。しかしこれは後年のことで、習学の成果として「今法華経の時こそ女人成仏《にょにんじょうぶつ》の時、悲母《ひも》の成仏も顕われ」ると確信した。女人成仏が保証されねば母の成仏はありえない。法華経は内典《ないでん》の孝経《こうきょう》、女人成仏経であった。女人の救済は日蓮の志願であり悲願であった。

5月10日

道心堅固《どうしんけんご》なる女人《にょにん》も又悪人《またあくにん》なる女人《にょにん》も、弥陀念《みだねん》仏《ぶつ》を本《もと》とせり。わづかに法華経《ほけきょう》をこととするようなる女人《にょにん》も月《つき》まつまでのてすさび、おもわしき男《おとこ》のひまに心《こころ》ならず心《こころ》ざしなき男《おとこ》にあうが如《ごと》し。

『千日尼御前御返事《せんにちあまごぜんごへんじ》』（一五四二）

女人成仏も念仏によるとされた。日蓮は、「仏の仮言《かりごと》にて実事《じつじ》なし」と否定し「但法華経計《ばか》りこそ女人成仏、悲母の恩を報ずる実《まこと》の報恩経にては候へ」といい、「此経《このきょう》の題目を一切の女人に唱えさせんと願」った。女人成仏経である法華経によってこそ拒絶されていた女性の成仏を保証し得るからである。けれど、多少法華経を修行する女人も月待つまでの慰み、思いをよせる男が来ぬ間《あいだ》を思わぬ男と会う程度の軽々しさとして法華経がもてあそばれている。「願《がん》せる志はすてがたかるべし」と日蓮は決意する。

5月11日

女人《にょにん》となる事《こと》は物《もの》に随《したが》って物《もの》を随《したが》える身《み》也《なり》。夫《おっと》楽《たの》しくば妻《つま》も栄《さか》うべし。夫盗人《おっとぬすびと》ならば妻《つま》も盗人《ぬすびと》なるべし。是偏《これひとえ》に今生計《こんじょうばかり》の事《こと》には非《あら》ず。世世《せせ》生生《ぜしょうじょう》に影《かげ》と身《み》と華《はな》と果《このみ》と根《ね》と葉《は》との如《ごと》くにて御座《おわす》るぞかし。

『兄弟鈔《きょうだいしょう》』（九三二）

女性（この場合は妻）の本性ないし特性をいって、「物に随って物を随える身」と日蓮はいう。このいわば一種の定義付けは、当時の女性の地位それは意外と高い権威をもっていたのだが、そのことを背景としても日蓮の女性認識はいい得て妙といえよう。従っているようで実は従えている。夫唱婦随の逆であるといえるが、夫の成功なり愉悦なりをそうあらしめている妻の役割、そのことによる繁栄と和楽の結果は、とどのつまり妻の従って従える賢《かしこ》さにある。盗人の極端な譬えも信頼の深さを承知しての言だ。

5月12日

矢《や》のはしる事《こと》は弓《ゆみ》のちから、くも（雲）のゆくことはりう（龍）のちから、男《おとこ》のしわざは女《おんな》のちからなり。けぶり（煙）をみれば火《ひ》を見《み》る。雨《あめ》を見《み》れば龍《りゅう》を見《み》る。男《おとこ》を見《み》れば女《おんな》を見《み》る。

『富木尼御前御書《ときあまごぜんごしょ》』（一一四七）

男と女。夫と妻。男女の関係を日蓮は、平易なたとえをあげて巧妙にいいきかす。弓と矢・雲と龍、これが男と女であると。弓は女、矢は男。雲は男、龍は女。勢いよく飛ぶ矢は弓の引き手の力に身をゆだねるのほかない。龍は雲を呼んで雨ふらすという。大雲となっての驟雨豪雨《しゅううごうう》はひとえに龍の按配《あんばい》による。矢も雲も、女の塩梅《あんばい》・加減《かげん》に委任だ。煙と火、これも同じ。女のかしこさは、互助のつながりに偏せぬこと、あらわにせぬこと。これを欠けば、男の仕業《しわざ》は女の力とならぬ。男を見れば女を見るにならぬ。

5月13日

さては、男《おとこ》は柱《はしら》のごとし、女《おんな》は桁《なかわ》のごとし。男《おとこ》は羽《はね》のごとし、女《おんな》は身《み》のごとし。羽《はね》と身《み》と別々《べちべち》になりなば、何《なに》をもってか飛《と》ぶべき。柱《はしら》倒《たおれ》なば桁地《なかわち》に堕《お》ちなん。

『千日尼御返事《せんにちあまごへんじ》』（一七六二）

桁《なかわ》は柱の上に渡す屋根の受木。柱が倒れると落下する。柱なくして桁《けた》はない。桁なくば屋根ふけぬ。ともになくてならぬ用材である。男女の関係、とりわけ夫婦の関係の密接不可分をいいつくしている。足と身、羽と身の関係も同様だが、男が足と羽に比せられたのは、夫のはたらきをいい、それが存分に活動するのは妻たる身のささえによるという。つまりは、男の仕業は女の力ということ。「家に男なければ人の魂《たましい》なきがごとし。公事《くうじ》をばたれにかいいあわせん。よき物をばたれにかやしなうべき」とつづく。

5月14日

末代《まつだい》の悪人等《あくにんとう》の成仏《じょうぶつ》不成仏《ふじょうぶつ》は罪《つみ》の軽重《けいじゅう》に依《よ》らず。但《ただ》、此経《このきょう》の信不信《しんふしん》に任《まか》すべし。而《しかる》に貴辺《きへん》は武《ぶ》士《し》の仁《ひと》、昼夜殺生《ちゅうやせっしょう》の悪人也《あくにんなり》。家《いえ》を捨《す》てずして此所《ここ》に至《いた》って何《いか》なる術《すべ》を以《もっ》てか三悪道《さんあくどう》を脱《のが》るべき乎《や》。

『波木井三郎殿御返事《はきいさぶろうどのごへんじ》』（七四九）

法華経が他経に超勝する特色の一つが悪人成《あくにんじょう》仏《ぶつ》。十悪、五逆の罪業を犯すものが悪人である。ものの命を奪う殺生は悪業であり、武士であるということは「昼夜殺生の悪人」。三悪道（地獄道、餓鬼道、畜生道）への堕在《だざい》は必定《ひつじょう》。出家して懺悔《さんげ》道《どう》に徹する身でもないのだから、ことここに至っては脱れるてだてはあるまい。中世武士社会に生きる者にとって痛切な苦悶であった悪人の自覚とその成仏の可否。法華経は悪人成仏経。人間的罪の軽重ではなく信仰の有無こそ成不《じょうふ》を決する。問題は信の有る無し。

5月15日

正法千年《しょうぼうせんねん》は教《きょう》・行《ぎょう》・証《しょう》の三《みっ》、具《つぶさ》にこれを備《そな》う。像法千年《ぞうぼうせんねん》には教《きょう》・行《ぎょう》のみ有《あ》って証無《しょうな》し。末法《まっぽう》には教《きょう》のみ有《あ》って行《ぎょう》・証無《しょうな》し。

『顕仏未来記《けんぶつみらいき》』（七三九）

正法・像法・末法。教法の衰微降退を基準とした仏教の時代観で三期に分《わか》つ。正・像二期各千年、末法は萬年と称し無限につづく。仏の入滅二月十五日の翌日が正法第一日。日本では永承《えいしょう》七年（平安時代の一一〇八年）が入末法《にゅうまっぽう》第一日。仏教は、教あり行あって証果《さとり》を得るもの。末法は教は形式的に存しても実行されず、まして証果はなく仏法滅亡・法滅尽の危機の到来でありこの世の終わりを実感させた。救済の教えが隠《かくれ》没してしまい逆に邪悪がはびこるからである。日蓮は末法超克の法として法華経を得た。末法流布の必然をもつのが法華経であり、末世の衆生救済の大法が法華経。

5月16日

一《ひとたび》は歎《なげ》いて云《いわ》く、仏滅後既《ぶつめつごすで》に二千二百二十余年《よねん》を隔《へだ》つ。何《いか》かる罪業《ざいごう》に依《よ》って仏《ほとけ》の在世《ざいせ》に生《う》まれず、正法《しょうぼう》の四依《しえ》、像法《ぞうぼう》の中《うち》の天台《てんだい》・伝教等《でんぎょうとう》にも値《あ》わざるやと。

『顕仏未来記《けんぶつみらいき》』（七三八）

未来記《みらいき》。それは仏が仏の滅後における教法の盛衰・興廃を予測して記した言葉である。後代の仏教徒にとって、仏の未来記は真理であり事実として表現されるものである。滅後末法の始めに法華経が全世界に向けて広宣流布《こうせんるふ》するのであって、決して法の流布を断絶させてはならない。法華経中の未来記である。この文を見て日蓮は二つの感懐を叙す。その一つは歎き。仏の在世に生れあわなかったことであり、のみならず正法千年間の導師達、像法千年の天台・伝教の賢聖にもあい得なかったと不値遇の悲歎をかこつ。

5月17日

一《ひとたび》は喜《よろこ》んで云《いわ》く、何《いか》なる幸《さいわい》あって後《ご》五百歳《ごひゃくさい》に生《うま》れて此《こ》の真文《しんもん》を拝見《はいけん》することぞ。在世《ざいせ》も無益也《むやくなり》。前四味《ぜんしみ》の人《ひと》は未《いま》だ法華経を聞《きか》ず。正像《しょうぞう》も又由無《またよしな》し。

『顕仏未来記《けんぶつみらいき》』（七三八）

仏の入滅後二千年余をへだつ末法の始めに日蓮は生れた。一体、どれほどの罪業によって仏のまします世に生れあわさなかったのであろうか。これ一つの大いなる痛歎事であると日蓮は悲しむ。しかしながら、もう一つの感慨がある。それは、たえがたいまでの喜悦だ。仏滅後、第五の五百歳、末法の始めに法華経が世に弘められるとは仏の未来予告のことば。仏の未来記＝真文を拝見して日蓮は喜びにひたった。何という幸いであろうかと。仏の在世も法華経所説以前は無益である。正像二期も又同じだ。

5月18日

雙林最後《そうりんさいご》の涅槃経《ねはんぎょう》に云《いわ》く、悪知識《あくちしき》に於《おい》ては怖畏《ふい》の心《こころ》を生《しょう》ぜよ……。此《こ》の経文《きょうもん》の心《こころ》は、後世《ごせ》を願《ねが》わん人《ひと》は一切《いっさい》の悪縁《あくえん》を恐《おそ》るべし。一切《いっさい》の悪縁《あくえん》よりは悪知識《あくちしき》を恐《おそ》るべしとみえたり。

『顕謗法鈔《けんほうぼうしょう》』（二六二）

沙羅雙樹《さらそうじゅ》の林で釈尊は最後の説法・涅槃経を説いた。したがって涅槃経は仏の遺言経《ゆいごんきょう》であり、かつ極説法華経の補説たる内容であったから重い位置をもつ。それゆえ日蓮は涅槃経を重視し、思想の構築ことに行動の規範として多くを摂取した。善知識への親近、悪知識の厭離《おんり》拒絶の考えもその一つである。正法を説き人を仏道に入らせるよき宗教的指導者が善知識であり、その反対が悪知識。仏道をそこなう仏道内の悪知識こそ、一般世間における普通の悪縁よりも恐怖すべきである。善知識を重視せよ。

5月19日

涅槃経《ねはんぎよう》三十三に云《いわ》く……已上経文《いじようきようもん》。此《こ》の文《もん》の如《ごと》くんば法華《ほつけ》・涅槃《ねはん》を信《しん》ぜずして一闡提《いつせんだい》と作《な》るは十方《じつぽう》の土《つち》の如《ごと》く、法華《ほつけ》・涅槃《ねはん》を信《しん》ずるは爪上《そうじよう》の土《つち》の如《ごと》し。此《こ》の経文《きようもん》を見《み》て、彌感戻押《いよいよかんるいおさ》え難《がた》し。

『守護国家論《しゆごこつかろん》』（一二〇）

法華経の補説のゆえに、日蓮がもっとも重視もし依拠ともしたのが涅槃経。この経から日蓮は多くを学び得て思想を構築し、行動をささえた。その一つが〃爪上の土・十方の土〃。絶対少数と絶対多数。仏の極説、法華・涅槃への不信・謗法・一闡提は、大地の土の無量なるごとくに多大。信ずる者は爪上の土のごとく極少。この経文を拝して日蓮は泣いた。絶対少数者の道をたどり、歩みを進める苦難の体験を経て、いよいよ感涙にむせんだ。「此《こ》の経文《きようもん》は予が肝《きも》に染《そ》みぬ」とも別著『報恩抄』で告白している。

5月20日

涅槃経《ねはんぎよう》に云《いわ》く、……。此《こ》の経文《きようもん》は予《よ》が肝《きも》に染《そ》みぬ。当世日本国《とうせいにほんごく》には我《われ》も法華経《ほけきよう》を信《しん》じたり〱。諸人《しよにん》の語《ことば》のごときんば一人《いちにん》も謗法《ほうぼう》の者《もの》なし。此《こ》の経文《きようもん》には、……。経文《きようもん》と世間《せけん》とは水火《すいか》なり。

『報恩抄《ほうおんしよう》』（一二二四）

二箇所の中略部分は、ともに涅槃経の所説。信ずる者は少なく爪上の土、不信の者は多く十方界所有《しよう》の地土《ちど》とある経文。法華経とともに日蓮をささえたのが涅槃経。仏の遺言経《ゆいごんきよう》であったからであり、「涅槃経をよむと申すは法華経をよむを申すなり」というように教理的に同価でもあったからである。とまれ日蓮は、一人敢然と法華経行者の道程を開拓したが、孤影の背に、単己《たんご》の胸中に、常に涅槃経の所説〃爪上の土〃をかみしめ味わいささえられた。経説と現実の水火《すいか》の乖離《かいり》を統一・収斂《しゆうれん》せんとした。

5月21日

謗法《ほうぼう》の相貌《そうみょう》如何《いかん》。答《こたえ》て云《いわ》く、天台智者大師《てんだいちしゃだいし》の梵網経《ぼんもうきょう》の疏《しょ》に云《いわ》く、謗《ほう》とは背《そむ》く也等《なりとう》と云云《うんぬん》。法《ほう》に背《そむ》くが謗法《ほうぼう》にてはあるか。

『顕謗法鈔《けんほうぼうしょう》』(二五六)

謗法堕獄《ほうぼうだごく》、日蓮が最も深刻に考察し対決し超克せんとした問題である。「問て云く、五逆罪より外の罪によりて無間地獄《むけんじごく》に堕んことあるべしや。答て云く、誹謗正法《ひぼうしょうぼう》の重罪なり」。父母を殺すなどの五逆罪は人間的罪悪の最たるものだが、さらなる重罪として仏道における根本悪、正法誹謗の謗法罪がある。謗法の具体相を天台の義につづけて、「天親《てんじん》の仏性論《ぶっしょうろん》に云く、若憎《もしにくむ》は背《そむく》なり等と云云。この文の心は正法を人に捨さするが謗法にてあるなり」と検討し、「謗法とは法に背くという事なり」と規定する。仏となることをめざす仏者にとって、謗法の罪は最も忌避すべき諸悪の根源。

5月22日

師子《しし》の眠《ねむ》れるは手《て》をつけざれば吼《ほえ》ず。迅流《はやきながれ》は櫓《さお》をさゝへざれば波《なみ》たかからず。盗人《とうにん》は止《とめ》ざれば怒《いか》らず。火《ひ》は薪《まき》を加《くわ》えざれば盛《さかん》ならず。謗法《ほうぼう》はあれども表《あらわ》す人《ひと》なければ国《くに》も穏《おだ》やかなるに似《に》たり。

『報恩抄《ほうおんしょう》』(一二二三)

仏の教えを素直に信じ従う随順、仏の教えを正しく行じまもる護法、随順と護法の活動が仏教者の仕事。逆に、仏説の不信・反逆・破法は最大の罪で、謗法罪。謗法の存在を他人事とみすごす放置は容認につながる。謗法との妥協や和解はあり得ぬ。寛容は信仰の無節操。かくて、謗法の阻止、謗法との戦いが堕地獄の悲惨を救い地獄の道を阻止する慈悲行として積極的に実践された。平地に波瀾をまきおこし、ひいてわざわざ迫害を蒙《こうむ》ることとなる。しかし、護法のためになさねばならぬ大義である。

5月23日

闡提《せんだい》とは天竺《てんじく》の語《ことば》、此《ここ》には不信《ふしん》と翻《ほん》ず。不信《ふしん》とは、一切衆生悉有仏性《いっさいしゅじょうしつうぶっしょう》を信《しん》ぜざるは闡提《せんだい》の人《ひと》と見《み》へたり。不信《ふしん》とは、謗法《ほうぼう》の者なり。あに、謗法《ほうぼう》をおそれざらん。

『顕謗法鈔《けんほうぼうしょう》』（二六六）

闡提とは翻訳して不信。成仏の素質を欠くもの。「一切衆生は悉く仏性あり」との成仏の根拠を示す仏説を信ぜぬ断善根者・信不具足者。涅槃経にはつぶさに「因果を信ぜず、慚愧《ざんき》あることなく、業報《ごっぽう》を信ぜず、現在及び未来世を見ず、善友に親しまず、諸仏所説の教誡に随はず。かくの如き人を一闡提《いっせんだい》と名づく」とある。救いがたい放埒《ほうらつ》者で成仏の埒外《らちがい》におかれる。仏説不信は仏への反逆であり随順せぬもの。「謗法と申すは違背の義也」。闡提＝不信＝謗法は堕地獄の根源、もっとも恐れねばならぬ最大の罪。

5月24日

日蓮も過去《かこ》の種子《しゅじ》已《すで》に謗法《ほうぼう》の者《もの》。今謗法《いまほうぼう》の酔《よい》さめて見《み》れば酒《さけ》に酔《よ》える者父母《ものふぼ》を打《う》ちて悦《よろこ》びしが酔《よい》さめて後歎《のちなげ》きしが如《ごと》し。歎《なげ》けども甲斐《かい》なし此罪消《このつみきえ》がたし。何況《いかにいわんや》過去《かこ》の謗法《ほうぼう》の心中《しんちゅう》に染《そみ》けんをや。

『佐渡御書《さどごしょ》』（六一五）

正法誹謗の罪＝謗法罪。これにまさる罪悪はない。謗法の罪に恐怖しおののいたのが日蓮であり、自身の謗法を呵責《かしゃく》し滅罪せずんばやまずとの切なる念願とともに日蓮の一生はあった。仏教否定の行為が一般にいう謗法であるが、日蓮の謗法観は否定をこえた破壊であり、それは仏の救済の意志をふみにじる大罪であった。仏の教えの遮断と断絶は救済の放棄であり堕地獄の元凶である。「無間地獄の道をふさぎぬ」という日蓮の悲願は、諸悪の根源・謗法罪を断《た》ち、仏の救いの慈念を復活させることであった。

5月25日

人《ひと》の世《よ》に在《あ》るや各《おのおの》後生《ごしょう》を恐《おそ》る。是《ここ》を以《もっ》て或《あるい》は邪《じゃ》教《きょう》を信《しん》じ或《あるい》は謗法《ほうぼう》を貴《とうと》ぶ。各《おのおの》是非《ぜひ》に迷《まよ》うことを悪《にく》むと雖《いえど》も而《しか》も猶《なお》仏法《ぶっぽう》に帰《き》することを哀《かな》しむ。何《なん》ぞ同《おな》じく信心《しんじん》の力《ちから》を以《もっ》て妄《みだり》に邪義《じゃぎ》の詞《ことば》を宗《とうと》ばんや。

『立正安国論《りっしょうあんこくろん》』（二二五）

人はだれでも生きているかぎりは死後の安楽を願うし、その願いの不実を恐れる。だから、是非善悪を判別することなく、邪教を信奉したり謗法の者を貴《とうと》んだりする。後生を恐れるあらわれとしての信仰であるから、その心がけ自体は殊勝といわねばならない。同じ信心を心がけるのであれば、正邪を弁別して邪説を廃し謗者を厭離しなくてはならない。尊崇すべきは正法と正師である。このことによって、後生の安楽が約束され、後生の恐怖は不用となる。後生の一大事にめざめ、正信に就かねばならない。

5月26日

仏閣《ぶっかく》甍《いらか》を連《つら》ね経蔵《きょうぞう》軒《のき》を並《なら》べ、僧《そう》は竹葦《ちくい》の如《ごと》く侶《りょ》は稲麻《とうま》に似《に》たり。崇重《そうじゅう》年旧《としふ》り、尊貴《そんき》日《ひ》に新《あらた》なり。但《ただ》し法師《ほっし》は諂曲《てんごく》にして人倫《じんりん》に迷惑《めいわく》し、王臣《おうしん》は不覚《ふかく》にして邪正《じゃしょう》を弁《べん》ずることなし。

『立正安国論《りっしょうあんこくろん》』（二一三）

寺の建物は屋根を接して連《つら》なり、経典収蔵の施設も軒を並べている。仏教修行の専門家・僧侶は大変に多く密集し群れをなして入り乱れている。一方、帰依の信徒は今も昔もかわることなく盛んである。仏教は依然として尊崇・繁栄しているかのようである。だがそれは、表面だけの現象であって、内面の実態は大ちがいである。まず法師自体が人をまどわすへつらい者であり、次に王臣、国主から万民にいたるまで諂曲法師のいいなりで正邪弁別の理性に乏しい。ここに日蓮の悲哀と悲憤がある。一往は隆盛、再往は腐敗である。

5月27日

末法《まつぽう》の諸《もろもろ》の悪比丘《あくびく》、国王《こくおう》・大臣《だいじん》の御前《みまえ》にして、国《くに》を安穏《あんのん》ならしむる様《よう》にして終《つい》に国《くに》を損《そん》じ、仏法《ぶつぽう》を弘《ひろ》むる様《よう》にして還《かえ》って仏法《ぶつぽう》を失《うしな》うべし。

『唱法華題目鈔《しょうほっけだいもくしょう》』（一九五）

世も末になれば、法も乱れ人心も乱れる。末法の多くの悪僧たちは、名誉・地位・利権をほしがり、国王・大臣等の権力者にとりいって甘言を弄《ろう》し、おもねりへつらい、国家安穏のためですなどとそそのかして破仏破法の愚をおかす。国王もその邪正を見分けることができず、結局は国を乱し国を破ることとなる。これは、仏法を弘めるかのようで実は仏法をそこなうものである。「仏法を行ずるに似て仏法を行ぜず」「仏法を弘むる様にして還って仏法を失う」。これは愚挙である。暴挙である。叛逆である。かかる愚挙・暴挙・叛逆の破仏行為は阻止しなくてはならぬ。

5月28日

法然《ほうねん》・善導《ぜんどう》等《とう》がかき（書）おきて候《そうろう》ほどの法門《ほうもん》は、日蓮らは十七、八の時《とき》よりしりて候《そうら》いき。このごろの人《ひと》の申《もう》すもこれにすぎず。結句《けつく》は法門《ほうもん》はかなわずして、よせてたたかいにし候《そうろう》なり。

『南条《なんじょう》 兵衛《ひょうえ》七郎殿《しちろうどの》御書《ごしょ》』（三二六）

日蓮は、当時絶大の教勢を有し都鄙《とひ》に席巻《せっけん》する法然房源空の浄土教・念仏宗に、真向対決しその非を鳴らした。仏教とは釈迦仏が教主・教師・教親である。この鉄則にもとり大綱にはずれるものは、亜流のほかはない。西方阿弥陀仏への信仰は、此土無視、現実放棄の逸脱・逃避である。此土救済、現実済度が釈迦仏の本旨。此土復権、娑婆《しゃば》の浄土化が釈迦仏の本願。日本浄土教の元祖法然。法然が偏依《へんね》した中国浄土教の善導。日蓮は青年時、懸命果敢に両師を学び、両師を超えた。両師を知ったからその非を難じた。

5月29日

邪婬《じゃいん》とて他人《たにん》の妻《つま》を犯《おか》す者《もの》、此地獄《このじごく》の中《なか》に堕《おつ》べし。而《しかる》に当世《とうせい》の僧尼《そうに》士女《しにょ》、多分《たぶん》は此罪《このつみ》を犯《おか》す。殊《こと》に僧《そう》にこの罪多《つみおお》し。士女《しにょ》は各々《おのおの》互《たがい》にまほ(守)り、又人目《またひとめ》をつゝまざる故《ゆえ》に此罪《このつみ》をおかさず。

『顕謗法鈔《けんほうぼうしょう》』(二四九)

殺生《せっしょう》・偸盗《ちゅうとう》・邪婬《じゃいん》・妄語《もうご》・飲酒《おんじゅ》の制禁事項五種が五戒《ごかい》で、それぞれの破戒によってそれぞれの地獄に堕《おち》る。罪業によって堕こむ極苦の世界で極楽の逆である地獄は、総じて八大地獄。ここでは第三の衆合《しゅごう》地獄を明し堕獄の因、邪婬を解説。「僧は一人ある故に、婬欲《いんよく》とぼし(乏)きところに、若《もし》有身《はらまば》、父ただされてあらわれぬべきゆえに、独《ひとり》ある女人をばおかさず。若《もし》やかくるると、他人の妻をうかがい、深くかくれんとおもうなり。当世のほか(外)貴《とうと》げなる僧の中に、ことに此罪《このつみ》又多かるらんとおぼゆ」と偽善の高僧批判。

5月30日

妄語《もうご》せざる時《とき》はありとも、妄語《もうご》せざる日《ひ》はあるべからず。設《たと》い日《ひ》はありとも月《つき》はあるべからず。設《たと》い月《つき》はありとも年《とし》はあるべからず。設《たと》い年《とし》はありとも一期生《いちごしょう》妄語《もうご》せざる者《もの》はあるべからず。

『顕謗法鈔《けんほうぼうしょう》』(二五一)

人としてなすべからざる五種の禁制事が五戒。妄語はその一つ。虚偽の発言・不実な言葉・うそ。言葉に関して四種の悪徳があり、妄語の他に言葉を飾ってあざむく綺語《きご》、ののしり言葉の悪口《あっく》、二枚舌の両舌《りょうぜつ》もある。してはいけない行為は多い。基本的制戒が五種ないし十種で五戒十戒。五悪十悪。細分すればおびただしい数。守れば持戒、犯せば破戒。不妄語の破戒行為は時々・日々・月々・年々にこれをなし、一生不妄語はついにあり得ぬ。さすれば、持律堅固《じりつけんご》たれとの戒律宗は一種の形式主義・偽善主義に陥る。成仏の法たり得ない。

5月31日

何《いか》に持戒《じかい》のおぼえをとれる持律《じりつ》の僧《そう》たりとも、蟻虱《ありしらみ》なんどを殺《ころ》さず、蚊虻《かあぶ》をあやまたざるべきか。況《いわん》や其外《そのほか》、山野《さんや》の鳥鹿《とりしか》、江海《こうかい》の魚鱗《うろくず》を日々《ひび》に殺《ころ》すものをや。何《いか》に況《いわん》や牛馬人等《ぎゅうばにんとう》を殺《ころ》す者《もの》をや。

『顕謗法鈔《けんほうぼうしょう》』（二四八）

生草《いきぐさ》すらむしりとるべからずとは、殺生《せっしょう》否定のいきつくところ。ものの命をたつ殺生の拒絶は仏戒の第一。とはいえ、仏の戒律の堅持、持律・持戒が成仏の最大要因とする律宗の僧であっても小虫一匹を殺さずということはなく、蟻も虱も蚊や虻も殺さないということはあり得ない。自己矛盾たらざるを得ぬ律宗への批判であり、殺生厳禁は山野の猟師、河海の漁師への生活権の奪取となるし、人間殺害すらある。結局、不殺生の持戒は現状に背馳する時代錯誤であって、単なる禁制では問題解決につながらぬ。成仏に直結せぬ。

6月

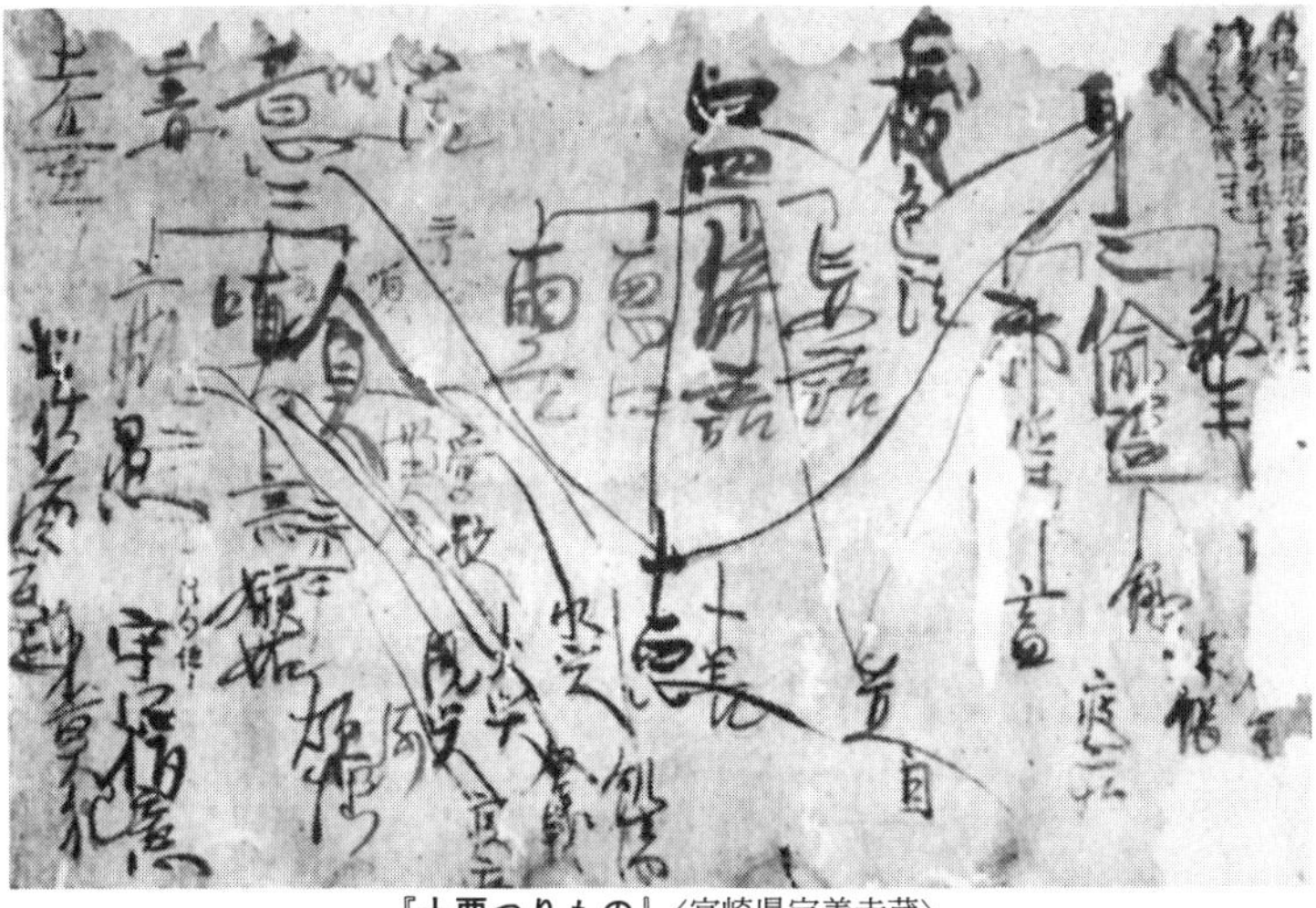

『十悪つりもの』〈宮崎県定善寺蔵〉

『十悪《じゅうあく》つりもの』〈宮崎県定善寺蔵〉

十悪とは人倫秩序の破壊行為十種の悪業で、身三（殺生・偷盗・邪婬）口四（妄語・綺語・悪口・両舌）意三（貪欲・瞋恚・痴愚）。十悪を詳記し関連を線で引き結んで示すが、年少の弟子への黒板がわりの講義録である。図表なので『十悪図』、線引きしてつりさがる形から『つりもの』。教師日蓮の講場のさまをまざまざと写し伝える。

6月1日

禅宗《ぜんしゅう》と申《もう》す当時《とうじ》の持斎法師《じさいほっし》等《とう》は天魔《てんま》の所為《しょい》なり。教外別伝《きょうげべつでん》と申《もう》して、神《かみ》も仏《ほとけ》もなしなんど申《もう》すものくる(物狂)わしき悪法《あくほう》なり。

『上野殿御返事《うえのどのごへんじ》』(八三七)

禅宗批判の一文。禅宗の依って立つ金科玉条のその一つが教外別伝《きょうげべつでん》。仏教は、教（経）の外に別の仕方で相伝するものであるとの意。経は仏のことば、ことばをもっては仏意の会得は不能。以心《いしん》伝心《でんしん》、仏の心は伝法者の心へと伝えられる。だから仏典は不用で不立文字《ふりゅうもんじ》。「言説に及ばず教外の別伝なり」とは私意私釈、気ままのほかはない。是心即仏・即心是仏・即身即仏と称するのも大慢であり放縦である。己れ仏なりといい、仏心宗《ぶっしんしゅう》と誇称する。超然として怪しまない思いあがり、観念の所産、天魔の行為だ。教主釈尊への帰依尊崇が仏徒の依って立つ基盤。その喪失は破仏破法。

6月2日

今《いま》の世《よ》は法華経《ほけきょう》を軽蔑《けいべつ》すること土《つち》の如《ごと》く民《たみ》の如《ごと》し。……これに依《よっ》て増上慢《ぞうじょうまん》の者国中《ものくにぢゅう》に充満《じゅうまん》し、青天《せいてん》瞋《いかり》をなし黄地《こうち》夭孼《ようげつ》を至《いた》す。涓《しずく》聚《あつま》りて溝塹《こうせん》を破《やぶ》るが如《ごと》く、民《たみ》の愁《うれ》い積《つも》りて国《くに》を亡《ほろぼ》す等是也《とうこれなり》。

『大田殿許御書《おおたどのもとごしょ》』(八五四)

法華経は諸経中王。これ仏陀の金言。しかるに末世の今は、法華経を無視軽蔑すること土壌のごとく衆愚の民のごとくである。これに対し、「真言の僻人《びゃくにん》等を重崇して国師とすること金の如く王の如し」が中略の句。真言密教は仏法を乱し国を亡ぼす元凶。日蓮は厳しく対峙対決しその非法を撃ち妄説を攻めた。天の怒るは人に失《とが》あればなり。天災は結局は人災。青天かげって不吉の相を表わし大地ぶきみにさわぐ現実を見よ。涓《しずく》あつまって堀を崩潰す。小事、大事を招いて国亡ぼす。言わずんばあるべからず。

6月3日

一乗《いちじょう》の妙経《みょうきょう》は三聖《さんしょう》の金言《きんげん》、已今当《いこんとう》の明珠《めいしゅ》、諸《しょ》経《きょう》の頂《いただき》に居《こ》す。経《きょう》に云《いわ》く、於諸経《おしょきょう》中《ちゅう》最在其《さいざいご》上《じょう》。又云《またいわ》く、法華最第一《ほっけさいだいいち》。予《よ》、随分大《ずいぶんだい》・金《こん》・地《ち》等《とう》の諸《もろもろ》の真言《しんごん》の経《きょう》を勘《かんがえ》たるに敢《あえ》て此文《このもん》の会通《えつう》の明文《めいぶん》なし。

『大田入道殿御返事《おおたにゅうどうどのごへんじ》』（一一一七）

一乗妙経の法華経は、釈迦仏・多宝仏・十方諸仏すべての仏の確かな言葉。已説《いせつ》・今説《こんせつ》・当説《とうせつ》の三説に超過する仏説至上の大明宝珠。すべての仏典の頂点。そのことをあらわにあかして妙経は、「諸経の中に於て最も其《そ》の上《かみ》に在《あ》り」「法華を最も第一となす」と詮示。法華極説たるの明文である。

他方、真言宗の依る三部経、大日経《だいにちきょう》・金剛頂経《こんごうちょうきょう》・蘇悉地経《そしっちきょう》を披見検討しても明文なく解釈もない。にもかかわらず真言宗の元祖たちは法華の明月を隠《かく》し無明と罵《ののし》る。真言無法、仏説違背として厳しく日蓮は対峙《たいじ》し否定した。

6月4日

あさましき事《こと》は慈覚大師《じかくだいし》の金剛頂経《こんごうちょうきょう》の頂《ちょう》の字《じ》を釈《しゃく》して云《いわ》く、言《い》う所《ところ》の頂《ちょう》とは……。此釈《このしゃく》の心《こころ》は法華最第一《ほっけさいだいいち》の経文《きょうもん》を奪《うば》い取《と》りて金剛頂経《こんごうちょうきょう》に付《つけ》るのみならず、法華経《ほけきょう》の頭《こうべ》を切《きっ》て真言経《しんごんきょう》の頂《ちょう》とせり。

『慈覚大師事《じかくだいしじ》』（一七四一）

「経々の自讃は諸経常《つね》の習《ならい》也」と日蓮はいう。どの経も尊い仏説でありそれぞれが個有の特性をそなえる。そのかぎりにおいて諸経みな至尊であり、最尊を自称する。ただそれは一部であって全体でなく、部分であって総合ではない。「法華は衆経を総括す」とは天台の言葉。全体経・総合経として法華経はあり、法華最第一とは法華経自体、教主の証言。しかるに、あさましいかな慈覚大師円仁《えんにん》は金剛頂経の頂字を私意私釈、「私の筆をそえ仏説の由《よし》を称す」と放恣。「自由に判ずる条ゆるさるべしや」との非難は当然。

6月5日

余《よ》生《うま》れて末《まつ》の初《はじめ》に居《こ》し、学諸賢《がくしょけん》の終《おわ》りを禀《う》けたり。慈覚《じかく》・智証《ちしょう》の……亡国《ぼうこく》の因縁《いんねん》・謗法《ほうぼう》の源初《げんしょ》も之《これ》に始《はじ》まるか。故《ゆえ》に世《よ》の謗《そしり》を憚《はばか》らず用《よう》・不用《ふよう》を知《し》らざれども身命《しんみょう》を捨《す》てて之《これ》を申《もう》す也《なり》。

『大田殿許御書《おおたどのもとごしょ》』（八五二）

自分は末法の始めに生れて学問は諸先賢の後を継承している。時ははるか後代、学また後塵を拝するのみと。これは謙辞。慈覚・智証両大師の令名は世に高く、法流さかえ教権他を圧し、ために異議さらにない。しかるにあにはからんや、妄断邪説であって亡国の因・謗法の源と日蓮は糾弾。不実を知って黙止するは仏誡にそむく。天下の耳目これを驚かし青天の霹靂《へきれき》のごとし。嘲笑かまびすしくも、所説の用捨は論外において、正法顕現のために勇往せん。群迷の中に正論を弁ずるも仏法の壊乱を糾すため。

6月6日

智慧《ちえ》は牛馬《ぎゅうば》に類《るい》し、威儀《いぎ》は猿猴《ましら》にに(似)て候《そうら》へども、あおぐ(仰)ところは釈迦仏《しゃかぶつ》、信《しん》ずる法《ほう》は法華経なり。

『盂蘭盆御書《うらぼんごしょ》』（一七七六）

仏教の基本は釈迦仏信仰である。法華経は教主釈尊の命である。仏教は仏法である。仏は釈迦仏、法は法華経である。釈迦仏と法華経をないがしろにすれば、すでに仏法ではない。これがゆるがぬ基軸である。至尊の仏と法への信頼と信仰が、仏教者のあり方。智慧とぼしい我等、行動力にかける我等は、畜生のようなおろか者である。それだけに素直正直に至尊の仏と法を仰ぎ信ずることが大事。「藤は松にかゝりて千尋をよぢ、鶴は羽を恃《たの》みて万里をかける。此は自身の力にはあらず」。卑小の身が至尊の仏法に救われる。仰ぐは仏、信ずるは法。ただこれのみ。

6月7日

大覚世尊《だいがくせそん》。此《こ》れ、一切衆生《いっさいしゅじょう》の大導師《だいどうし》・大眼目《だいがんもく》・大橋梁《だいきょうりょう》・大船師《だいせんし》・大福田《だいふくでん》等《とう》なり。

『開目鈔《かいもくしょう》』（五三八）

大いなる覚《さと》りの人・世尊。世の師表と尊崇される大覚者・仏陀。大恩教主釈迦牟尼仏。大聖釈迦如来。本仏はさまざまに表現され崇敬される。「仏は無量劫の慈悲者なり」「仏は此《この》三界の中、第一の特尊《どくそん》なり。一切衆生の眼目にておわす」「釈迦仏独《ひとり》主師親の三義をかね給えり」「我国主、釈迦仏」等々。大導師・大眼目・大橋梁・大船師・大福田。それぞれが仏の徳目を象徴したことば。日蓮は日本の柱・眼目・大船たらんと誓願し本仏の心をひき継がんとした。本仏の慧命継承の大使命を感受し、本仏の心を心とする法華経の行者日蓮の熱き宗教的情熱のほとばしりとして、これら本仏讃嘆と崇敬の辞がある。

6月8日

我師釈迦如来《わがししゃかにょらい》は、一代聖教乃至八万法蔵《いちだいしょうぎょうないしはちまんほうぞう》の説《せつ》者《しゃ》なり。この娑婆無仏《しゃばむぶつ》の世《よ》の最先《さいせん》に出《いで》させ給《たま》いて、一切衆生《いっさいしゅじょう》の眼目《がんもく》を開《ひら》き給《たま》う御仏《みほとけ》なり。東西十方《とうざいじっぽう》の諸仏菩薩《しょぶつぼさつ》も、皆《みな》この仏《ほとけ》の教《おしえ》なるべし。

『善無畏三蔵鈔《ぜんむいさんぞうしょう》』（四六六）

教主釈尊。文字通り仏教の教え主《ぬし》は釈迦牟尼如来ご一人《いちにん》。釈迦仏は教えの師匠、われらにとって我師と呼べるご一人。ご一代のあいだ八万余の教法を示された説法者である。われらの住む娑婆世界、無仏の世に最初におでましになられ、われらの盲《めしい》た眼、無明にとざされた凡眼を開いて、智慧の眼に目覚《めざめ》させてくだされた御仏《みほとけ》である。東西南北、天地十方に数多の諸仏諸菩薩が遍在するが、それらはみなただ一人の教主釈尊、我師釈迦如来の教えをうけたものである。要するに、教主釈尊こそ人類の教主・救主である。

6月9日

夫《そ》れ、教主釈尊《きょうしゅしゃくそん》をば大覚世尊《だいがくせそん》と号《ごう》したてまつる。世尊《せそん》と申《もう》す尊《そん》の一字《いちじ》を高《こう》と申《もう》す。高《こう》と申《もう》す一《いち》字《じ》は又孝《またこう》と訓《くん》ずるなり。一切《いっさい》の孝養《こうよう》の人《ひと》の中《なか》に第《だい》一《いち》の孝養《こうよう》の人《ひと》なれば世尊《せそん》とは号《ごう》し奉《たてまつ》る。

『法蓮鈔《ほうれんしょう》』（九四三）

教主釈尊を大覚世尊と申しあげる。大いなる覚《さと》りを得られて世の人々を覚りに導く尊者《そんじゃ》である。仏の呼称「世尊」、その尊の一字は「たか」と訓ずるから尊は高、高はまた孝。尊・高・孝、ともに字訓が通ずる。仏は、一切衆生に孝養の大事を教えた。「孝経と申すに二あり。一には外典《げてん》の孔子《こうし》と申せし聖人《せいじん》の書に孝経あり。二には内典《ないでん》。今の法華経是也《これなり》」といい、法華経は「内典の孝経也」という。釈尊が多年の間修行して、「仏にならんとはげみしは何事ぞ。孝養の事也」。世尊は「孝養第一の大人《たいじん》」である。

6月10日

孝《こう》と申《もう》すは高也《こうなり》。天高《てんたか》けれども孝《こう》よりも高《たか》からず。又《また》、孝《こう》とは高也《こうなり》。地厚《ちあつ》けれども孝《こう》よりは厚《あつ》からず。聖賢《せいけん》の二類《にるい》は孝《こう》の家《いえ》よりいでたり。何《いか》に況《いわん》や仏法《ぶっぽう》を学《がく》せん人《ひと》、知恩報恩《ちおんほうおん》なかるべしや。

『開目鈔《かいもくしょう》』（五四四）

法華経は「内典の孝経なり」と日蓮は断ずる。孝は百善の基《もとい》、百行の本《もと》という。完全円満な人格の育成は、天の高さをしのぎ地の厚さにまさる孝の一道にきずかれる。法華経即孝経との活釈は、信仰と生活・信仰と倫理の一体観にもとづく。世間の聖者・賢者は孝の家から出たのである。孝の尊貴たることの証拠となろう。一方、恩がある。法華経は「実《まこと》の報恩経にては候へ」と日蓮は断ず。真実の報恩経である法華経。内典の孝経である法華経。仏教を学ぶ者は、恩を知り恩を報ずることがなくてはなるまい。「知恩報恩」の必然。

6月11日

抑《そもそ》も八日《ようか》は各各《おのおの》の御父《おんちち》釈迦仏《しやかぶつ》の生《う》まれさせ給《たま》いし日《ひ》なり。彼《か》の日《ひ》に三十二の不思議《ふしぎ》あり。一には、……是《かく》の如《ごと》く吉瑞《きちずい》の相《そう》のみにて候《そうら》いし。是《これ》より已来《いらい》、吉事《きちじ》には八日《ようか》をつかい給《たま》い候《そうろう》なり。

『四条金吾殿御返事《しじょうきんごどのごへんじ》』（一九〇六）

四月八日、釈迦仏の誕生日。ルンビニーの花園で生まれられたから、ことほぎの式典を花まつりといっている。一体、釈迦仏は端的に教主釈尊と称呼するように仏教の教え主である。それはまた教えの指導者・教師であり、教えの生みの親・教親である。要するにわれらにとってかけがえのない帰依渇仰の尊者である。人類の師表・仏の誕生は「一には一切の草木に花さき実なる」など吉瑞《きちずい》があふれた。「五には三千世界に歎きの声なし」ともいう。「八」の字を末広がりとて祝い、八日をめでたい日というのは、仏誕の聖日八日による。

6月12日

大塔《だいとう》をくみ候《そうろう》には先《ま》づ材木《ざいもく》より外《ほか》に足代《あししろ》と申《もう》して多《おお》くの小木《しょうぼく》を集《あつ》め、一丈二丈《いちじょうにじょう》計《ばか》りゆいあげ候《そうろう》也《なり》。かくゆいあげて材木《ざいもく》を以《もっ》て大塔《だいとう》をくみあげ候《そうらい》つれば、返《かえ》って足代《あししろ》を切《き》り捨《す》て大塔《だいとう》は候《そうろう》なり。

『上野殿母尼御前御返事《うえのどのははあまごぜんごへんじ》』（一八一二）

法華経と余他の経々の位置付けを、建築物の本体と組立てのための足場にたとえて平易に説明する。大塔の建築が目的である。その準備・方法として工事のための足場がいる。工事が完成すれば足場は不用。「大塔をくまんがためには足代大切なれども、大塔をくみあげぬれば足代を切り落す也。足代より塔は出来して候へども、塔を捨てて足代をおがむ人なし」。しかし、「大塔をすてて足代をおがむ人々、かしこくはかなき人」も世にいる。転倒である。迷妄である。「足代と申すは一切経也、大塔と申すは法華経也」。転倒迷妄を破廃すべし。

6月13日

小乗経《しょうじょうきょう》と申《もう》す経《きょう》は世間《せけん》の小船《こぶね》のごとく、わづかに人《ひと》の二人三人等《ににんさんにんとう》は乗《の》すれども、百千人《ひゃくせんにん》は乗《の》せず。設《たと》い、二人三人等《ににんさんにんとう》は乗《の》すれども、此岸《しがん》につけて彼岸《ひがん》へは行《い》きがたし。

『乙御前御消息《おとごぜんごしょうそく》』（一〇九五）

全仏典は二大別して小乗経と大乗経。仏教の所詮は、此岸から彼岸へわたること。此岸は泥々《どろどろ》の現実の人間社会。彼岸は清浄の理想の人間社会。穢土《えど》と浄土《じょうど》。極苦《ごっく》と極楽《ごくらく》。ある世界とあるべき世界。彼此《ひし》を対比してのもの言いだが、実は懸隔してのものではなく事《こと》の両面で表と裏。此土を彼土、此岸を彼岸とするのが仏の教え。こなたからかなたにわたる方途としての船、仏土をめざし仏道を歩むための乗物が仏乗。仏乗を船にたとえ、小乗経とは小船。己れのみ、われだけの独善主義・個人主義が小乗。

6月14日

大乗《だいじょう》と申《もう》すは大船《おおぶね》なり。人《ひと》も十人《じゅうにん》二十人《にじゅうにん》も乗《の》る上《うえ》、大《おお》なる物《もの》もつ（積）み、鎌倉《かまくら》よりつくし（筑紫）みち（陸奥）の国《くに》へもいたる。

『乙御前御消息《おとごぜんごしょうそく》』（一〇九六）

「わづかに人の二人三人等は乗すれども、百千人は乗せず」とて、小船のようであると小乗経を規定したが、対して大乗経とは大船。人は多くをのせ、物は多量につみ、距離は遠くへ航す。「すこしの物をば入るれども、大なる物をば入れがたし」との小船・小乗と大船・大乗はその機能に大差がある。筑紫から鎌倉へ、陸奥からも鎌倉へ、物資運搬の当代の実況を巧みにとりこんでいる。自己の完成のみを目的としたひとりよがりを劣れる乗物・小乗と貶称。大乗は己れよりも他人の完成・成仏を優先し大いなる乗物とて大乗と称呼。自利と利他の大異がある。

6月15日

実経《じつきよう》と申《もう》すは、又彼《またか》の大船《おおぶね》の大乗経《だいじようきよう》にはにるべくもなし。大《おお》なる珍宝《ちんぽう》をもつみ、百千人《ひやくせんにん》のりて高麗《こうらい》なんどへもわたりぬべし。一乗法華経《いちじようほけきよう》と申《もう》す経《きよう》も又《また》かくの如《ごと》し。

『乙御前御消息《おとごぜんごしようそく》』（一〇九六）

実経とは、利他優先の大乗・自利専行の小乗に大別するなか、大乗をさらに分かって権経《ごんきよう》と対比する。権・実二経。権とは真実導入のための手段で仮《かり》の教え。実経は仏の本懐をつつみかくすことなくあらわにあかした真実教。真実の大乗、仏道達成の唯一の乗物ゆえ一乗経。一は二も三もない唯一経。法華一経をさす。一般大乗経をはるかに陵駕する。乗せる人も積む荷物も運行距離も雲泥の差。「此《これ》こそ唐船《からふね》の如くにて候一乗経にてはおわしませ」という。一乗法華経は、当時最高の超大型豪華船「唐船」のようであると。

6月16日

例《れい》せば世間《せけん》の小船等《こぶねとう》が筑紫《つくし》より坂東《ばんどう》に至《いた》り鎌倉《かまくら》より夷《い》の嶋《しま》なんどへつけども唐土《とうど》へ至《いた》らず。唐船《からふね》は必《かなら》ず日本国《にほんこく》より震旦国《しんたんこく》に至《いた》るに障《さわ》り無《な》き也《なり》。

『薬王品得意鈔《やくおうほんとくいしよう》』（三四〇）

法華経が他経に超勝する理由を明して十種の特性をのべる。第二十三章薬王品で、「法華経には十徳あり」、その一つ「如渡得船《によどとくせん》」。渡《わた》りに船を得たるが如しを日蓮は検討し、「此譬《このたと》えの意《こころ》は生死《しようじ》の大海には爾前《にぜん》の経は或《あるい》は筏《いかだ》、或は小船也。生死の此岸より生死の彼岸には着《つ》くと雖《いえど》も生死の大海を渡り極楽の彼岸にはとつき難し」といい、引文の例示がつづく。筏や小船は鎌倉・夷島（蝦夷・北海道）間、関東・九州間の国内どまり。唐船は国外に漕《こ》ぎでて唐土震旦（中国）へ至る。真実経は障碍なく彼岸の仏土へ赴く。それも快速船。「はと」着く。「はと」は「はたと」で急速に完全にの意か。

6月17日

爾前《にぜん》の経《きようぎよう》々は万差《ばんさ》なれども、束《つかね》て此《これ》を論《ろん》ずれば随他意《ずいたい》と申《もう》して衆生《しゆじよう》の心《こころ》を説《と》かれてはんべり。故《ゆえ》に違《い》する事《こと》なし。譬《たと》えば、水《みず》に石《いし》を投《な》ぐるに争《あらそ》うことなきがごとし。

『顕謗法鈔《けんほうぼうしよう》』（二五九）

法華経が説かれる以前の全ての経典群が爾前経。その内容は条件によって一定せず万差がある。「爾前の諸経は第一に縁に随って不定《ふじよう》なり」である。その縁・条件とは、総括的・結論的にいえば随他意ということ。釈尊が自らの悟りの境地をあらわに説示した随自意経《ずいじいきよう》ではなく、人々の受容能力にあわせ聴衆の気持に叶うように説いたもの。それゆえ爾前経に釈尊の本旨はあかされず、従って爾前経は聞き手の意《こころ》に逆《さか》らわぬ。石が水にはねかえることのないように。しかし爾前経では仏界悟入は不能である。

6月18日

仏《ほとけ》、九界《くかい》の衆生《しゆじよう》の意楽《いぎよう》に随《したが》って説《と》く所《ところ》の経《きようぎよう》々を随他意《ずいたい》という。譬《たと》えば、賢父《けんぷ》が愚子《ぐし》に随《したが》うが如《ごと》し。仏《ほとけ》、仏界《ぶつかい》に随《したが》って説《と》く所《ところ》の経《きよう》を随自意《ずいじい》という。譬《たと》えば、聖父《せいふ》が愚子《ぐし》を随《したが》えたるが如《ごと》し。

『諸経与法華経《しよきようとほけきよう》 難易事《なんいのこと》』（一七五一）

仏の教説は、随自意と随他意の二種の経典に分かれる。二種とはいえ、随自意経はただ一経であり、余他の諸経はすべて随他意経である。他意とは相手のこころである。つまりは聴衆の気持を汲んでの説法、聞き手にあわせてのものだから、その内容は説者つまり仏のまごころはあらわに述べられぬ。自意とは仏ご自身があらわにつつむことなく意中・本懐を詮顕された教説である。他意に随従し順応しての随他意と、自意に随順しての随自意とには大差がある。随自意の一経が法華経である。仏界悟入の真実経・法華経。

6月19日

仏陀《ぶつだ》は三十《さんじゆう》成道《じょうどう》より八十《はちじゆうご》御入滅《にゆうめつ》にいたるまで、五十余《ごじゆうよ》年《ねん》が間《あいだ》一代《いちだい》の聖教《しょうぎょう》を説《と》き給《たま》へり。一字《いちじ》一句《いっく》皆真言《みなしんごん》なり。一文一偈《いちもんいちげ》妄語《もうご》にあらず。……事《こと》と心《こころ》と相符《あいあ》へり。……大人《たいじん》の実語《じつご》なるべし。

『開目鈔《かいもくしょう》』（五三八）

十九出家、三十成道、八十入滅が仏陀の一生。五十年の仏としてのご活動があり、あまたの聖教、衆生引導《いんどう》の教法《きょうぼう》があかされた。至尊の教主釈尊の所説は一文一句ことごとくまことの言葉であり、妄語・虚言はない。その如実な証拠は「事《こと》と心《こころ》と相符《あいあ》へり」。「事」とは具体的現実・歴史的現象。「心」とは仏陀の心・仏教の理念・仏法の精神。仏教の心は歴史の現実に符合するものであるというのが日蓮の仏教観であり、日蓮の宗教の根本をなす考えである。真理と現象は不離。真実は事実。「大人の実語」だから。

6月20日

仏教《ぶっきょう》に入《いっ》て五十余《ごじゆうよ》年《ねん》の経々《きょうぎょう》八万法蔵《はちまんほうぞう》を勘《かんが》えたるに、小乗《しょうじょう》あり大乗《だいじょう》あり、権経《ごんきょう》あり実経《じっきょう》あり、顕教密教《けんきょうみっきょう》、輭語麤語《なんごそご》、実語妄語《じつごもうご》、正見邪見等《しょうけんじゃけんとう》の種々《しゅじゅ》の差別《さべつ》あり。但《ただ》法華経計《ばか》り教主釈尊《きょうしゅしゃくそん》の正言《しょうごん》也《なり》。

『開目鈔《かいもくしょう》』（五三九）

釈尊五十年の所説の法門、総じて八万法蔵。一切経はその数おびただしい。それら経々の内容を分析すればいくとおりかに類別可能。まず大小の二大別だ。小乗仏教経典群と大乗仏教経典群。小乗はいわば個人優先・個人志向型、大乗は全体・総合救済型。次に大乗を分《わか》って権実二経。権《ごん》は仮《かり》、実は真《まこと》。さらに、顕露と秘密の両教、柔軟語と粗悪語、真実語と虚妄語、正見説と邪見説など種々の差別がある。大別・小別さまざまに分類できるが、要するところは法華経だけが教主釈尊の正《まさ》しき言葉、真理の言葉だ。

6月21日

衆星《しゅせい》は光有《ひかりあり》と雖《いえど》も月《つき》に及《およ》ばず。……華厳経等《けごんきょうとう》の一切経《いっさいきょう》は闇夜《やみよ》の星《ほし》の如《ごと》し。法華経《ほけきょう》は闇夜《やみよ》の月《つき》の如《ごと》し。……月《つき》は宵《よい》よりも暁《あかつき》は光《ひかり》まさり春夏《しゅんか》よりも秋冬《しゅうとう》は光《ひかり》あり。法華経《ほけきょう》は正像《しょうぞう》よりも末法《まっぽう》に殊《こと》に利生有《りしょうある》べし。

『薬王品得意鈔《やくおうほんとくいしょう》』（三三九）

星の数は無数。しかし、その光は月一つにおとる。満天の星くずも月光と対比は不能。法華経は一切経の中の一経。しかし、華厳経はじめ他の一切経を超絶する。無数の星と一月のごとしだ。諸経中王の法華経は、あたかも無明の暗夜を照らす月。諸経の一切は綺羅星のごとく居並んでも月光との比較は隔絶して不能。その月は、宵闇よりも月落ちんとする暁闇《ぎょうあん》の頃ひときわ輝く。春のおぼろ、夏中天の月よりも、秋冬の月はとぎすまされてきびしくはえる。時だ。法華経は正像をすぎた末法に殊に光輝を発する。

6月22日

ひとり三徳《さんとく》をかねて恩《おん》ふかき仏《ほとけ》は釈迦一仏《しゃかいちぶつ》にかぎりたてまつる。親《しん》も親《しん》にこそよれ、釈尊《しゃくそん》ほどの親《しん》。師《し》も師《し》にこそよれ、主《しゅ》も主《しゅ》にこそよれ、釈尊《しゃくそん》ほどの師主《ししゅ》はありがたくこそはべれ。

『南条《なんじょう》兵衛七郎殿御書《ひょうえしちろうどのごしょ》』（三二〇）

日蓮は、無二無三・絶対の釈迦仏至上主義者である。唯一無上の根本仏、それが教主釈尊であり、教師であり、われらにとって教えのみ親である。主・師・親の三つの特性を一身に兼備されたもうお方は、大恩教主本師釈迦牟尼仏をおいて余仏・他仏はない。仏道の基軸であって、乱してはならぬ、乱しえぬ根幹である。余仏・他仏は、本仏の枝葉にすぎず、一会の法座にひきあいに出された権仏《ごんぶつ》・仮仏《けぶつ》にすぎない。実仏《じつぶつ》は釈迦一仏である。仏教の大道は、われらの拠点は、三徳具備のおシャカさまである。

6月23日

釈迦如来《しゃかにょらい》は三《みつ》の故《ゆえ》ましまして、他仏《たぶつ》にかわらせ給《たま》いて娑婆世界《しゃばせかい》の一切衆生《いっさいしゅじょう》の有縁《うえん》の仏《ほとけ》となり給《たま》う。一《ひとつ》には我等《われら》が尊主《そんしゅ》なり、二《ふたつ》には一切衆生《いっさいしゅじょう》の父《ふ》母《ぼ》なり、三《みつ》には一切衆生《いっさいしゅじょう》の本師《ほんし》なり。

『善無畏三蔵鈔《ぜんむいさんぞうしょう》』（四六六）

釈尊の三徳《さんとく》。釈迦仏が我等一切衆生の主・父母（親）・師であることを詳述する。ここには三徳の意味の説明文を省略して掲げたが、絶対尊崇の本仏のはたらきを主・師・親の三徳目によってあかす。三徳兼備の釈尊のほか仰ぐべき仏はなく、一切衆生救済に教主・教師・教親としてひたすら「はげませ給う」ておられる縁の深い仏、大恩まします仏である。日蓮の事蹟は本仏への孝養と報恩の一生である。三徳をのべ「其恩《そのおん》大海よりも深し、其恩大地よりも厚し、其恩虚空よりも広し」と仏恩を讃歎し、知恩報恩の必修を念ずる。

6月24日

幸《さいわい》なる哉《かな》、一生《いっしょう》の内《うち》に無始《むし》の謗法《ほうぼう》を消滅《しょうめつ》せんことよ。悦《よろこ》ばしい哉《かな》、未《いま》だ見聞《けんもん》せざる教主釈尊《きょうしゅしゃくそん》に侍《つか》え奉《たてまつ》らんことよ。

『顕仏未来記《けんぶつみらいき》』（七四二）

「幸なる哉」「悦ばしい哉」。仏者日蓮、真底からの喜悦の情があふれている。二つの歓喜法悦は日蓮の宗教思想の基底を構成していたから、あふれでる歓悦は並々ではない。一つは「謗法消滅」、一つは「釈尊奉侍」である。仏種断絶の謗法の剔《てき》出《しゅつ》とその消滅が仏者日蓮の根本課題である。法華専修・題目専唱がその解答であった。無始いらい永く積める謗法罪の消滅は幸のほかない。かくてまた未来は成仏の大果を得て、未見未聞の教主釈尊にじかに面奉《めんぶ》し親しくお侍《つか》えできる。慶幸これに勝るものはない。「幸なる哉・悦ばしい哉」、謗法の消滅・釈尊への奉侍。

6月25日

衆生《しゅじょう》を教化《きょうけ》する慈悲《じひ》の極理《ごくり》は唯《ただ》法華経にのみとどまれりとおぼしめせ。諸経《しょきょう》は悪人《あくにん》・愚者《ぐしゃ》・鈍者《どんしゃ》・女人《にょにん》・根欠等《こんけつとう》の者《もの》を救《すく》う秘術《ひじゅつ》をば未《いま》だ説《と》き顕《あらわ》さずとおぼしめせ。法華経の一切経《いっさいきょう》に勝《すぐ》れ候《そうろう》故《ゆえ》は但此事《ただこのこと》に侍《はべ》り。

『唱法華題目鈔《しょうほっけだいもくしょう》』（一九七）

人々に成仏の大果を得させてくれる慈悲の極理・救済の核心は、ただ法華経にのみ示されている。法華経以外の諸経には、教えを受け容《い》れない悪人や愚鈍者、さらに女人や成仏の機関・能力を欠除した根欠《こんけつ》の二乗《にじょう》などを救う秘訣は説かれてはいない。悪人成仏・女人成仏・二乗成仏などがはたされなくては、一切衆生救済という仏の大慈悲心は満たされぬ。慈悲の極理・救済の秘術とはいえぬ。法華経が余の一切の経々にすぐれて尊いことは、一切衆生をもらすことなく救う極理と秘術を具《そな》えているからである。

6月26日

妙法蓮華経《みょうほうれんげきょう》と申《もう》すは蓮《はちす》に譬《たと》えられて候《そうろう》。天上《てんじょう》には摩訶曼陀羅華《まかまんだらけ》、人間《にんげん》には桜《さくら》の花《はな》。此等《これら》はめでたき花《はな》なれども、此等《これら》の花《はな》をば法華経《ほけきょう》の譬《たと》えには仏《ほとけ》取《と》り給《たま》う事《こと》なし。

『上野尼御前御返事《うえのあまごぜんごへんじ》』（一八九〇）

妙法蓮華経とは、妙《たえ》なる蓮華の教え。仏教の象徴は蓮華。仏の花、仏花《ぶっか》は蓮華である。花はどの花も美しい。めでたい花も多くある。花の中の花、大王の花として蓮華があり、大王経だから妙法蓮華経と名づけられた。天上界にはマンダラ華、人間界には桜の花、仏界は蓮華。「蓮はきよきもの、泥よりいでたり」。泥中に身を沈めながら汚泥に染まることなく清浄に咲きほこる蓮華。仏をめざす人間の生き方を無言で示す蓮華。「一切の花の中に取分《とりわけ》て此《この》花を法華経に譬《たと》えさせ給う事は其故《そのゆえ》候《そうろう》なり」という。深い意味があるというのである。

6月27日

なによりも受《う》け難《がた》き人身《にんしん》、値《あ》い難《がた》き仏法《ぶっぽう》に値《あ》いて候《そうろう》に、五尺《ごしゃく》の身《み》に一尺《いっしゃく》の面《かお》あり。其面《そのかお》の中三寸《なかさんずん》の眼《まなこ》二《ふた》つあり。一歳《いっさい》より六十《ろくじゅう》に及《およ》んで多《おお》くの物《もの》を見《み》る中《なか》に、悦《よろこ》ばしき事《こと》は法華最第一《ほっけさいだいいち》の経文《きょうもん》なり。

『慈覚大師事《じかくだいしじ》』（一七四一）

「法華最第一」。仏典多しといえども法華経が諸経に超出した最高至上の大王経。釈迦仏の本懐経だから、衆生成仏の直道《じきどう》をさし示す。無二亦無三《むにやくむさん》、第二も第三もない唯一経。それが法華経。それがほかならぬ釈迦仏によって保証され指定されている。法華経なくして仏教なしだ。しかるに日蓮、人と生れ仏法に値い法華経の真文《しんもん》を見る。なんたる果報ぞ感激ぞ。両眼あってもただぼんやり物を見るだけであってはならぬ。事の真相・真実を見きわめる透徹《とうてつ》した智慧の眼を養《やしな》い、開目《かいもく》・開眼《かいげん》しなくてはならない。

6月28日

抑《そもそ》も法華経と申《もう》す御経《おんきょう》は一代聖教《いちだいしょうぎょう》には似《に》るべくもなき御経《おんきょう》にて、……法華経の第四法師品《だいしほっしほん》に云《いわ》く、法華最第一《ほっけさいだいいち》……此等《これら》の経文《きょうもん》、私《わたくし》の義《ぎ》にあらず。仏《ほとけ》の誠言《じょうごん》にて候《そうら》へば定《さだめ》てよもあやまりは候《そうろう》はじ。

『上野殿母尼御前御返事《うえのどのははあまごぜんごへんじ》』（一八一〇）

釈迦仏ご一代の教説のなかで、法華経が最もすぐれた経典である。他の一切の経々に類なく、また似るべくもないと確信し断定した。独断や盲信の産物ではない。仏説に随順する謙虚、客観に立っての探究の成果として法華最勝の結論を得た。「智者に我義やぶられずば用いじとなり」と宣言するように、断固たる確信である。「法華最第一」とは、ほかならぬ仏のご指示・ご指定である。疑うべくもない。誤りあるはずがない。仏教とはそもそも仏に成《な》ることである。法華経は成仏の法である。最大の果報成仏。成仏は最勝の経による。

6月29日

爾前《にぜん》の経々《きょうぎょう》の心《こころ》は、心《こころ》より万法《ばんぽう》を生《しょう》ず。譬《たと》えば心《こころ》は大地《だいち》のごとし、草木《そうもく》は万法《ばんぽう》のごとしと申《もう》す。法華経はしからず。心《こころ》すなわち大地《だいち》、大地《だいち》則草木《そくそうもく》なり。

『事理供養御書《じりくようごしょ》』（一二六三）

法華経が説かれる以前の諸経と法華経とは教理上おおいに異なり浅深がある。世間のありように対する認識はその一例。「世間の法を仏法に依《よ》せてしらせて候。法華経はしからず。やがて世間の法が仏法の全体と釈せられて候」。爾前経は世間の現象を対立的相対的に見て、現象のあれこれと仏法を引き合せて解釈するが、世法即仏法と法華経は説く。だから心が万法を生む大地で生ずる草木は万法というが、そうではなく心即大地・大地即草木と見る。対立の調和でなく融合一体。宗教と生活の一枚化の原理。

6月30日

爾前《にぜん》の経々《きょうぎょう》の心《こころ》は、心《こころ》のすむ（澄）は月《つき》のごとし、心《こころ》のきよき（清）は花《はな》のごとし。法華経《ほけきょう》はしからず。月《つき》こそ心《こころ》よ、花《はな》こそ心《こころ》よと申《もう》す法門《ほうもん》なり。

『事理供養御書《じりくようごしょ》』（一二六三）

前項につづけて爾前経と法華経の思想・観念の相違をのべている。心が澄むのは月のようであり、心が清いのは花のようであると爾前経はいう。けれども法華経はそのようには見ない。月は心の現れだとか、花は心の表現などといわないのである。月こそ心である、花こそ心である。心即大地なのだから、月即心・花即心。心即月・心即花である。仏教の深理、法華経の心にもとづいて世事万象を洞察すれば、法の真実の眼は世間の真相を徹して見る。天が晴れわたれば大地を明《あか》るく見渡せるように。法華経の心を知り、法華経の心をもって人生を処す。それが真仏教。

7月

『**大曼荼羅御本尊**』〈静岡県妙法華寺蔵〉

『大曼荼羅御本尊《だいまんだらごほんぞん》』〈静岡県妙法華寺蔵〉

本尊とは根本尊崇の略で信仰の対境。法華経の救済の世界、教主釈尊・久遠本仏の実体や救済を一幅の紙面に図顕したもの。日蓮が信解体得した宗教的理想実現の世界である。無限に救済の説法をつづける本仏と聞法する者との感応の世界の具象図でもある。日蓮は弟子檀越に授与し一二九幅が現存確認されているが、未確認も多い。掲出は弘安三年十一月、弟子日昭授与。

7月1日

釈迦仏《しやかぶつ》と法華経の文字《もんじ》とはかわれども、心《こころ》は一《ひと》つ也《なり》。然《しか》れば法華経の文字《もんじ》を拝見《はいけん》せさせ給《たま》うは、生身《しょうしん》の釈迦如来《しやかにょらい》にあい進《まい》らせたりとおぼしめすべし。

『四条《しじょう》金吾殿御返事《きんごどのごへんじ》』（六六六）

釈迦仏の命は法華経。法華経の魂魄《こんぱく》は釈迦仏のすべて。引文直前にはこうある。「法華経は釈迦如来の御志《おんこころざし》を書き顕《あら》わして、此音声《このおんじょう》を文字と成《な》し給う。仏の御心《みこころ》はこの文字に備《そな》われり。たとえば種子と苗と草と稲とはかわれども心はたがわず」と。釈迦仏はすなわち法華経、法華経即釈迦仏、「心は一つ也」だ。だから、法華経を拝し読むということは、釈迦仏を拝《おが》み仰《あお》ぐことである。生きてまします釈迦仏に面奉《めんぶ》したてまつることである。読経《どつきょう》は、釈迦仏の音声・説法を諦聴《たいちょう》したてまつることである。

7月2日

法華経は釈迦牟尼仏《しやかむにぶつ》なり。法華経を信《しん》ぜざる人《ひと》の前《まえ》には、釈迦牟尼仏《しやかむにぶつ》入滅《にゆうめつ》を取《と》り、此経《このきょう》を信《じん》ずる者《もの》の前《まえ》には、滅後《めつご》たりといえども仏《ほとけ》の在世《ざいせ》なり。

『守護国家論《しゅごこっかろん》』（一二三）

「法華経は釈迦牟尼仏なり」とは日蓮の仏法把握の帰趣。鉄案である。仏法とは仏とその教法。仏なくして法はない。法なくして仏もない。法華経は釈迦仏の命で出世の本懐、一代教法の帰結。釈迦仏は法華経開示《かいじ》のためにこの世に出られ、人々は釈迦仏に導かれ法華経の心に悟入《ごにゅう》して救われる。法華経なくして仏法はない。釈迦仏なくば仏法はない。釈迦仏なくて法華経はない。法華経なくば釈迦仏はない。法華経と釈迦仏は一体不二。法と倶《とも》にまします仏。常住此《じょうじゅうし》説法《せっぽう》・常説法《じょうせっぽう》教化《きょうけ》・我常住於《がじょうじゅうお》此《し》などとあかす。「我」とは釈迦仏、「此」とは我等所住の娑婆。常に憐愍教化したまう仏。

7月3日

日蓮は悪《わる》き者《もの》にて候《そうら》へども、法華経はいかで愚《おろか》におわすべき。袋《ふくろ》は臭《くさ》けれどもつつめる金《こがね》は清《きよ》し。池《いけ》は汚《きたな》けれども蓮《はちす》は清浄也《しょうじょうなり》。日蓮は日本第一《にほんだいいち》の僻者也《えせものなり》。法華経は一切経《いっさいきょう》に勝《すぐ》れ給《たま》へる経也《きょうなり》。

『西山殿後家尼御前御返事《にしやまどのごけあまごぜんごへんじ》』（一九〇二）

法華経の絶大な尊貴に対比して日蓮はおのれを卑下抑制する。悪き者・僻者と。そのような悪者・僻者が救われて仏になることは、法華経の無上絶対性の保証であり救済力の絶大を示すことにほかならない。被救済者が悪ければ悪いほど救済力は高まる。引文次下は以下である。「心あらん人、金《こがね》をとらんとおぼさば袋を捨つる事なかれ。蓮《はちす》を愛せば池をにくむ事なかれ。悪《わる》くて仏になりたらば法華経の力《ちから》あらわるべし。さるにては、日蓮は悪くても悪かるべし、悪かるべし」。至尊の法を讃し己れを貶《おと》しめる。

7月4日

魚《うお》は水《みず》をたのみ、鳥《とり》は木《き》をすみかとす。仏《ほとけ》も亦《また》かくの如《ごと》く、法華経を命《いのち》とし、食《しょく》とし、すみかとし給《たま》うなり。……此経《このきょう》なき国《くに》には仏《ほとけ》まします事《こと》なしと、御心得《おんこころえ》あるべく候《そうろう》。

『上野殿母尼御前御返事《うえのどのははあまごぜんごへんじ》』（一八一四）

魚と水・鳥と木、不可分で切り離すことができない。切り離せば死滅である。仏と法華経の関係も同じ。法・仏は一如であって、能所一体のつながりである。省略文は、「魚は水にすむ、仏は此経にすみ給う。鳥は木にすむ、仏は此経にすみ給う。月は水にやどる、仏は此経にやどり給う」とある。法華経あっての仏であり仏あっての法華経である。「三世の諸の如来を出生する種」として法華経がある。「仏は所生《しょしょう》・法華経は能生《のうしょう》、仏は身也、法華経は神《たましい》也」。法華経の絶対性をよくよく承知せよという。仏の命は法華経である。

7月5日

南無《なむ》妙法蓮華経《みょうほうれんげきょう》と唱《とな》うべし。此事《このこと》いまだ広《ひろ》まらず。一閻浮提《いちえんぶだい》の内《うち》に仏滅後《ぶつめつご》二千二百二十五年《にせんにひゃくにじゅうごねん》が間《あいだ》、一人《いちにん》も唱《とな》えず。日蓮一人《いちにん》南無妙法蓮華経・南無妙法蓮華経等《とう》と声《こえ》も惜《お》しまず唱《とな》うるなり。

『報恩抄《ほうおんしょう》』（一二四八）

教主釈尊ご入滅の日から二千余年をへている。その間、日本仏教史上、否、全世界で南無妙法蓮華経の題目を始唱したのは日蓮である。未《いま》だかつて誰人も唱えたことはないと日蓮は述懐する。仏教史上、破天荒のできごとであったのだ。釈迦仏の魂魄はあげて法華経にとどまりたもう。法華経は仏滅後二千年をへた末法の始め、汚濁乱漫のただ中に広布される使命を宿す。その法華経のこころを引き継いだ人が法華経の行者日蓮。「日蓮一人」とは、大いなる抱負と覚悟と自信と喜悦をあふれさせている。

7月6日

正像二千年《しょうぞうにせんねん》の大王《だいおう》よりも、後世《ごせ》をおもわん人々《ひとびと》は、末法《まっぽう》の今《いま》の民《たみ》にてこそあるべけれ。此《これ》を信《しん》ぜざらんや。彼《か》の天台《てんだい》の座主《ざす》よりも、南無妙法蓮華経と唱《とな》える癩人《らいにん》とはなるべし。

『撰時抄《せんじしょう》』（一〇〇九）

南無妙法蓮華経と信じ唱えることは、何にもまさるかけがえのない尊いこと、めぐまれたこと、ありがたいことである。後世をおもい、後世の成仏を願い祈ることこそ我等のなすべき一大事。仏教徒の究極の願いは仏になることであって、他に求める何物もない。地位、名誉、財産、一切の権威は仏の前に無用で、仏への道に無意味。末法の法華経流布の世に一人の民衆として生れあわせ、法にふれ、信ずる身となることのほうが、どれほど幸せであろうか。権威、権勢はまったく不用、物の数ではない。

7月7日

南無妙法蓮華経と申《もう》すは法華経の中《なか》の肝心《かんじん》、人《ひと》の中《なか》の神《たましい》のごとし。此《これ》にものをならぶれば、后《きさき》のならべて二王《におう》をおとことし、乃至《ないし》后《きさき》の大臣《だいじん》已下《いか》に内々《ないない》とつぐ(嫁)がごとし。禍《わざわい》のみなもとなり。

『上野殿御返事《うえのどのごへんじ》』(一四九二)

南無妙法蓮華経の七字の題目は法華経の精華・真価の結晶である。もっとも大切な要《かなめ》である。人の魂《たましい》のようにかけがえのないもの、尊いものである。人に魂なくば形骸だけのもぬけのから。題目は魂魄。これへの不純物の混入は不許。信仰は正純なはず。至純のみ。もし一道の信を違《たが》えて、余計なものがまじりこむと、信仰の歪曲であり猥雑に堕す。后が二人の王を夫にもち、あるいは身分の低い大臣以下と内通するようなもので、禍の根源である。「南無妙法蓮華経に余事を交《まじ》へばゆゆしき僻事《ひがごと》」である。

7月8日

今《いま》、末法《まっぽう》に入《い》りぬれば余経《よきょう》も法華経も詮《せん》なし。但《ただ》南無妙法蓮華経なるべし。こう申《もう》し出《い》だして候《そうろう》も私《わたくし》の計《はか》らいにはあらず。この南無妙法蓮華経に余事《よじ》を交《まじ》へば、ゆゆしき僻事《ひがごと》なり。

『上野殿御返事《うえのどのごへんじ》』(一四九二)

「一向専唱《いっこうせんしょう》」「唱題専一《しょうだいせんいつ》」、ただひたすら南無妙法蓮華経と題目を唱えることが末法修行の要諦である。「一向専修《いっこうせんじゅ》」の勧奨が、末法相応の易行《いぎょう》として「題目専唱《だいもくせんしょう》」に収約された。余経の無価値は法華経至上の立場から当然だが、法華経も詮なしとは究極の一法、択一要法のいきつくところに立っての表現。「ゆゆしき僻事」、とんでもない間違いとの余行不修も当然。「専ら題目を持《たも》って余文を雑《まじ》えず」ともいう。純一無雑、一念の信こそあるべき姿、あらねばならぬ姿勢。経説の本意はそこにある。

7月9日

妙法蓮華経の五字《ごじ》に一切《いっさい》の法《ほう》を納《おさ》むる事《こと》をいはば、経《きょう》の一字《いちじ》は諸経《しょきょう》の中《なか》の王《おう》なり。一切《いっさい》の群経《ぐんきょう》を納《おさ》む。

『法華題目鈔《ほっけだいもくしょう》』（三九五）

法華経の題目の位置付け。問《とい》「妙法蓮華経の五字に幾《いくばく》の功徳をおさめたるや」。答《こたえ》「大海は衆流《しゅうる》を納め、大地は有情非情《うじょうひじょう》を持《たも》ち、如意宝珠《にょいほうじゅ》は万宝を雨《ふら》し、梵王《ぼんおう》は三界を領す。妙法蓮華経の五字も亦《また》復是《またかく》の如《ごと》し。一切の九界《くかい》の衆生並《ならび》に仏界を納めたり。十界を納めれば亦《また》十界の依報《えほう》の国土を収《おさ》む」。妙法五字は一切を集約し収納し集束する。五字の一字の経は、一切経の王、群典に秀《ひい》でる。「経の一字の中に十方法界の一切経を納めたり。経の一字は一代に勝る。故に妙法蓮華の四字も又八万法蔵に超過するなり」。妙法蓮華経は一切経の総括、群経超勝。だから南無して南無妙法蓮華経。

7月10日

一仏一切仏《いちぶついっさいぶつ》にして妙法《みょうほう》の二字《にじ》に諸仏皆収《しょぶつみなおさ》まれり。故《ゆえ》に妙法蓮華経の五字《ごじ》を唱《とな》える功徳莫大也《くどくばくだいなり》。諸仏《しょぶつ》・諸経《しょきょう》の題目《だいもく》は法華経の所開也《しょかいなり》、妙法は能開《のうかい》也《なり》、としりて法華経の題目《だいもく》を唱《とな》うべし。

『唱法華題目鈔《しょうほっけだいもくしょう》』（二〇三）

「今法華経は四十余年の諸経を一経に収めて、十方世界の三身円満の諸仏を集めて、釈迦一仏の分身《ふんじん》の諸仏と談ずる故に」とあって掲出文につづく。妙法五字の題目を唱えることの功徳を述べ、それが法華経が最勝至尊の総合経、諸経を統一する経王の故とあかす。法華経開説以前の四十余年間の全仏典を総括して一経としたもの、それが法華経。十方世界遍在のもろもろの仏たちは釈迦一仏によって派遣された分身、分体。要するに一経一切経・一仏一切仏。所開と能開、所詮と能詮、受動と能動の関係に立つ。

7月11日

仏《ほとけ》の説法《せつぽう》をば師子《しし》吼《く》と申《もう》す、乃至《ないし》法華経は師子《しし》吼《く》の第一也《だいいちなり》。乃至《ないし》梵音声《ぼんのんじよう》と申《もう》すは仏《ほとけ》の第一《だいいち》の相《そう》也《なり》。梵音声《ぼんのんじよう》、一切経《いっさいきょう》と成《なっ》て一切衆生《いっさいしゅじょう》を利益《りやく》す。

『四条金吾殿御返事《しじょうきんごどののごへんじ》』（六六六）

仏の説法を獅子の吼えるにたとえる。獅子ほえて百獣を威圧するように、仏の説法は悪魔・外道《げどう》を屈伏させるからである。従って諸経中王《しょきょうちゅうおう》の法華経は獅子吼の第一となる。仏の清浄な音声を梵音声という。仏の常人をこえた異相三十二種の一つ梵音声が、多くの経々となって一切衆生を救うが、「其中《そのなか》に法華経は釈迦如来の御志《おんこころざし》を書き顕《あら》わして、此《こ》の音声を文字と成し給う。仏の御心《みこころ》はこの文字に備《そな》われり。たとえば種子と苗と草と稲とはかわれども心はたがわず」との位置に法華経は立つ。だから、釈迦如来の御志・南無妙法蓮華経は獅子吼であり、獅子吼の第一である。

7月12日

所詮《しょせん》、智者《ちしゃ》は八万法蔵《はちまんほうぞう》をも習《なら》うべし。十二部経《じゅうにぶきょう》をも学《がく》すべし。末代濁悪世《まつだいじょくあくせ》の愚人《ぐにん》は、念仏等《ねんぶつとう》の難《なん》行易行《ぎょういぎょう》等をば抛《なげう》って、一向《いっこう》に法華経の題目《だいもく》を南無妙法蓮華経と唱《とな》え給《たま》うべし。

『善無畏三蔵鈔《ぜんむいさんぞうしょう》』（四六六）

結局するところ、智者は学問にひいでているのだから全仏典に就いて習学するのもよろしいであろう。けれども、末代汚濁の悪世、乱世に生きる私たち愚鈍の者は、ひたすら法華経の精要である南無妙法蓮華経の題目を唱えて仏道を成就すべきである。世には流行の念仏宗あってこれこそ最も修しやすい易行道だといい、あるいは難行道に属すとて諸宗乱立するが、それらのすべてを投げ捨てて、一向法華経・一向題目であるべきである。末代悪世の凡夫たる私たちに相応する教法として題目があるからである。

7月13日

我等《われら》は仏《ほとけ》に疑《うたが》いなしとおぼせば、なにの嘆《なげ》きかあるべき。后《きさき》になりてもなにかせん。天《てん》に生《うま》れてもようし(由)なし。あらうれし、あらうれし。南無妙法蓮華経・南無妙法蓮華経と唱《とな》えさせ給《たま》へ。

『富木尼御前御書《ときあまごぜんごしょ》』（一一四九）

私たち南無妙法蓮華経のお題目を唱える法華経の徒は、仏になることを約束されている。これにまさるよろこびはない。だから、どうして嘆きなどというものがあろうか。たとえ、女として后《きさき》の身になったとしてもどうということはないはずだ。仏教徒として望む最高位は仏になることだから。天上界の喜びも不足だ。内容がない。意味がない。仏の世界に安住する私たちなのだから。こう思えば嬉しさはつのる。いよいよ南無妙法蓮華経と唱えねばならぬ。日蓮の宗教は法華経の題目、南無妙法蓮華経の受持専唱である。

7月14日

問《と》う、汝何《なんぢなん》ぞ一念三千《いちねんさんぜん》の観門《かんもん》を勧進《かんじん》せずして唯《ただ》題目《だいもく》ばかりを唱《とな》えしむるや。答《こたえ》て曰《いわ》く、日本《にほん》の二字《に》に六十六国《ろくじゅうろっこく》の人《にん》・畜《ちく》・財《ざい》を摂尽《せつじん》して一《ひとつ》も残《のこ》さず。月氏《がっし》の両字《りょうじ》にあに七十箇国《ななじゅうかこく》なかなんや。

『四信五品鈔《ししんごほんしょう》』（一二九八）

妙法五字の題目は本仏の万行万徳をそなえる。題目の功徳、唱題の絶対超勝に対しての質疑。あなたはどうして天台の哲理、一念三千による修行を勧めないで、ただ法華経の題目信唱のみを勧めるのですか。それは、日本という二字に、日本全土構成の六十六箇国、その中の人・畜・財等々すべてを摂取し尽して残さず、また月氏といえば印度七十箇国を包括している。日本・月氏の両字はそれぞれの国の全体を網羅し、名は体を表わすものの。題目は法華経全体の内容と作用（はたらき）を総括するからです。

7月15日

妙法蓮華経の五字《ごじ》は経文《きょうもん》に非《あら》ず、其義《そのぎ》に非《あら》ず、唯一部《ただいちぶ》の意《こころ》のみ。初心《しょしん》の行者《ぎょうじゃ》、其心《そのこころ》を知《し》らずとも而《しか》もこれを行《ぎょう》ずるに自然《じねん》に意《こころ》に当《あた》る也《なり》。

『四信五品鈔《ししんごほんしょう》』（一二九八）

「自然《じねん》」とは、ひとりでに、おのずから。法華経の題目専唱は「自然に身を益す（自然益身《じねんやくしん》）」大果をもたらす。題目に万法を含み、その自然の働きが信唱者につれそって功徳をもたらす。「濁水は心なけれども月を得て自ら清《す》めり。草木は雨を得て、あに覚《さとり》ありて花さくならんや」である。初心の行者も濁水が澄み草木が花さくように、法華経の意味内容を知らずとも信じ唱えることによって、自然に幽玄な真理に契合し、意趣を体得できる。専持唱題は「自然当意《じねんとうい》」（自然に意《こころ》に当る）である。妙法五字は個々の文字や義理でなく法華経の全体である。

7月16日

問《と》う、其義《そのぎ》を知《し》らざる人《ひと》ただ南無妙法蓮華経と唱《とな》えて解義《げぎ》の功徳《くどく》を具《ぐ》するやいなや。答《こた》う、小児《しょうに》乳《ちち》を含《ふく》むに其味《そのあじ》を知《し》らずとも自然《じねん》に身《み》を益《やく》す。耆婆《ぎば》が妙薬《みょうやく》誰《だれ》か弁《わきま》えてこれを服《ふく》せん。

『四信五品鈔《ししんごほんしょう》』（一二九八）

題目に法華経全体の内容と作用がもれることなく含まれているというが、その意味あいも知らぬ者がただ単に南無妙法蓮華経と唱えるだけで最も勝れた修行法であるというのはどういうものであろうか、疑いなきを得ない。譬喩をあげて答えてみたい。母乳をのむ小児は、乳に含まれる慈養分の構成など知らぬが自然に成育する。名医耆婆が調製した良薬を分析する者はいない。信頼して服《の》み自然に病気がなおる。「水心《こころ》なけれども火を消し、火物《もの》を焼くにあに覚《さとり》あらんや」。唱題の功徳は「自然益身《じねんやくしん》」（自然に身を益す）である。

7月17日

譬《たと》えば蓮華《れんげ》は日《ひ》に随《したが》って回《めぐ》る、蓮《はちす》に心《こころ》なし。芭《ば》蕉《しょう》は雷《いかずち》によりて増長《ぞうちょう》す、是《こ》の草《くさ》に耳《みみ》なし。我等《われら》は、蓮華《れんげ》と芭蕉《ばしょう》の如《ごと》く、法華経の題目《だいもく》は、日輪《にちりん》と雷《いかずち》との如《ごと》し。

『法華題目鈔《ほっけだいもくしょう》』（三九三）

「させる解《さとり》なくとも、南無妙法蓮華経と唱えるならば悪道をまぬかるべし」、つまりは無解有信《むげうしん》、智慧なく悟なくとも肝要は一念の信。「而《しか》るに今の代《よ》の世間の学者の云く、只《ただ》信心計《ばか》りにて解心《げしん》なく南無妙法蓮華経と唱うる計りにて争《いかで》か悪趣をまぬかるべき」と難ずる。批判への応弁を蓮華と芭蕉の譬話に託して述べ、また「琥珀《こはく》は塵《ちり》をとり磁石《じしゃく》は鉄をすう。我等が悪業は塵と鉄との如く、法華経の題目は琥珀と磁石との如し」とも譬話を重《かさ》ね、「かくおもいて、常に南無妙法蓮華経と唱えさせ給うべし」という。

7月18日

さればこの経《きょう》の題目《だいもく》をとなえさせ給《たま》わんにはおぼしめすべし。生盲《いきめくら》の始《はじめ》て眼《まなこ》あきて父母等《ふぼとう》を見《み》んよりもうれしく、強《つよ》き敵《かたき》にとられたる者《もの》のゆるされて妻子《さいし》を見《み》るよりもめづらしとおぼすべし。

『法華題目鈔《ほっけだいもくしょう》』（三九四）

題目値遇《ちぐう》の良縁に結ばれることの困難を、口をきわめてあかす。「さればこの経に値奉《あいたてまつ》る事をば三千年に一度花さく優曇華《うどんげ》、無量無辺劫に一度値《あう》なる一眼の亀にも譬《たと》えたり。大地の上に針を立てゝ大梵天王宮より芥子《けし》を投《なぐ》るに、針のさきに芥子の貫《つらぬ》かれたるよりも法華経の題目に値《あう》ことはかたし。此の須彌山《しゅみせん》に針を立てゝかの須彌山より大風のつよく吹日《ふくひ》、糸をわたさんに、いたりて針の穴に糸の先《さき》の入りたらんよりも法華経の題目に値《あい》奉《たてまつ》る事かたし」と。掲出文はこれにつづき、出会いの法悦を語っている。

7月19日

妙《みょう》の文字《もんじ》は三十二相《そう》八十種好《しゅごう》を円備《えんび》せさせ給《たま》う釈迦如来《しゃかにょらい》にておわしますを、我等《われら》が眼《まなこ》つたなくして文字《もんじ》とは見《み》まいらせ候《そうろう》なり。……されども此《こ》の妙字《みょうじ》は仏《ほとけ》にておわし候《そうろう》なり。

『妙心尼御前御返事《みょうしんあまごぜんごへんじ》』（一七四八）

法華経に「能持此経 則持仏身《のうじしきょうそくじぶっしん》」とあかす。能《よ》く此経《このきょう》を持《たも》つは則《すなわ》ち仏身《ぶっしん》を持《たも》つなりと。天台大師は「一一文文是真仏《いちいちもんもんぜしんぶつ》」、法華経の一字一字はそのまま真《まこと》の仏ですと。一字一仏・妙即仏。経を読むとは、仏の説法を聴聞し仏と語りあいまみえること。経文の信受は仏の実在を確信し讃歎すること。仏は身に三十二、細分して八十種の相好の美をそなえるが凡夫の我等は信眼の欠如のゆえに瑞相を見ず、単に文字面《づら》しか見ない。そのことを「夜は影の候を闇に見ざるがごとし」と譬えている。肉眼に見ずとも信眼は見る。

7月20日

妙《みょう》とは天竺《てんじく》には薩《さ》と云《い》い、漢土《かんど》には妙《みょう》と云《い》う。妙《みょう》とは具《ぐ》の義《ぎ》也《なり》。具《ぐ》とは円満《えんまん》の義《ぎ》也《なり》。法華経の一《いち》一《いち》の文字《もんじ》、一字一字《いちじいちじ》に余《よ》の六万九千三百八十四《ろくまんきゅうせんさんびゃくはちじゅうよ》字《じ》を納《おさ》めたり。

『法華題目鈔《ほっけだいもくしょう》』（三九八）

妙とは天竺（印度）の梵語《ぼんご》原典ではサ（薩）といい、漢訳して妙。その妙の語義は具《ぐ》ということ。具とはすべてをまどかにそなえるから具足であり円満である。法華経の一字はそのまま法華経の総字数の功徳を欠くことなく円満具足しているのである。題目を唱えることによって仏となる唱題成仏のいわれを、法華経功徳論・題目功徳論を展開して述べるなか、細かに妙の一字の功績、妙字功徳論をあかして具足・円満という。「譬《たとえ》ば大海の一滴の水に一切の河の水を納」めるように、絶大の功徳を具足する。

7月21日

妙《みょう》と申《もう》す事《こと》は開《かい》と云《い》う事也《ことなり》。世間《せけん》に財《たから》を積《つ》める蔵《くら》に鑰《かぎ》なければ開《ひら》く事《こと》かたし。開《ひら》かざれば蔵《くら》の内《うち》の財《たから》を見《み》ず。而《しか》るに仏《ほとけ》、法華経を説《と》かせ給《たま》いて諸《しょ》経《きょう》の蔵《くら》を開《ひら》かせ給《たま》いき。

『法華題目鈔《ほっけだいもくしょう》』（三九七）

妙の意味は開。すべての法蔵の秘奥を開発する鍵《かぎ》である。妙法蓮華経は諸経に超勝する群典の大王。数多《あまた》の経々も法華経による開閉自在の鍵なくしては真価を見出しがたい。諸経の存在価値は法華経にもとづかねば意味なしということである。「譬《たとえ》ば大地の上に人畜草木等《にんちくそうもくとう》あれども、日月《にちがつ》の光《ひかり》なければ眼ある人も人畜草木の色形《いろかたち》をしらず。日《にち》月《がつ》いで給いてこそ始てこれをば知る事には候へ。爾前《にぜん》の諸経は長夜《じょうや》の闇《やみ》の如《ごと》し、法華経の本迹二門《ほんじゃくにもん》は日月の如《ごと》し」。だから妙義は、具足・円満とともに開発の義をもつ。

7月22日

妙《みょう》とは蘇生《そせい》の義《ぎ》なり。蘇生《そせい》と申《もう》すはよみがえる義《ぎ》なり。爾前《にぜん》の経　経《きょうぎょう》にて仏種《ぶっしゅ》をい（煎）りて死せる二乗《にじょう》・闡提《せんだい》・女人等《にょにんとう》、妙《みょう》の一字《いちじ》を持《たもち》ぬれば、い（煎）れる仏種《ぶっしゅ》も還《かえっ》て生《しょう》ずるが如《ごと》し。

『法華題目鈔《ほっけだいもくしょう》』（四〇二）

妙の一字は多含で不尽の宝珠である。それゆえ、妙の一字を解析すれば意義さまざまである。開発・具足・円満の義理があり、不可思議とも満足ともいい、また「妙と申すは絶という事、絶と申す事は此経起《おこ》れば已前《いぜん》の経々を断止《たちやむ》と申す事なるべし」ともいう。さらに蘇生の義という。蘇生とは復活。法華経以前の経々では、仏となるべき種を焼き焦《こが》して死んでしまった永不成仏《ようふじょうぶつ》の一群も、二乗作仏《にじょうさぶつ》・闡提成仏《せんだいじょうぶつ》・女人成仏《にょにんじょうぶつ》とて、煎《い》れる種が芽ぶき仏果を成ず。妙法受持は死者の再生、「死せる者をも治す」。「妙とは蘇生の義なり」。

7月23日

妙《みょう》の文字《もんじ》は月也《つきなり》、日也《ひなり》、星也《ほしなり》、かがみ也《なり》、衣《ころも》也《なり》、食也《しょくなり》、花也《はななり》、大地也《だいちなり》、大海也《たいかいなり》。一切《いっさい》の功徳《くどく》を合《あわ》せて妙《みょう》の文字《もんじ》とならせ給《たま》う。又《また》、如意宝珠《にょいほうじゅ》のたま也《なり》。かくのごとくしらせ給《たま》うべし。

『妙心尼御前御返事《みょうしんあまごぜんごへんじ》』（一七四八）

「妙」の一字は功徳莫大をつつむと日蓮は教示し強調する。妙字功徳論の展開は法華経の功徳の端的な説明となり、理解容易で説得力がある。法華経帰信への直接的な教示として身近な事柄・事物をたたみかける。成仏実現の論証として活釈し、独自な救済の論理・論法として語られるが、精緻な成仏原理論は専著がある。ここは、夫を亡くし信に生きる子づれの寡婦に向けて法華経の最尊、妙法唱題の得果無量を告げる一文である。宇宙法界・森羅万象・天地一切と交流し感応しあうのが法華経の信である。

7月24日

日《ひ》出《い》でぬれば灯《ともしび》せん(詮)なし。雨《あめ》のふるに露《つゆ》なにのせんかあるべき。嬰兒《みどりご》に乳《ちち》より外《ほか》のものをやしなうべきか。良薬《りょうやく》に又薬《またくすり》を加《くわ》える事《こと》なし。

『上野殿御返事《うえのどのごへんじ》』（一四九二）

太陽が昇って明るくなれば、闇夜の灯はもはや不用で意味はない。しとしと露《つゆ》は大雨ふりそそげばもはや甲斐がない。赤ん坊には乳より他の食物は無意味。切角の良薬にさらなる薬をのむことは無駄をこえてむしろ有害。ことほどさように、世に無益・無駄が多く、詮なきこと、不甲斐なき仕《し》業《わざ》が多い。なすべき事をなさず、なすべきではない事をなす。ごく簡単、ごく容易な当然の事柄も、正しく判断し正しく実行することはむづかしいもの。人として正しいめざめ(覚)、正覚《しょうがく》を得《え》たお方を仏《ほとけ》という。覚者という。正しくめざめ正しく真理を会得しわきまえた人。〝覚悟〟の人が仏。

7月25日

譬《たとえ》ば、母《はは》の子《こ》に病《やまい》あると知《し》れども、当時《とうじ》の苦《く》を悲《かな》しみて左右《そう》なく灸《やいと》を加《くわ》えざるが如《ごと》し。……譬《たとえ》ば、父《ちち》は慈《じ》の故《ゆえ》に子《こ》に病《やまい》あるを見て、当時《とうじ》の苦《く》をかえりみず、後《のち》を思《おも》う故《ゆえ》に灸《やいと》を加《くわ》えるが如《ごと》し。

『唱法華題目鈔《しょうほっけだいもくしょう》』（二〇五）

慈悲は、慈《いつく》しみのおもい、憐《あわ》れみのこころ。楽を与える与楽《よらく》が慈、苦を抜きとる抜苦《ばっく》が悲。母の情愛を悲に、父の厳愛を慈にあてる。病める子あって父母ともに憐憫《れんびん》苦悩す。母、子の苦痛を悲しんでにわかには荒療治の灸《きゅう》をすえない。父、当座の苦痛を顧慮せず後の楽しみを考えて強て灸をすえる。灸の熱さは一時《いっとき》のもの。消極的と積極的の相違があるが、父母ともに子の全快を願う。仏は衆生憐憫のゆえに慈悲のかたまり。「仏は無量劫の慈悲者」。大慈大悲のみ親である。われら仏子の父母である世尊は大恩ましまます。「希有の事を以て憐愍教化して我等を利益したまう」。仏恩甚深。

7月26日

願《ねが》くは一切《いっさい》の道俗《どうぞく》、一時《いちじ》の世事《せじ》を止《と》めて、永劫《ようごう》の善苗《ぜんびょう》を種《う》えよ。今《いま》、経論《きょうろん》を以《も》って邪正《じゃしょう》を直《ただ》す。信謗《しんぼう》は仏説《ぶっせつ》に任《まか》せ、敢《あえ》て自義《じぎ》を存《そん》すること無《な》し。

『守護国家論《しゅごこっかろん》』（九〇）

世事はこの世のことども。この世は俗世。俗世間の諸事百般は多くとりとめのない無価の事柄。俗事にかまけ、世間になずみふりまわされて一生を終えるのが一般。このことは、在俗の人も仏道に入っている僧も、道俗あわせ通同だ。僧もまた俗の俗たる人となり下っているからだ。だから、要するに全ての人よ、まず何よりもこの世一時の俗事を止めて、心の種まきにいそしみ永劫不変の善き苗を植え育てよう。善苗とは仏種、仏種を植え仏となることである。今この論策は日蓮の私言ではなく、経・論にもとづいての仏説である。自義ではない。客観視してさばいてほしい。

7月27日

日蓮は安房《あわ》の国《くに》、東条片海《とうじょうかたうみ》の石中《いそなか》の賤民《せんみん》が子《こ》なり。威徳《いとく》なく、有徳《うとく》のものにあらず。

『善無畏三蔵鈔《ぜんむいさんぞうしょう》』（四六七）

日蓮の誕生地は安房《あわ》の国（千葉県）東条郷片海《とうじょうごうかた》《うみ》。生家は漁業をなりわいとする。漁夫の子である。地位もなく、くらしも貧しい。庶民大衆の一人である。出自・生家を告げる日蓮の言葉をさらにあげる。「片海の海人《あま》が子」「遠国の者、民が子」「海辺の旃陀羅《せんだら》が子」「貧窮下賤の者と生れ、旃陀羅が家より出《いで》たり」など。これら自称の意味や意識はいくつかの解釈と分析がなし得るが、家系を飾りたてる貴種意識旺盛な時代風潮を無視した素直な表明に共感したい。承久《じょうきゅう》四年二月十六日が誕生日。この日が釈迦仏の使徒、如来使《にょらいし》として、献身の生涯を生きる法華経の行者日蓮、地涌《じゆ》の菩《ぼ》薩《さつ》日蓮、久遠《くおん》の唱導師《しょうどうし》日蓮が呱呱《ここ》の声を発した日。

7月28日

明《あき》らかなる事《こと》、日月《にちがつ》にすぎんや。浄《きよ》き事《こと》、蓮華《れんげ》にまさるべきや。法華経は日月《にちがつ》と蓮華《れんげ》となり。故《ゆえ》に妙法蓮華経と名《なづ》く。日蓮又《また》、日月《にちがつ》と蓮華《れんげ》との如《ごと》くなり。

『四条金吾女房御書《しじょうきんごにょうぼうごしょ》』（四八四）

「日蓮」との名の由来を告げる一文。「一切の物にわたりて名の大切なる也」とか「名は必ず体にいたる徳あり」と考えた日蓮であったから、おのが名「日蓮」に深い意義と重い使命を帯びさせていたし、それはまた決意の表明でもあった。日月は昼の太陽・夜の月だが、とりわけ「一切の光あるものには日輪《にちりん》第一なり」で日輪の光明は「明」の象徴。蓮華は「浄」の象徴だが汚泥の中に咲き周囲を浄化する、人の生き方をさし示す仏花。世界の太陽・大地の蓮華、地上の蓮華・天上の日輪。法華経にもとづく名のりである。

7月29日

日蓮は、清澄山《きよすみさん》の住人也《じゅうにんなり》。幼少《ようしょう》の時《とき》より虚空蔵《こくうぞう》菩薩《ぼさつ》に願《がん》を立《たて》て云《いわ》く、日本第一《にほんだいいち》の智者《ちしゃ》となし給《たま》へと云云《うんぬん》。虚空蔵菩薩眼前《こくうぞうぼさつがんぜん》に高僧《こうそう》とならせ給《たま》いて明《みょう》星《じょう》の如《ごと》くなる智慧《ちえ》の宝珠《ほうじゅ》を授《さず》けさせ給《たま》いき。

『善無畏三蔵鈔《ぜんむいさんぞうしょう》』（四七三）

日蓮は、生地安房東条郷の清澄山に登山。房総の大寺清澄寺に入って勉学にいそしんだ。「生年十二、同郷《おなじきごう》の内《うち》清澄寺と申す山にまかり登りて」というように十二歳の登山。また、「幼少の時より学《がく》文《もん》に心をかけし上、大虚空蔵菩薩の御宝前に願《がん》を立《たて》、日本第一の智者となし給へ。十二のとしより此願《このがん》を立《たつ》」ともいう。十二歳の清澄登山は学問のため、智者となるためであった。寺の本尊は広大な智慧をもち智慧を授ける虚空蔵菩薩。純真な少年日蓮は日本第一の智者めざして願をたて祈念をこらした。智者とは「仏智《ぶっち》」獲得者。

7月30日

生身《しょうしん》の虚空蔵菩薩《こくうぞうぼさつ》より大智慧《だいちえ》を給《たま》はりし事《こと》ありき。日本第一《にほんだいいち》の智者《ちしゃ》となし給《たま》へと申《もう》せし事《こと》を不《ふ》便《びん》とや思食《おぼしめし》けん。明星《みょうじょう》の如《ごと》くなる大宝珠《だいほうじゅ》を給《たま》いて右《みぎ》の袖《そで》にうけとり候《そうら》いし故《ゆえ》に、一切経《いっさいきょう》を見《み》……

『清澄寺大衆中《せいちょうじだいしゅうちゅう》』（一一三三）

十二歳の少年日蓮は清澄寺にあって懸命の勉学に励み、かつ智慧虚空のごとしという虚空蔵菩薩に日本第一の智者としてくださいと祈願した。一途な向学心と祈りは激しい感動を体験し、自信と情熱を呼びおこした。明星のような宝珠を得たとは心理的宗教的経験の象徴、決定的回心《えしん》の体験を告げるものであろう。熱心な内心の要求、大智獲得の熱祷は活眼とみに開け、仏法の奥義解明・難問解決に絶大な自信をもつにいたった。「一切経を見候いしかば八宗竝《ならび》に一切経の勝劣粗是《ほぼこれ》を知りぬ」と述懐するにいたる。

7月31日

日蓮幼少《ようしょう》の時《とき》より仏法《ぶっぽう》を学《がく》し候《そうらい》しが念願《ねんがん》すらく、人《ひと》の寿命《じゅみょう》は無常也《むじょうなり》。出《いづ》る気《いき》は入《い》る気《いき》を待《ま》つ事《こと》なし。風《かぜ》の前《まえ》の露《つゆ》、尚譬《なおたとえ》にあらず。……。されば先《まず》、臨終《りんじゅう》の事《こと》を習《なろ》うて後《のち》に他事《たじ》を習《なろ》うべし。

『妙法尼御前御返事《みょうほうあまごぜんごへんじ》』（一五三五）

日蓮は十二歳清澄寺に登って仏教の修学に着手。四年後の十六歳、髪《かみ》を剃《そ》りおとして出家、是聖房《ぜしょうぼう》と名のる。登山につぐ第二の転機は仏弟子としての道を歩むことであった。四年間の基礎学の習得を卒《お》えてさらなる修学の志望をかきたて出家の道へと日蓮をいざなった動機はいくつか知られる。その主要で決定的であったのは無常観であり、人生無常苦・死の超克の問題であった。死は人生苦の集約であり、争乱にあけくれる中世はそのことを日々に実感させた。臨終の大事を解決することが先決である。

8月

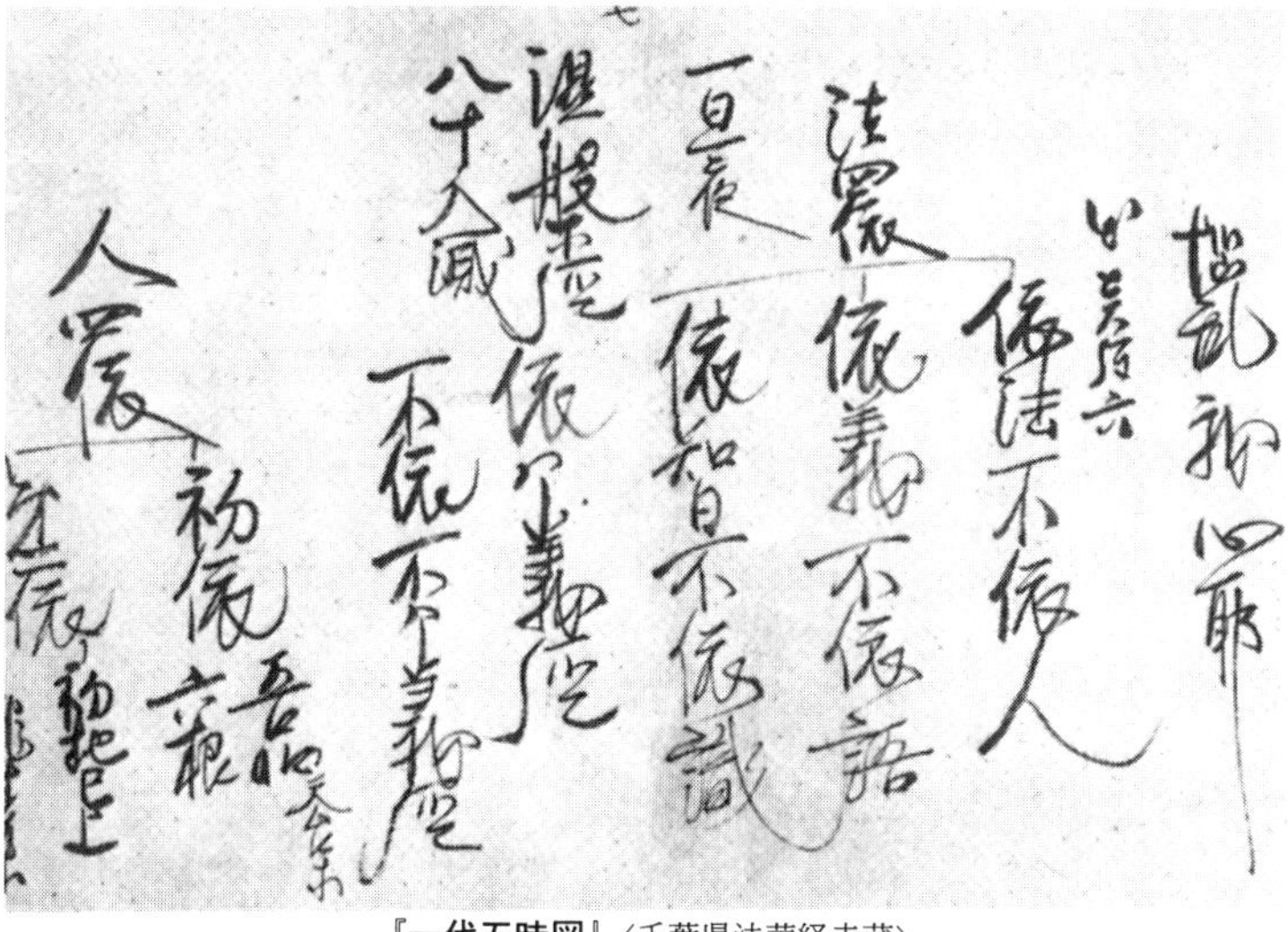

『一代五時図』〈千葉県法華経寺蔵〉

『一代五時図《いちだいごじず》』〈千葉県法華経寺蔵〉

『一代五時図』とは、釈迦仏一代五十年の説法・経典を五期に時代区分して配当し、図示し系図化したもの。広略繁簡、幾種類も現存する。写真はその一つで「広本」と呼ばれるもの。全二十紙のうちの第六紙後半と第七紙前半。掲出部分は涅槃経「法四依」の文がかかげられている。門下教育の資料として文永八年作成。

8月1日

日蓮は日本国《にほんこく》安房《あわ》の国《くに》と申《もう》す国《くに》に生《うま》れて候《そうら》いしが、民《たみ》の家《いえ》より出《い》でて頭《こうべ》をそり袈裟《けさ》をきたり。此《この》度《たび》いかにもして仏種《ぶっしゅ》をも植《う》え、生死《しょうじ》を離《はな》るる身《み》とならんと思《おも》いて候《そうろう》。

『妙法比丘尼御返事《みょうほうびくにごへんじ》』（一五五三）

頭を剃り法衣を着る身となった是聖房の念願は、老若賢愚の区別なく死に行く人生苦からの解放であり、生死無常からの離脱であった。生死の迷いから離れるとは、仏種を植えて成仏することにほかならない。仏となるための種・仏種を心田に植えるためにはどうするのか。仏種とは何か。成仏とは何か。研鑽は懐疑をまし、懊悩は深まる。求道修学の苦悩をてことして、さらなる修学心と求道心を喚び起していった。発心の契機、出家の動機となった懸案は、幾多の問題を派生させてもいった。

8月2日

皆人《みなひと》の願《ねが》わせ給《たま》う事《こと》なれば、阿弥陀仏《あみだぶつ》をたのみ奉《たてまつ》り、幼少《ようしょう》より名号《みょうごう》を唱《とな》え候《そうら》いし程《ほど》に、いささかの事《こと》ありて、此事《このこと》を疑《うたが》いし故《ゆえ》に一《ひとつ》の願《がん》をおこす。

『妙法比丘尼御返事《みょうほうびくにごへんじ》』（一五五三）

当時、仏教とは南無阿弥陀仏と西方弥陀の名号を唱えることと観念されていた。それほどに念仏信仰、浄土教が流行し、貴賤都鄙《きせんとひ》を問わず日本のすみずみに蔓延していた。「本朝一同の念仏者」というのが日蓮の時代の仏教界であった。日蓮の生家も、時代の風潮として慣習的に念仏を唱えていた。信仰とは念仏すること、仏教とは浄土教とまで一般化していた流行の念仏を唱える時期が少年期の日蓮にあった。しかし、念仏が真に生死出離の道なのかどうか、深刻な疑問が「いささかの事」を動機に生れた。かくて、いよいよ熾烈で果敢な勉励をおのれに課す。

8月3日

我等《われら》凡夫《ぼんぷ》はいづれの師々《しし》なりとも信《しん》ずるならば不足《ふそく》あるべからず。仰《あお》ぎてこそ信《しん》ずべけれども、日蓮が愚案《ぐあん》はれ（晴）がたし。世間《せけん》をみるに各々我《おのおのわれ》も我《われ》もといえども国主《こくしゅ》は但一人《ただいちにん》なり。

『報恩抄《ほうおんしょう》』（一一九四）

後続文は以下。「二人となれば国土おだやかならず。家に二《ふたり》の主あれば其《その》家必ずやぶる。一切経も又かくのごとくや有るらん。何《いずれ》の経にてもおわせ、一経こそ一切経の大王にておわすらめ。而《しか》るに十宗七宗まで各々諍論《じょうろん》して随はず。国に七人十人の大王ありて、万民おだやかならじ。いかんがせんと疑うところに一の願を立つ」。一国二王、一家二主は国を破り家を破る元凶、あるべきでない。諸宗乱立も同様、一経こそ一切経の大王。大王経とは何か。仏種経とは何か。出家の動機はさらなる疑問となった。

8月4日

一《ひとつ》の不思議《ふしぎ》あり。我等《われら》がはかなき心《こころ》に推《すい》するに仏法《ぶっぽう》は唯一味《ただいちみ》なるべし。いづれもいづれも心《こころ》に入《い》れて習《なら》い願《ねが》わば、生死《しょうじ》を離《はな》るべしとこそ思《おも》いて候《そうろう》に、仏法《ぶっぽう》の中《なか》に入《い》りて悪《あし》く習《なら》い候《そうら》いぬれば……。

『妙法比丘尼御返事《みょうほうびくにごへんじ》』（一五五三）

修学の過程に湧《わ》いたいくつもの疑問。学問の深まりは疑惑の輪をいっそう拡大させていった。とりわけ是聖房《ぜしょうぼう》は「一の不思議」に逢着した。それは、ごく素朴な提疑であったが、しかしもっとも重大な謎であった。「仏法は唯一味なるべし」。仏の教えは結局はただ一つであるはずである。一仏多岐の仏教界の現実に対する批判である。最後決定的な仏教、仏の究極の教え、本当に仏となることのできる真実の仏教があるはず、あるべきである。「一の不思議」との闘い、真理探究の格闘がつづく。

8月5日

此等《これら》の宗《しゅうしゅう》々枝葉《しよう》をば細《こまか》に習《なら》はずとも、所詮肝要《しょせんかんよう》を知《し》る身《み》とならばやと思《おも》いし故《ゆえ》に、随分《ずいぶん》に走《はし》り回《まわ》り、十二・十六の年《とし》より三十二に至《いた》るまで二十余《よ》年《ねん》が間《あいだ》、……国々寺々《くにぐにてらでら》あらあら習《なら》い回《まわ》り候《そうろう》。

『妙法比丘尼御返事《みょうほうびくにごへんじ》』（一五五三）

仏教の日本伝来以来、奈良六宗平安二宗の八宗が既成教団としてあり、鎌倉新仏教として浄土宗禅宗が存した。八宗十宗それぞれ所依の経をかかげて並存するが、一仏多岐は不思議であり不自然であった。このことの解明は牢固としてぬきがたい大疑であったが、諸国大寺をたづねる研鑽の長旅は三十二歳までつづく。諸宗の肝要を学ぶことは、仏教の帰結をさぐることとなる。欝勃《うっぼつ》たる研究心は、「寺とは名づけて候へども修学の人なし」と不満をかこつ清澄寺を離れ、諸国へ笈《きゅう》を負《お》うて出る身となった。

8月6日

本《もと》よりの願《がん》に、諸宗何《しょしゅういず》れの宗《しゅう》なりとも偏党執《へんとうしゅう》心《しん》あるべからず。いずれも仏説《ぶっせつ》に証拠分明《しょうこふんみょう》に道理《どうり》現前《げんぜん》ならんを用《もち》うべし。論師《ろんし》・訳者《やくしゃ》・人師等《にんしとう》にはよるべからず。専《もっぱ》ら経文《きょうもん》を詮《せん》とせん。

『破良観等御書《はりょうかんとうごしょ》』（一二八三）

「本よりの願」とは根本からの誓願、本願。日蓮の仏教研究の根本姿勢はただ仏説・経文に依ることである。仏教とは仏説・仏経であり、このことをさしおいて仏の教えというものは本来ありえぬものとするのが日蓮の仏教観。諸宗乱立しそれぞれが自宗義を展開するが、それに偏執することをまず放棄し客観的に明瞭な証拠を仏説に見いだし、かつ理論も現実も叶うかどうか。まして、論師、人師、訳者といわれる仏教学者の権威に吟味なく雷同してはならぬ。詮とするのは「専ら経文」であるべきだ。

8月7日

諸師《しよし》の釈《しやく》、皆一分々々《みないちぶんいちぶん》経論《きようろん》に依《よつ》て勝劣《しようれつ》を弁《わきま》うようなれども、皆《みな》自宗《じしゆう》を堅《かた》く信受《しんじゆ》し先師《せんし》の謬義《びゆうぎ》をたださざるゆえに、曲会《きよくえ》私情《しじよう》の勝劣《しようれつ》なり、荘厳己義《しようごんこぎ》の法門《ほうもん》なり。

『開目鈔《かいもくしよう》』（五八四）

諸国遍歴・修学研鑽のなかで日蓮は、「本よりの願」とまでいうように堅固な習学の姿勢・態度を身につけていった。諸宗諸師の仏教理解をそれぞれに学び肝要を把握していったが、それぞれは私情による勝手な解釈であり、自説を気ままに飾りたてる歪曲であった。証拠不在の独断であり客観性がない。そうであっては仏陀の真意が顕彰されることはない。私見を廃除し客観の立場から真理性を確立しなくては信ずるにたらぬ、とするのが日蓮の立論の方法である。従ってこの立場は諸宗批判の論拠ともなる。

8月8日

願《ねがわ》くは末代《まつだい》の諸人《しよにん》、且《しばら》く諸宗高祖《しよしゆうこうそ》の弱文無義《じやくもんむぎ》を閣《さしお》いて釈迦多宝十方諸仏《しやかたほうじつぽうしよぶつ》の強文有義《ごうもんうぎ》を信《しん》ずべし。何況諸宗《いかにいわんやしよしゆう》の末学《まつがく》、偏執《へんしゆう》を先《さき》と為《な》し末代《まつだい》の愚者《ぐしや》人師《にんし》を本《もと》と為《な》して経論《きようろん》を抛《なげす》つる者《もの》に依憑《えびよう》すべき哉《や》。

『守護国家論《しゆごこつかろん》』（九八）

どうか皆さん、末世末代に生きる私たちは、まず何をおいても考えなくてはならぬことがあります。それは仏説信奉の原理原則についてです。仏説は多岐に分かれているのは事実です。それゆえ、諸宗となって分立し、それぞれ一宗の開祖・高祖と仰がれる先達が多くおります。しかし、諸宗高祖の主義主張はそれぞれの立場に依っての私義私説であり、弱文無義というべきであります。仏の本説こそ強文有義であり基本とすべきであります。私説の放棄、本説へ還帰。これが依憑《えびよう》すべき本道であります。

8月9日

本《ほん》を捨《す》てて末《まつ》を尋《たづ》ね、体《たい》を離《はな》れて影《かげ》を求《もと》め、源《みなもと》を忘《わす》れて流《ながれ》を貴《とうと》ぶ。分明《ふんみょう》なる経文《きょうもん》を閣《さしお》いて論釈《ろんしゃく》を請《こ》い尋《たづ》ぬ。本経《ほんきょう》に相違《そうい》する末釈《まつしゃく》あらば、本経《ほんきょう》を捨《す》てて末釈《まつしゃく》に付《つ》くべきか。

『四信五品鈔《ししんごほんしょう》』（一二九七）

本末転倒ということがある。根本を忘れ捨て、枝末を追い求めるのは愚《おろか》であるしさかさまである。本体なくて影はないはずだが、ややもすれば幻影を求め、源流あっての下流をわきまえぬ弊《へい》をおかす。論や釈は経文を後代の人が解釈や注釈を加えたもので枝葉末節である。枝葉に就き根本を忘れることはばかげたことで、あるべきでない。にもかかわらず、本経と末書の軽重に対する用意を欠き誤解を生む。本経中心、経説重視が日蓮の勉学態応の仕方。末釈は参考図書なのであって、基本図書ではない。

8月10日

問《とい》て云《いわ》く人《ひと》を以《もっ》て善知識《ぜんちしき》となすは常《つね》の習也《ならいなり》。法《ほう》を以《もっ》て知識《ちしき》となすの証有《しょうあり》や。答《こたえ》て云《いわ》く人《ひと》を以《もっ》て知識《ちしき》となすは常《つね》の習也《ならいなり》。然《しかり》と雖《いえど》も末代《まつだい》に於《おい》ては真《しん》の知識《ちしき》無《なけ》れば法《ほう》を以《もっ》て知識《ちしき》となすに多《おお》くの証有《しょうあ》り。

『守護国家論《しゅごこっかろん》』（一一三）

「末代に於て真実の善知識有《あ》り。所謂《いわゆる》、法華・涅槃是也《これなり》」とする提案に対しての問答である。末代における真《まこと》の善知識は法華経であり涅槃経であるとの断案が日蓮の立脚地であった。釈尊なきあとの真の指導者は、仏ののこされた経説のほかはない。滅後において、あれこれいいつのる仏教学者の諸説は第二義であって、依るべき真理は経説である。釈尊のことばこそ第一義である。人を善知識とするのは常識ではあっても末代はそれが常識たり得ぬ。だから「経巻を以《もっ》て善知識となすなり」と日蓮はいう。

8月11日

法華《ほっけ》の流通《るつう》たる雙林最後《そうりんさいご》の涅槃経《ねはんぎょう》に仏《ほとけ》遺言《ゆいごん》して言《いわ》く。依法不依人《えほうふえにん》、依義不依語《えぎふえご》、依智不依識《えちふえしき》、依了義経不依不了義経《えりようぎきようふえふりようぎきよう》と云云《うんぬん》。

『守護国家論《しゅごこっかろん》』（九八）

「依法不依人」以下の四句は涅槃経に説かれた法四依《ほうしえ》の文。仏説に関する四箇条のいましめのことば。涅槃経は沙羅双樹《さらそうじゅ》のもとに臥床して死を迎えた釈尊最後の説法。従って涅槃経は仏の遺言経であり、その位置は法華経の補遺・補説。死にのぞんだ釈尊が、釈尊亡きあとの教法のあるべき様《よう》を四句に要約してあかしたもの。仏の遺言は鉄則である。絶対順守の掟である。依拠すべき四条。依拠すべからざる四条。依るべきものに依らず、依るべからざるものに依ること多い後代への厳誡。仏への随順の目安《めやす》として法四依の文がある。法を義を智を了義経を依りどころとすべし。

8月12日

予《よ》、世間《せけん》を見聞《けんぶん》するに、……如来《にょらい》の遺言《ゆいごん》に背《そむ》いて依人不依法《えにんふえほう》・依語不依義《えごふえぎ》・依識不依智《えしきふえち》・依不了《えふりよう》義経不《ぎきようふ》依了義経《えりようぎきよう》と談《だん》ずるに非《あら》ずや。請《こ》い願《ねが》くは心《こころ》有《あら》ん人《ひと》は思惟《しゆい》を加《くわ》えよ。

『守護国家論《しゅごこっかろん》』（九八）

仏の遺言は仏に帰依する仏教徒にとって、絶対至上の命令である。違乱を許されぬ勅宣である。法に依るべきであって人に依ってはいけない、依法不依人である。だが現況は仏の教訓に背反して依人不依法のさかさま現象を呈している。如来の遺言に叛逆する罪は重い。依義不依語も逆転して依語不依義。依智も不依智となり不依識が依識に、了義経をもととすべしとの仏の仰せも無視されて、依不了義経不依了義経となっている。このことはただ さるべきである。緊急の課題として考えなくてはならぬ。

8月13日

仏《ほとけ》の遺言《ゆいごん》に依法不依人《えほうふえにん》と説《と》かせ給《たま》いて候《そうら》へば、経《きょう》の如《ごと》くに説《と》かざるをば何《いか》にいみじき人《ひと》なりとも御信用《ごしんよう》あるべからず候《そうろう》か。又《また》、依了義経不依不了義経《えりょうぎきょうふえふりょうぎきょう》と説《と》かれて候《そうら》へば、了義経《りょうぎきょう》に付《つか》せ給《たま》い候《そうら》へ。

『唱法華題目鈔《しょうほっけだいもくしょう》』（一九六）

教主釈尊はわれらのみ親。われらは仏の子。子として親の遺言は至上命令。法に依って人に依るなと仏は仰せになる。了義経に就き不了義経を捨てよと仏はのたまう。明々白々たる掟である。信頼すべきは仏陀の金言、仏説に依憑《えびょう》するのみ。いかなる智者碩学《せきがく》といえどもこの鉄則にそむけば信用はできない。牢固たる仏子、仏徒の態度である。引文はつづけて了義・不了義を検討し、「法華経は了義経。故に法華経を師匠と御憑《おんたの》み候へ」という。仏子として、依るべき法、依るべき師は、真実の教え法華経である。

8月14日

予《よ》、自他《じた》の偏党《へんとう》をなげすて、論師《ろんし》・人師《にんし》の料簡《りょうけん》を閣《さしお》いて、専《もっぱ》ら経文《きょうもん》によるに、法華経は勝《すぐ》れて第一《だいいち》におわすと意《こころ》えて侍《はべ》るなり。

『善無畏三蔵鈔《ぜんむいさんぞうしょう》』（四六二）

経典多数のために、諸経の優劣を一定の基準から取捨し、それによって根拠とする経をたてて諸宗乱立を生んだ。論師《ろんし》・人師《にんし》とよばれる学僧が一宗を立て一派を起した。それぞれ学的根拠をもつが、「仏意を窺《うかが》わざる論師・人師多くして」と日蓮は批判する。仏意、それは仏の衆生救済の熱きおもいを仏典の中に発見し、仏のご意志を汲みあげること、仏のご本意にもとづくことである。仏意忘却はすでに仏教ではない。一方に偏せず、学者の考え方もまずおいて、直接経文の説示に従えば、法華経は最勝である。仏者は、経の本意・仏の本懐・仏意をきわめる知教者でなくてはならぬ。

8月15日

されば仏《ほとけ》の遺言《ゆいごん》を信《しん》ずるならば、専《もっぱ》ら法華経を明鏡《めいきょう》として一切経《いっさいきょう》の心《こころ》をばしるべきか。随《したが》って法華経の文《もん》を開《ひら》き奉《たてまつ》れば、此《こ》の法華経は諸経《しょきょう》の中《なか》に於《おい》て最《もっと》も其《そ》の上《かみ》に在《あ》り等《とう》と云云《うんぬん》。

『報恩抄《ほうおんしょう》』（一一九四）

「我れ八宗十宗に随はじ。天台大師の専ら経文を師として一代の勝劣を勘《かんが》えしがごとく、一切経を開き見るに涅槃経と申す経に云く、依法不依人等云云。依法と申すは一切経、不依人と申すは仏を除き奉りて外の諸の人師なり。此経に又云く、依了義経不依不了義経等云云。此経の指《さす》ところ了義経と申すは法華経、不了義経と申すは已今当《いこんとう》の一切経なり」とあって、引文の「されば」につづく。依るべき法の内容は了義経にほかならず、仏の本意をあらわにあかす随自意経として最勝の法華経はあった。

8月16日

夫《そ》れ法華経と申《もう》すは八万法蔵《はちまんほうぞう》の肝心《かんじん》、十二《じゅうに》部経《ぶきょう》の骨髄也《こつずいなり》。三世《さんぜ》の諸仏《しょぶつ》は此経《このきょう》を師《し》として正覚《しょうがく》をなり、十方《じっぽう》の仏陀《ぶつだ》は一乗《いちじょう》を眼目《がんもく》として衆生《しゅじょう》を引導《いんどう》し給《たま》う。

『兄弟鈔《きょうだいしょう》』（九一八）

仏典は多量である。全仏典を総じて、一口《ひとくち》に八万四千の法門と称し八万聖教《しょうぎょう》・八万法蔵ともいう。内容・形式を類別して十二部に分ける。一体全体、法華経の位置は、八万法蔵中の肝心要《かんじんかなめ》である。十二部経の骨髄精要《こつずいせいよう》である。法華最勝の大断案である。過《か》・現《げん》・未《み》三世の仏たちは法華経を師として正覚《さとり》を開き、十方世界遍満の仏たちも法華一乗経を眼目として衆生を導かれるのである。法華経なくして仏教なし。仏教とは法華経なり。仏教とは仏となる教え。成仏の大法は法華経。法華最勝の大鉄案である。

8月17日

法華経は一代聖教《いちだいしょうぎょう》の肝心《かんじん》、八万法蔵《はちまんほうぞう》の依所《よりどころ》也《なり》。大海《たいかい》を硯《すずり》の水《みず》とし、三千大千世界《さんぜんだいせんせかい》の草木《そうもく》を筆《ふで》としても書《か》き尽《つく》し難《がた》き経経《きょうぎょう》の中《なか》をも、或《あるい》は此《これ》を見《み》、或《あるい》は計《はか》り推《すい》するに、法華経は最第一《さいだいいち》におわします。

『善無畏三蔵鈔《ぜんむいさんぞうしょう》』（四六一）

法華経は釈尊の説かれた仏教経典中の最要根本である。法華最第一が日蓮の仏教研鑽の結論。釈尊が得道いらい入滅まで五十年間に説かれた経教が一代聖教、その数は多く八万四千の法門。八万法蔵。部数きわめて多いこれらの経典は、大海を硯の水に使い、全世界の草木を筆として書いても書き尽すことができぬほどに無数である。これらの経々を読みもし考えてもみたが、結局は法華経が最もすぐれた教えである。釈迦仏一代聖教の肝心、八万法蔵の究極の依りどころが法華経である。

8月18日

彼《か》の一切経《いっさいきょう》は皆各各分分《みなおのおのぶんぶん》に随《したが》って我第一也《われだいいちなり》となのれり。然而《しかるに》、法華経と彼経経《かのきょうぎょう》とを引合《ひきあわ》せてこれを見《み》るに勝劣天地《しょうれつてんち》なり、高下雲泥《こうげうんでい》なり。彼経《かのきょう》経は衆星《しゅせい》の如《ごと》く、法華経は月《つき》の如《ごと》し。

『兄弟鈔《きょうだいしょう》』（九一八）

法華最勝の理由を「今現に経蔵《きょうぞう》に入て此《これ》を見るに、後漢《ごかん》の永平《えいへい》より唐《とう》の末に至るまで、渡れる所の一切経論に二本あり。所謂《いわゆる》旧訳《くやく》の経は五千四十八巻也。新訳の経は七千三百九十九巻也」とて検討を加える。すべての経は皆それぞれ教主釈尊の実説であるから、分に応じて価値を有するのは当然であり、そのかぎりにおいて第一とはいえる。しかし、諸経はその時その場における寸言であって、全体をおおう総合経本懐経ではない。従って、天地の勝劣・雲泥の高下があり衆星《しゅせい》と一月《いちがつ》の大差がある。懸隔は明瞭である。

8月19日

ここに代末代《よまつだい》に及《およ》び、人聖人《ひとせいじん》に非《あら》ず。各《おのおの》冥衢《みょうく》に容《い》りて並《ならび》に直道《ぢきどう》を忘《わす》る。悲《かな》しい哉《かな》、瞳矇《どうもう》を拊《う》たず。痛《いた》ましい哉《かな》、徒《いたず》らに邪信《じゃしん》を催《もよお》す。

『立正安国論《りっしょうあんこくろん》』（二一六）

時代は混迷を深める末世・末法。人は知徳すぐれた人材とていない。それだから人は皆、暗黒の迷路に入ってさまようように、悪《あ》しき宗教におちこみ正しい宗教を忘れはてている。迷路に踏み迷っているから直道を覚知しない。悲しいことである。瞳《ひとみ》めしいて見えないから安んずることができない。痛ましいことである。迷いますますつのって、徒《いたず》らに邪法の信にうつつを抜かす。覚醒しなくてはならない。めざめねばならない。仏陀の真意を顕彰しなくてはならない。仏者日蓮の心からの念願である。この念願あって、正法顕現に立った。「立正《りっしょう》」の叫びがここにある。

8月20日

悲《かな》しい哉《かな》、皆《みな》正法《しょうぼう》の門《もん》を出《いで》て、深《ふか》く邪法《じゃほう》の獄《ごく》に入《い》る。愚《おろか》なり、各《おのおの》悪教《あくきょう》の綱《つな》に懸《かか》りて鎮《とこし》へに謗教《ほうきょう》の網《あみ》に纏《まと》わる。此《こ》の朦霧《もうむ》の迷《まよ》い彼《か》の盛焔《じょうえん》の底《そこ》に沈《しづ》む。豈《あに》愁《うれ》えざらんや、豈《あに》苦《くる》しまざらんや。

『立正安国論《りっしょうあんこくろん》』（二二六）

世には、さかさまごとが多い。眼があっても正しく見ず、耳あっても正しく聞かぬ。迷《まよ》いの雲は厚く、惑《まど》いの霧は深い。あたら正法の門に入っても、いつしかその門をくぐりぬけ、邪法の獄舎に沈淪《ちんりん》する。珍重すべきを投げ出し、すべからざるに沈没する。悲しむべきことである。愚なことである。悪教の網に引きかかり、脱出不能の網にまといつかれる。心の迷いが、ついには地獄の炎に身を焦《こが》すことになる。愁いのもと、苦しみのもとである。堕獄の痛苦からの解放と救済をめざさねばならない。

8月21日

仏堂零落《ぶつどうれいらく》して瓦松《がしょう》の煙老《けむりお》い、僧房荒廃《そうぼうこうはい》して庭草《ていそう》の露深《つゆふか》し。然《しか》り雖《いえど》も、各《おのおの》護惜《ごしゃく》の心《こころ》を捨《す》てて、並《ならび》に建立《こんりゅう》の思《おもい》を廃《はい》す。

『立正安国論《りっしょうあんこくろん》』（二一七）

仏教の雑乱と荒廃に悲憤し、仏陀の真意喪失を憂えて、正法の復活・再生に奮然として日蓮はたった。正法は忘却のかなたに放置されて久しい。仏堂は荒れはてて屋根の苔《こけ》もつとに歳月を送り、僧房は訪《にな》う人も絶えはてて草のみ繁茂してまことに見る影もない。かかる惨景にもかかわらず、人々は仏法を護る気持、愛惜する心を捨て去っている。まして仏法を建てなおそうと考える人とていない。まことに悲惨といわねばならない。仏教の衰退に嘆声を発し、護惜の心・建立の思いに日蓮は身心をひたした。かかるおもいが、日蓮の一生を貫徹し支配し支えた。

8月22日

月《つき》は西《にし》より出《い》でて東《ひがし》を照《てら》し、日《ひ》は東《ひがし》より出《い》でて西《にし》を照《てら》す。仏法《ぶっぽう》も又以《またもっ》て是《かく》の如《ごと》し。正像《しょうぞう》には西《にし》より東《ひがし》に向《むか》い、末法《まっぽう》には東《ひがし》より西《にし》に往《ゆ》く。……仏法《ぶっぽう》必《かなら》ず東土《とうど》の日本《にほん》より出《い》づべき也《なり》。

『顕仏未来記《けんぶつみらいき》』（七四一）

上旬の月は西天に現われ出て東を照し、日は東天に出て西を照す。西天月氏《がっし》に生れた仏法は月のようであって西より東に流伝した。仏法東漸の歴史は正法時代・像法時代の二千年であって、以後の末法時代には東方日本の仏教として再生し西漸の歴史を刻む。東土日本の仏法とは、日蓮仏法・法華仏教である。日蓮の法華仏教は西漸し、やがて世界全体を照す光明となる。「正像二千年には西より東に流る。暮月の西空より始るが如し。末法五百年には東より西に入る。朝日の東天より出《いづ》るに似《に》たり」。

8月23日

月《つき》は光《ひかり》あきらかならず。在世《ざいせ》は但八年也《ただはちねんなり》。日《ひ》は光明月《こうみょうつき》に勝《まさ》れり。五々百歳《ごごひゃくさい》の長《なが》き闇《やみ》を照《てら》すべき瑞相也《ずいそうなり》。

『諫暁八幡抄《かんぎょうはちまんしょう》』（一八五〇）

仏教の発祥地は月氏《がっし》・月の国。我国は日本・日の国。月光は日光に劣る。釈尊ご在世は八年。末法に輝く法は何か。掲出前文は以下。本書は日蓮最晩年の大著で、一生の理想・抱負にあふれた椽《てん》大《だい》の筆である。「天竺《てんじく》国をば月氏《がっし》国と申す、仏の出現し給うべき名也。扶桑《ふそう》国をば日本国と申す、あに聖人出で給はざらむ。月は西より東に向へり。月氏の仏法の東へ流るべき相也。日は東より出づ。日本の仏法の月氏へかえるべき瑞相なり」。末法万年・正法広布に向けて、責任を担う日蓮の自覚が満ちあふれている。「各々《おのおの》我弟子等、はげませ給へ〳〵」とこの書を結ぶゆえんである。

8月24日

鳥《とり》と虫《むし》とは鳴《な》けども涙《なみだ》おちず。日蓮は泣《な》かねども涙《なみだ》ひまなし。此《こ》の涙《なみだ》、世間《せけん》の事《こと》には非《あら》ず。但偏《ただひと》えに法華経の故《ゆえ》なり。若《も》ししからば甘露《かんろ》の涙《なみだ》とも云《い》つべし。

『諸法実相鈔《しょほうじっそうしょう》』（七二八）

鳥も虫も鳴きさえずることに生きていることの証《あかし》があろう。泣いて血を吐くホトトギスという。悲しく鳴くのは何故《なぜ》なのか。蟬《せみ》もまた哀音嫋々《じょうじょう》ときこえる。何が切なく咽《むせ》び鳴くのか。しかし、どれほど鳴いても涙はない。それなのに、「日蓮は泣かねども涙ひまなし」、落ちる涙はとめどがないという。世間俗事に流す喜怒哀楽の涙ではない。法華経に出会い仏意にふれ、法に生き法に生かされる歓喜の涙。おもいを法華経に寄せると流れて止まぬ涙。ひまなき涙は衆生救済の熱涙となって人々を温める。

8月25日

世間《せけん》の浅事《せんじ》すら多《おお》く展転《てんでん》する時《とき》は虚《きょ》は多《おお》く実《じつ》は少《すくな》し。況《いわん》や仏法《ぶっぽう》の深義《じんぎ》に於《おい》てをや。如来《にょらい》の滅後《めつご》二《に》千余年《せんよねん》の間《あいだ》、仏経《ぶっきょう》に邪義《じゃぎ》を副《そ》え来《きた》り万《まん》に一《いち》も正義《せいぎ》無《な》き歟《か》。

『守護国家論《しゅごこっかろん》』（九九）

世に誤報誤伝の類は多い。時の経過は誤りを増幅させる。聞き伝え、語り伝え、書き伝える間に、もとの意味や意志が逆となり、あらぬ方向や結果をもたらせる。見聞を正しくし伝達の厳正さが大事。まして仏法は深く広い。深義の探究は容易でない。それだけに厳格純正がもとめられる。しかしながら、仏の滅後二千余年を経過した末法に至っては、その虚実、多少をこえてほとんど万に一も乏しいほどに正義が喪失してしまっている。邪法邪説の横行、正法の衰滅は悲惨。かくて日蓮は正法建立にたつ。

8月26日

法門《ほうもん》によりては、設《たと》い王《おう》のせめなりともはばかるべからず。何《いか》に況《いわん》や其已下《それいげ》の人《ひと》をや。父母師兄《ふぼしけい》等《とう》の教訓《きょうくん》なりとも用《もち》うべからず。人《ひと》の信不信《しんふしん》はしらず。ありのままに申《もう》すべしと誓状《せいじょう》を立《た》てし。

『破良観等御書《はりょうかんとうごしょ》』（一二八四）

仏の教え、それが法門だが、ここでは日蓮の把捉信受した法華経至上の日蓮仏教。信仰とは、純一無雑、あれもこれもではなく、あれかこれかの択一した絶対である。だからその主張立言は妥協なく峻烈が当然のこと。他人の信不信は第二義。一向・ひたすら・無二無三である。これは決して無茶ではない。信仰とはそういうものであり、そうあらねばならない。王・父母・師匠・兄弟子などの脅迫や情実は考慮の余地なし。「ありのままに申す」、これが信仰者の良心である。日蓮はこのことを誓った。

8月27日

建長《けんちょう》五年四月二十八日、安房《あわ》の国東条《くにとうじょう》の郷清《ごうせい》澄寺《ちょうじ》道善《どうぜん》之《の》房《ぼう》持仏堂《じぶつどう》の南面《なんめん》にして、浄円房《じょうえんぼう》と申《もう》す者《もの》並《ならび》に少々《しょうしょう》の大衆《だいしゅう》にこれを申《もう》しはじめて、其《そ》の後《ご》二十余年《にじゅうよねん》が間《あいだ》、退転《たいてん》なく申《もう》す。

『清澄寺大衆中《せいちょうじだいしゅうちゅう》』(一一三四)

建長五年四月二十八日。立教開宗の記念日である。この日、日蓮は故山清澄に積年研鑽の成果を発表した。恩師道善房の住坊持仏堂が信仰告白の場であった。諸経の王は法華経。大王経・法華経への帰依を日蓮はあかす。大王南面の故事にならって、大衆に所懐の法門を開陳した。安房東条清澄山における法門開宣は、故郷の人々・故山清澄・恩師道善房へのそれぞれの報恩であるが、前文に「虚空蔵菩薩の御恩を報ぜんがために」という。少年日蓮を成長させた虚空蔵菩薩への報恩開宗であった。

8月28日

諸経《しょきょう》・諸論《しょろん》・諸宗《しょしゅう》の失《とが》を弁《わきま》える事《こと》は虚空蔵菩薩《こくうぞうぼさつ》の御利生《ごりしょう》、本師道善御房《ほんしどうぜんごぼう》の御恩《ごおん》なるべし。……此《この》恩《おん》を報《ほう》ぜんが為《ため》に清澄山《せいちょうざん》に於《おい》て仏法《ぶっぽう》を弘《ひろ》め道善《どうぜん》御房《ごぼう》を導《みちび》き奉《たてまつ》らんと欲《ほっ》す。

『善無畏三蔵鈔《ぜんむいさんぞうしょう》』(四七三)

十二歳清澄寺登山、十六歳出家。清澄における就学得度の師は道善房。同寺本尊虚空蔵菩薩への熱禱と加被《かび》によって大智光明につつまれた。積年の遊学をおえて三十二歳の日蓮は故山清澄へ帰り、その年建長五年おのが立場を披瀝した。仏法の帰《き》趣《すう》を知ったことは恩師道善房のたまもの、虚空蔵菩薩のおかげ。開宗宣言の場・初転法輪の地を故郷安房の清澄寺にえらんだのは、智者への願いをかなえてくれた虚空蔵菩薩への報恩と師の房への報恩のためであった。報恩の開教として立宗宣言があった。

8月29日

日蓮此《これ》を知《し》りながら人々《ひとびと》を恐《おそ》れて申《もう》さずば、寧《にょう》喪身命不《そうしんみょうふ》匿教者《とくきょうしゃ》の仏陀《ぶつだ》の諫暁《かんぎょう》を用《もち》いぬ者《もの》となりぬ。如何《いかん》がせん。言《い》わんとすれば世間《せけん》おそろし。止《やめ》とすれば仏《ほとけ》の諫暁《かんぎょう》のがれがたし。進退此《しんたいここ》に谷《きわまれ》り。

『報恩抄《ほうおんしょう》』（一一九八）

まことに必死であり、決死であった。積年習学のはてに、法華経こそ諸経の王、一切経の大王、本師釈尊の命、衆生救済の大綱、絶対帰依の枢要と日蓮は知った。仏の真の教えを知った知教者日蓮は、獲得し覚知した大法の説・不説におもい悩んだ。世に発表すべきか、すべきでないか。涅槃《ねはん》経《ぎょう》に、寧《むしろ》命をおとすとも仏の教えを匿《かく》してはならぬとある。仏の厳命はもだしがたい。仏陀の諫《いさ》めの言葉は厳守せねばならぬ。進むべきか退くべきか。躊躇《ちゅうちょ》・煩悶《はんもん》を払拭《ふっしょく》して日蓮は決断した。「命は法華経に奉る」と。

8月30日

日本国《にほんこく》に此《これ》をしれる者《もの》、但《ただ》日蓮一人《いちにん》なり。これを一言《いちごん》も申《もう》し出《いだ》すならば、父母《ふぼ》・兄弟《きょうだい》・師匠《ししょう》・国《こく》主《しゅ》の王難《おうなん》、必《かなら》ず来《きた》るべし。いわずば慈悲《じひ》なきに似《に》たりと思惟《しゆい》する。

『開目抄《かいもくしょう》』（五五六）

法華経帰依をおいて成仏の道なし。かつての煩悶求道の人・是聖房は仏の真意を法華経に発見し、確信の人・日蓮となった。求法《ぐほう》の長旅をはたしおえ弘法《ぐほう》の人たらんとして、名を日蓮となのった。「日本国に此をしれる者、但日蓮一人なり」との揺がぬ信念を抱いて弘通の難路に進み入った。父母からも兄弟・師匠からも国主からも迫害・弾圧の嵐が日蓮の身を襲うことは必至である。迫害をおそれて仏の真意を言わぬならば、仏の衆生救済の熱き心を奪う無慈悲となる。このおもいが日蓮を支えた。

8月31日

知《し》りて而《しか》も申《もう》さずば世《せ》々生々《せしょうじょう》の間《あいだ》、教主釈尊《きょうしゅしゃくそん》の大怨敵《だいおんてき》、後生《ごしょう》は又《また》無間大城《むけんだいじょう》の人此《ひとこれ》なり、とかんがえみて、すこしもひるむ心《こころ》あるならば一度《いちど》に申《もう》し出《いだ》さじと、年来日来《としごろひごろ》心《こころ》をいましめ候《そうろう》。

『三沢鈔《みさわしょう》』（一四四五）

日蓮が仏教習学の緒についたのは十二歳の少年期であった。いらい二十年をへて、法華経こそ釈迦仏の本懐経、衆生成仏の直道《じきどう》と道破《どうは》したのは三十二歳。仏教の帰趨《きすう》を知った知教者日蓮は、知った者の責任として法門流伝の旅路をきり拓いていった。前途の艱難《かんなん》は多い。「今は一向なり。いかなる大難にもこらえてん」との決断による開教であった。それは、少しでもひるんだり、おじけづく気持があるならば始めから発表は止めるがよい、言うべきか否か、「年来日来《としごろひごろ》」苦悶のはての開宗決断であった。

9
月

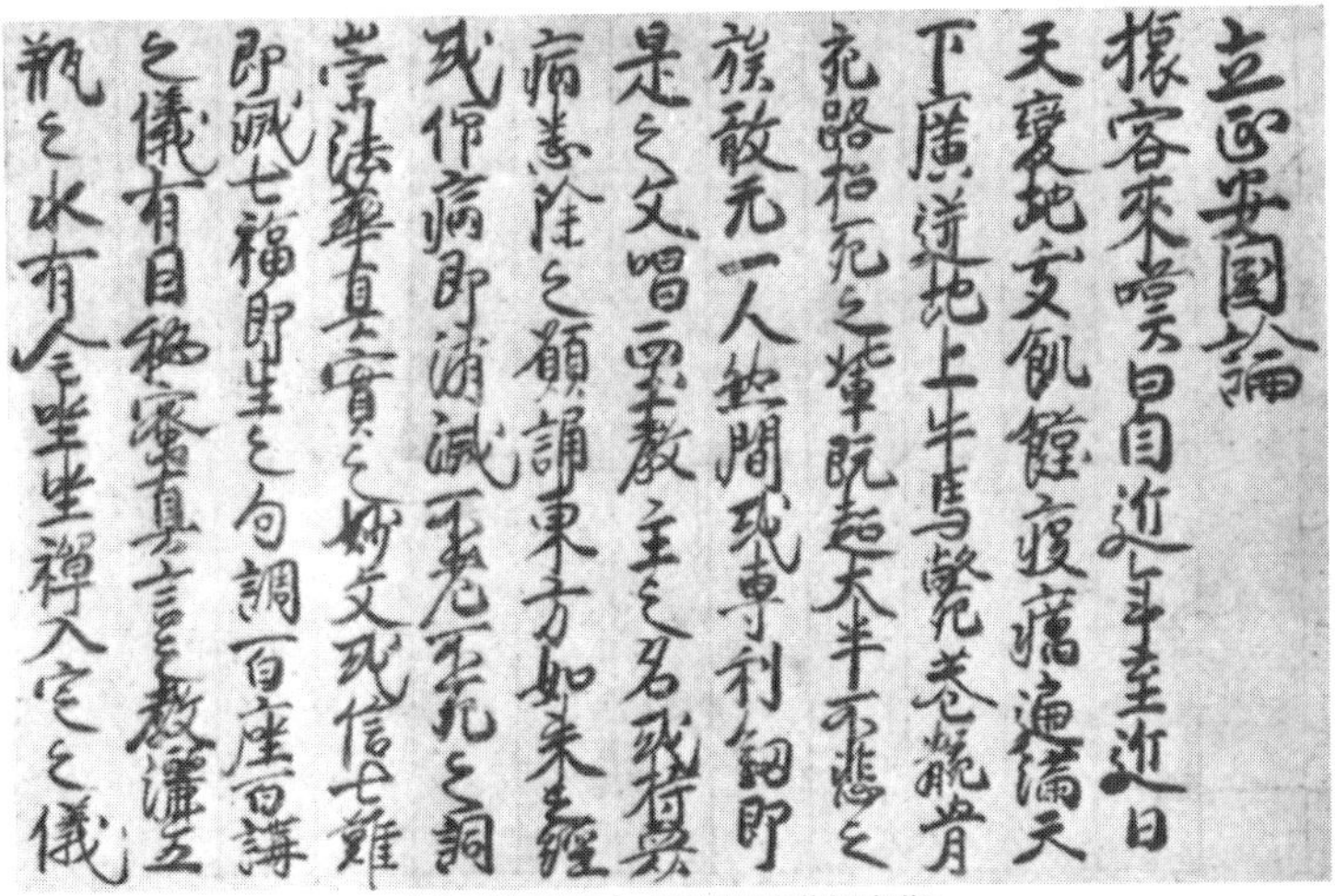
立正安國論
旅客來嘆曰自近年至近日
天變地夭飢饉疫癘遍満天
下廣迸地上牛馬斃巷骸骨
充路招死之輩既超大半不悲之
族敢無一人然間或專利劍即
是之文唱西土教主之名或恃衆
病悉除之願誦東方如來之經
或仰病即消滅不老不死之詞
崇法華眞實之妙文或信七難
即滅七福即生之句調百座百講
之儀有因秘密眞言之教灑五
瓶之水有全坐禪入定之儀

『立正安国論』〈千葉県法華経寺蔵〉

『立正安国論《りっしょうあんこくろん》』〈千葉県法華経寺蔵〉

『立正安国論』は日蓮の代表作で、五大著述の一つ。年余の思索をかたむけた雄渾雄偉な大著。生涯の思想と行動の原典となり、鎌倉幕府北条政権に上書した。いくたびも書写し門弟を教導したが、写真は文永六年十二月八日と奥書きする一本で、その巻頭部分。

9月1日

命《いのち》を惜《お》しみて云《い》わずば国恩《こくおん》を報《ほう》ぜぬ上《うえ》、教主釈《きょうしゅしゃく》尊《そん》の御敵《おんてき》となるべし。是《これ》を恐《おそ》れずして有《あり》のままに申《もう》すならば死罪《しざい》となるべし。設《たと》い死罪《しざい》は免《まぬが》るとも流罪《るざい》は疑《うたが》いなかるべし。

『一谷入道御書《いちのさわにゅうどうごしょ》』（九九三）

教主釈尊への敵対・反逆。仏弟子として最大の罪であり、これ以上の悪逆はない。教主釈尊は恩師釈尊であり、師恩にこたえることが仏弟子のつとめである。仏弟子のつとめは大恩教主釈尊のご意志を継承することである。仏意を知った者の責任として日蓮は、流罪死罪の極刑を恐れることなく命を堵《と》して仏の意《こころ》を世に伝え広めんとした。開教にあたって逡巡《しゅんじゅん》することなくはなかった。しかし、師敵対の大罪におののいた日蓮は流死の二罪を「兼て知てありしかども仏恩重きが故に」敢然たったのである。

9月2日

よきもたのまれず、あしきもにくからず。此法《このほう》門《もん》を申《もう》し始《はじ》めしより命《いのち》をば法華経に奉《たてまつ》り、名《な》をば十方世界《じっぽうせかい》の諸仏《しょぶつ》の浄土《じょうど》になが（流）すべしと思《おも》い儲《もう》けし也《なり》。

『一谷入道御書《いちのさわにゅうどうごしょ》』（九九〇）

「此法門」とは、日蓮が到達し確信し開宣した法華経信仰。南無妙法蓮華経に収約された法華至上・題目専唱の主張。法門の発表公開は茨の道の開拓であり、前途は苦難にあふれるものであることが、ほかならぬ法華経にあかされていた。それゆえ日蓮は、「命を法華経に奉る」と捨身の決意を秘めて立った。それはまた、不肖とはいえ日蓮の名をすべての仏の世界に流布させ、留《とど》めのこす誉《ほま》れにもつながるであろう。だから、人々の反応が善いとて頼みにもせず悪いからとて憎みもしない。日蓮の述懐である。

9月3日

故道善御房《こどうぜんごぼう》は師匠《ししょう》にておわしましかども、法華経の故《ゆえ》に地頭《ぢとう》におそれ給《たま》いて、心中《しんちゅう》には不便《ふびん》とおぼしつらめども、外《そと》にはかたき(敵)のようににくみ給《たま》いぬ。

『本尊問答鈔《ほんぞんもんどうしょう》』(一五八五)

法華経信仰の勧奨・念仏信仰の否定が日蓮の法門であった。東条郷《とうじょうごう》の地頭東条景信《とうじょうかげのぶ》は念仏者であったから日蓮の教説は黙認できぬことと圧迫した。師の道善房は、反浄土教論者日蓮に困惑し、地頭の怒りを恐怖。外面は敵視して日蓮にあたった。地頭の激怒は昂進し、ついに「師にて候いし人勘当《かんどう》せしかども」というように師弟関係を義絶するにいたった。師にとって弟子の勘当は不本意な処置であったが臆病と保身、さらには弟子を守るためのやむなき処断でもあったろう。かくて日蓮は清澄を追放させられる。

9月4日

貴辺《きへん》は地頭《ぢとう》のいかりし時《とき》、義城房《ぎじょうぼう》とともに清澄寺《せいちょうじ》を出《い》でておわせし人《ひと》なれば、何《なに》となくともこれを法華経の御奉公《ごほうこう》とおぼしめして、生死《しょうじ》をはなれさせ給《たま》うべし。

『本尊問答鈔《ほんぞんもんどうしょう》』(一五八六)

「貴辺」とは浄顕房《じょうけんぼう》のこと。義城房《ぎじょうぼう》とともに清澄時代の兄弟子で少年日蓮を愛育した。「各々《おのおの》二人は日蓮が幼少の師匠にておわします」と別書にある。日蓮の浄土教拒絶・法華信仰の鼓吹は清澄山内を動揺させ、地頭は激怒し師は勘当した。地頭の怒りは日蓮殺害を辞さぬまでに昂進し、ついに日蓮は山をおりるにいたる。このおり兄弟子二人は日蓮の教説に共鳴し行を共にした。「日蓮が景信にあだまれて清澄山を出《い》でしに、追《お》いてしのび出《い》でられたりしは天下第一の法華経の奉公なり」と讃嘆し感動した。

9月5日

建長《けんちょう》の比《ころ》より今文永七年《いまぶんえいしちねん》に至《いた》るまで、此《この》十六、七年《ねん》の間《あいだ》、禅宗《ぜんしゅう》と念仏宗《ねんぶつしゅう》とを難《なん》ずる故《ゆえ》に、禅宗《ぜんしゅう》・念仏宗《ねんぶつしゅう》の学者《がくしゃ》、蜂《はち》の如《ごと》く起《おこ》り、雲《くも》の如《ごと》く集《あつま》る。是《これ》をつむる（詰）事《こと》、一言二言《いちごんにごん》には過《すぎ》ず。

『善無畏三蔵鈔《ぜんむいさんぞうしょう》』（四七三）

建長五年四月の処女説法、それは日蓮が抱懐する信仰の告白であったのだが、結果的には立宗宣言の記念の日となった。そこでの説法内容は浄土教批判・念仏信仰の否定であった。以降、鎌倉に布教の場をうつして果敢な教宣活動に従事。あたかも鎌倉は北条一門の帰依あつく禅宗が栄え、浄土宗と繁栄を競っていた。禅宗・念仏宗の学僧との論争がくりひろげられた。禅・念への非難とそれへの応酬。日蓮の学的蓄積と自信は絶大であったから、鎧袖一触《がいしゅういっしょく》、まともな論争はなし得ぬものであった。

9月6日

か丶る時刻《じこく》に日蓮仏勅《ぶっちょく》を蒙《こうむ》りて此土《このど》に生《うまれ》けるこそ時《とき》の不祥《ふしょう》なれ。法王《ほうおう》の宣旨《せんじ》背《そむ》きがたければ、経文《きょうもん》に任《まか》せて権実二教《ごんじつにきょう》のいくさ（軍）を起《おこ》し、………今《いま》に至《いた》って軍《いくさ》やむ事《こと》なし。

『如説修行鈔《にょせつしゅぎょうしょう》』（七三三）

法王は教法の大王で教主釈尊。末法という時に、法華経有縁の日本国に生れあわせたことは、釈尊のご命令である。今の日本国は仏教各宗多岐に分かれ乱立している。この時にあたって日蓮は、法王の与望を担って出現し、仏法の真実を弁別する法戦の場に身をさらした。法王の絶対命令であるからだ。それ故、日蓮の出現は諸宗のためには不祥事であって好ましからぬことであろう。止《や》むことない法《のり》の戦いが、「かしこへおしかけ、ここへおしよせ、敵《かたき》は多勢、法王の一人は無勢」の中におしすすめられた。

9月7日

去《いぬ》る正嘉元年《しょうかがんねん》八月二十三日戌亥《いぬい》の尅《こく》の大地震《だいじしん》を見《み》てこれ〔『立正安国論』〕を勘《かんが》う。其《そ》の後《ご》、文応元年《ぶんおうがんねん》七月十六日、宿谷禅門《やどやぜんもん》に付《つけ》て故最明寺入道殿《こさいみょうじにゅうどうどの》に奉《たてまつ》る。

『立正安国論奥書《りっしょうあんこくろんおくがき》』（四四二）

正嘉元年八月二十三日夜の大地震は前代未聞の規模で大地を夭動させた。山岳崩れ大地裂け、顚《てん》覆倒壊《ぷくとうかい》をまぬがれた建物は一宇もなく、死ぬ者・傷つく者はおびただしかった。泣き叫びうめく声は天をおおい、生地獄を現出した。大地の動揺は、災害のただ中にあって直視体験した日蓮の心情を激しく揺動させた。かくて頻発する災害の中からたった日蓮は、災禍の原因を仏説にもとめ、対処の方策を仏に学び、年余の思索をまとめて為政の中心者・鎌倉幕府五代執権北条時頼《しっけんほうじょうときより》（最明寺入道）に上書した。『立正安国論』である。

9月8日

予《よ》、仏弟子《ぶつでし》の一分《いちぶん》に入《いら》んが為《ため》に此書《このしょ》を造《つく》り、謗法《ほうぼう》の失《とが》を顕《あら》わし世間《せけん》に流布《るふ》す。願《ねがわ》くは十方《じっぽう》の仏陀《ぶつだ》、此書《このしょ》に於《おい》て力《ちから》を副《そ》え、大悪法《だいあくほう》の流布《るふ》を止《とど》め一切衆生《いっさいしゅじょう》の謗法《ほうぼう》を救《すく》わしめたまえ。

『守護国家論《しゅごこっかろん》』（一一九）

日蓮の弘法活動初期の大著が『守護国家論』。この著作と一具《いちぐ》して『立正安国論』がある。ともに熱誠ほとばしる血涙の書であり、日蓮の一生を支えるとともに支配もした。仏弟子の一人として、その責任から「此書」＝『守護国家論』を造作したという。法に正法があり邪法がある。悪法蔓延の阻止なくして衆生の救済はない。謗法の罪からの解放、謗法の阻止、これをぬきにして仏の救いはもたらされぬ。「謗法と申すは違背の義」と日蓮は規定する。違背の逆は随順。仏への随順の心が此書『守護国家論』を生んだ。

9月9日

仏法《ぶつぽう》のため王法《おうぼう》のため、諸経《しよきよう》の要文《ようもん》を集《あつ》めて一《いつ》巻《かん》の書《しよ》を造《つく》る。仍《よつ》て故最明寺入道殿《こさいみようじにゆうどうどの》に奉《たてまつ》る。立正《りつしよう》安国論《あんこくろん》と名《な》づけき。

『本尊問答鈔《ほんぞんもんどうしよう》』（一五八二）

仏法と王法は相依相関、両翼・両輪のごとしとされてきたし、仏法が王法に追随もし、あるいは単に調和・融和の関係としてあった。しかし日蓮は、王法・世法に対しつねに仏法優先の原則をつらぬいた。仏法と王法は体と影の関係であるからである。だから、「仏法の邪正乱れしかば王法も漸く尽きぬ」とて、本体たる仏法の乱れは王法・世法の乱脈をもたらせる。災害の続出は乱世・亡国のあらわれである。仏法・王法ともに乱れていることの証である。『立正安国論』は、「仏法のため、王法のため」の一巻の書であった。その書はまた、一貫して「諸経の要文」つまり仏説に基づいた。

9月10日

日蓮世間《せけん》の体《てい》を見《み》て粗一切経《ほぼいつさいきよう》を勘《かんが》えるに、御祈《ごき》請《しようしる》験しなく還《かえ》って凶悪《きようあく》を増長《ぞうちよう》するの由《よし》、道理文《どうりもん》証《しよう》これを得了《えおわ》んぬ。終《つい》に止《や》むことなく勘文一通《かんもんいつつう》を造《つく》り作《な》し、其《そ》の名《な》を立正安国論《りつしようあんこくろん》と号《ごう》す。

『安国論御勘由来《あんこくろんごかんゆらい》』（四二一）

正法の樹立と広布、このことによって社会国家を平安のやすきにおきえる。安国の前提として立正がある。立正安国の主張が日蓮生涯のテーマであり行動の基軸であった。立正安国の実現、このことのために日蓮は一生をついやした。これによって波瀾重畳の歩みがあった。災害の続出は人々を死に追いやった。地震は圧死を、洪水は溺死を、飢饉は餓死、悪疫は病死。経蔵にこもった日蓮は万巻の書に埋もれながら災害の起由と救助の方策を練り、ついに止むに止まれぬ慈愛の結晶、斉民の大論を生んだ。

9月11日

予《よ》、少量《しょうりょう》たりと雖《いえど》も忝《かたじけ》なくも大乗《だいじょう》を学《がく》す。蒼《そう》蠅驥《じょうき》尾《び》に附《つい》て万里《ばんり》を渡《わた》り碧蘿松頭《へきらしょうとう》に懸《かか》りて千尋《せんじん》を延《の》ぶ。弟子《でし》一仏《いちぶつ》の子《こ》と生《うま》れ諸経《しょきょう》の王《おう》に事《つか》う。何《なん》ぞ仏法《ぶっぽう》の衰微《すいび》を見《み》て心情《しんじょう》の哀惜《あいせき》を起《おこ》さざらんや。

『立正安国論《りっしょうあんこくろん》』（二一九）

『立正安国論』は日蓮の代表作であるばかりか、思想と行動の原点であり、かつ原典でもある。卑少とはいえ、もったいなくも仏の教えを学ぶことができた。仏弟子の一人として、ありがたいかな「諸経の王」法華経に身をささげる果報も得た。だから、どうして仏法衰微の現状を放置しておられよう。悲しまずにおられよう。〃仏子〃日蓮は、同時に〃仏使〃である。ハエ一匹駿馬の尾につき万里を走り、ツタも松にからまって高所へ達するではないか。仏者日蓮の信念とモラルが『立正安国論』を支《ささ》える。

9月12日

余《よ》、善比丘《ぜんびく》の身《み》たらずといえども、仏法中怨《ぶっぽうちゅうおん》の責《せめ》を遁《のが》れんがために、唯《ただ》、大綱《たいこう》を撮《と》て、粗《ほぼ》、一端《いったん》を示《しめ》す。

『立正安国論《りっしょうあんこくろん》』（二一九）

私は立派な比丘（僧）といわれるような身ではないが、「仏法の中の怨《あだ》である」という仏のお叱《しかり》をうけたくないために、ただ学び知った仏説の大綱を書きとめ、ほぼその一端ばかりを述べるのである。『立正安国論』執筆の理由について語った言葉。「仏法中怨」は『涅槃経』の一節。仏弟子としてなさねばならぬ本分が示されている。仏教の破壊者を放置放任してはいけない。咎《とが》め糺《ただ》し正理に導かねばならない。捨ておくことなく非を指摘する者が真の仏弟子であり、これに反せば仏法中の怨であるといましめる。仏弟子の責任として『立正安国論』は書かれた。

9月13日

近年《きんねん》より近日《きんじつ》に至《いた》るまで、天変地夭飢饉疫癘《てんぺんちようききんえきれい》、遍《あまね》く天下《てんか》に満《み》ち広《ひろ》く地上《ちじょう》に迸《はびこ》る。牛馬巷《ぎゅうばちまた》に斃《たお》れ骸《がい》骨路《こつみち》に充《み》てり。死《し》を招《まね》くの輩《ともがら》、既《すで》に大半《たいはん》に超《こ》え、これを悲《かなし》まざるの族《やから》、敢《あえ》て一人《いちにん》も無《な》し。

『立正安国論《りっしょうあんこくろん》』（二〇九）

『立正安国論』は続発する災害呻吟のただ中から、災害を痛憤《つうふん》し、災害を告発し、災害の原因を探り、災害対策をのべ、災害を克服する救済の書として著作された。「旅客来りて嘆て曰く」と書き出され、「主人曰く」との問答体でつづられている。その冒頭、近年近日うちつづく災害と屍《かばね》が路傍に山をなす惨状は、いったいどんな原因があってのことなのか。死屍累累たる中からのうめきである。鎌倉に住した日蓮も災害体験者・目撃者である。共感同苦のうめきの中から『立正安国論』は生れた。

9月14日

主人曰《しゅじんいわ》く、独《ひと》り此事《このこと》を愁《うれ》えて胸臆《くおく》に憤悱《ふんぴ》す。客《きゃく》来《きた》りて共《とも》に嘆《なげ》く、屢談話《しばしだんわ》を致《いた》さん。それ出家《しゅっけ》して道《みち》に入《い》る者《もの》は法《ほう》に依《よ》って仏《ほとけ》を期《ご》するなり。而《しか》るに今《いま》、神術《しんじゅつ》も協《かな》わず仏威《ぶつい》も験《しる》し無《な》し。

『立正安国論《りっしょうあんこくろん》』（二〇九）

災害の続発を切実に悲憤する客。客は庶民の代表であり、為政の責任者でもある。問いに答えて主人つまり日蓮は、自分も全く同感であり災害の痛苦を悲しんで、私の胸中は憤りではりさけるほどですと心境を告げる。「胸臆に憤悱す」とのおもいが、『立正安国論』全篇をつらぬく基底である。「憤悱」のおもいが災害原因の探究となり、そこから救済策の提示となる。宗教者日蓮への問いは当然宗教的答案を求めてのものである。災害除去の様々な祈りがとられるが無効。それは一体なぜなのか。

9月15日

余《よ》は是《こ》れ頑愚《がんぐ》にして敢《あえ》て賢《けん》を存《そん》せず。唯《ただ》経文《きょうもん》に就《つ》いて聊《いささ》か所存《しょぞん》を述《の》べん。……但《ただ》し仏道《ぶつどう》に入《い》って数《しばしば》愚案《ぐあん》を廻《めぐら》すに、謗法《ほうぼう》の人《ひと》を禁《きん》じて正道《しょうどう》の侶《ともがら》を重《おも》んぜば、国中安穏《こくちゅうあんのん》にして天下泰平《てんかたいへい》ならん。

『立正安国論《りっしょうあんこくろん》』（二二〇）

自分は愚《おろか》であってよくはわからないが、ただ経文によって少しばかり思うところを述べたい（災難対治の方策や文言は仏教にも仏教以外にも多く枚挙に暇《いとま》がないほどである・所引中略部分）。ただし仏教についてよくよく考えると正法を謗《そし》る人を禁《いまし》め正法を行《ぎょう》ずる者を重んじることが、国中安穏・天下泰平の基本である。悪法の禁制、正法の興隆を推進することは、私言ではなく、「経文」の指示である。国家の安危は法の正邪による。法が何よりも優先するのである。心の腐敗が身を亡ぼす類《たぐい》である。

9月16日

夫《そ》れ四経《しきょう》の文朗《もんあきら》かなり。万人誰《ばんにんだれ》か疑《うたが》わん。而《しかる》に盲瞽《もうこ》の輩《やから》・迷惑《めいわく》の人《ひと》、妄《みだり》に邪説《じゃせつ》を信《しん》じて正 教《しょうきょう》を弁《わきま》えず。故《ゆえ》に天下《てんか》世上《せじょう》、諸仏衆 経《しょぶつしゅきょう》に於《おい》て捨離《しゃり》の心《こころ》を生《しょう》じて擁護《ようご》の 志《こころざし》なし。

『立正安国論《りっしょうあんこくろん》』（二一三）

仏者にとって思索の原典はいうまでもなく経典である。災難興起の由来を「聊《いささ》か経文を抜《ひら》き」見るとて四経の文から提示した。災難の原因と様態が明示されている経文である。仏徒として仏説は疑うべくもない真理のことば。にもかかわらず、宗教界の現況、信仰者の状況は、眼盲《まなこめし》いて正視せず、迷って正理に暗く惑《まど》いは是非を違《たが》え、結局は邪説を妄信して正教を弁えることがない。さすれば、かかる転倒のいきつくところは、仏を捨て経を離れ仏法擁護の志を失う。世上の混乱は当然の帰結である。

9月17日

国《くに》を失《うしな》い家《いえ》を滅《めっ》せば、何《いず》れの所《ところ》に世《よ》を遁《のが》れん。汝《なんぢ》、須《すべか》らく、一身《いっしん》の安堵《あんど》を思《おも》はば、先《ま》づ四表《しひょう》の静《せい》謐《ひつ》を祈《いの》るべきものか。

『立正安国論《りっしょうあんこくろん》』（二二五）

「一身の安堵」、わが身がやすんじて生きること。このことの大事さはもとより言うまでもない。だが、人は一人では生きられない。人と人との間《あいだ》に処して人は生きる。だから人間という。それゆえ、一身の安堵は万人の安堵、全体の安堵なくては保証されない。全体の安堵「四表の静謐」が優先する。四表は四方で全体。先づ祈り願うべきは、四表の静謐であって、一身の安堵ではない。全体の繁栄が個人に光被するのであって、この逆ではない。国の安定、世界全体の幸福あって始めて個人の幸福がある。仏の願い「娑婆即寂光浄土」、日蓮の願い「安国」はここにある。

9月18日

今主人《いましゆじん》、広《ひろ》く経文《きょうもん》を引《ひ》いて、明《あきら》かに理非《りひ》を示《しめ》す。故《ゆえ》に妄執《もうしゅう》既《すで》に飜《ひるがえ》り、耳目《じもく》数《ほぼ》朗《あきら》かなり。所詮《しょせん》、国土《こくど》泰平《たいへい》・天下《てんか》安穏《あんのん》は、一人《いちにん》より万民《ばんみん》に至《いた》るまで好《この》む所《ところ》なり、楽《ねが》う所《ところ》なり。

『立正安国論《りっしょうあんこくろん》』（二二四）

「国土泰平・天下安穏」はすべての人が願い望むところ。仏の教えは現実社会の仏土化、娑婆と呼ばれるこの世を仏の国土、仏国土とすること。娑婆即寂光浄土のために仏教はある。極苦のこの世を離れて求むべき極楽はない。この世からの逃避・脱出は責任の放棄。この世にふみとどまって仏土建設に献身することが、仏教徒の仕業。そのことを主人（日蓮）は、経文に準拠してこもごも語る。「経文顕然なり。私の詞《ことば》、何ぞ加えん」「文に就て世を見るに誠に以って然《しか》なり」。経文と現実は符合する。

9月19日

今《いま》、此文《このもん》に就《つい》て具《つぶさ》に事《こと》の情《こころ》を案《あん》ずるに、百鬼《ひやつき》早《はや》く乱《みだ》れ万民《ばんみん》多《おお》く亡《ほろ》ぶ。先難《せんなん》これ明《あきら》かなり、後災《ごさい》何《なん》ぞ疑《うたが》わん。若《も》し残《のこ》る所《ところ》の難《なん》、悪法《あくほう》の科《とが》に依《よ》って竝《なら》び起《おこ》り競《きそ》い来《きた》らば、其《そ》の時《とき》何《いか》んがせんや。

『立正安国論《りつしょうあんこくろん》』（二二五）

『立正安国論』は徹頭徹尾、仏説・経文によって論を作《な》す。「私の詞《ことば》、何ぞ加えん」という。仏説・経文は「如来誠諦」の金言である。教主釈尊の真理のことばである。だから経文は絶対至上、無上の至言。経文のこころと現実を委細に尋討すれば、災害多発の現況は仏説のままである。「先難」はすでにその因は明瞭。「後災」もまた必ず起り来る。あらゆる災害に見舞われたが、後来の難は二つ。自界の叛逆《ほんぎやく》と他国の侵略である。内乱と外寇《がいこう》、ともに国土の破滅である。緊急の課題に傍観はゆるされない。

9月20日

帝王《ていおう》は国家《こつか》を基《もとい》として天下《てんか》を治《おさ》め、人臣《じんしん》は田園《でんえん》を領《りよう》して世上《せじよう》を保《たも》つ。而《しか》るに、他方《たほう》の賊来《ぞくきた》りて其《そ》の国《くに》を侵逼《しんぴつ》し、自界叛逆《じかいほんぎやく》して其《そ》の地《ち》を掠領《りやくりよう》せば、豈《あ》に驚《おどろ》かざらんや、豈《あ》に騒《さわ》がざらんや。

『立正安国論《りつしょうあんこくろん》』（二二五）

『立正安国論』は天災地変続発のなかに身を置き悲嘆した日蓮が、災害の起因をさぐり対策の方途を示した論策であった。無為無策にときをすごせば、さらなる災害それは人災の最たるもの戦争、内乱と侵略の二災を招くと警告した。自界叛逆《じかいほんぎやく》難《なん》・他国侵逼難《たこくしんぴつなん》で、いわゆる日蓮の予言といわれるもの。終始、仏説・経文を根拠として本論はつづられるが予言・警告のことばも必然の到来、仏典探究の帰結であってまがまがしい不祥の言辞ではない。のち、北条一門の内訌《ないこう》、蒙古襲来《もうこしゅうらい》あって二つの警告は現実となる。

9月21日

汝早《なんぢはや》く信仰《しんこう》の寸心《すんしん》を改《あらた》めて、速《すみや》かに、実乗《じつじょう》の一《いち》善《ぜん》に帰《き》せよ。然《しか》れば則《すなわ》ち三界《さんがい》は皆仏国《みなぶっこく》なり。仏国《ぶっこく》其《そ》れ衰《おとろ》えんや。十方《じっぽう》は悉《ことごと》く宝土《ほうど》なり。宝土《ほうど》何《なん》ぞ壊《やぶ》れんや。

『立正安国論《りっしょうあんこくろん》』（二二六）

『立正安国論』は全篇に掬すべき要句がちりばめられている。掲出の一節は結論のことばである。立正安国とは、正法の建立〈立正〉が安穏の世界・仏国土の建設〈安国〉をもたらせるとするもので、立正なくして安国はありえない。正法の信仰を勧めるこの一文は、〈立正安国〉の方策を「信仰の改善」にあると示し、それによって仏国宝土の実現を期した。改善して就くべき正法とは、樹立すべき正法とは、「実乗の一善」。仏意の全体である法華経。真実大乗経で唯一の大善である法華経。絶対善法華経への帰依が安国を生む。安国は仏土である。

9月22日

今生《こんじょう》・後生《ごしょう》、誰《だれ》か慎《つつし》まざらん、誰《だれ》か恐《おそ》れざらん。此《こ》の経文《きょうもん》を披《ひら》いて具《つぶさ》に仏語《ぶつご》を承《うけたまわ》るに、誹謗《ひぼう》の科《とが》至《いた》って重《おも》く、毀法《きぼう》の罪《つみ》誠《まこと》に深《ふか》し。……先《ま》づ生前《せいぜん》を安《やす》んじ更《さら》に没後《ぼつご》を扶《たす》けん。

『立正安国論《りっしょうあんこくろん》』（二二六）

今生のこと、後生のこと、誰人も今を尊く生き死後について心を傾けない人とてありますまい。後生を恐れるから今生を慎み、今生を慎むのは後生を恐れるからでしょう。経文によって仏語の真実であることの委細を承知いたしました。誹謗の科《とが》、毀法の罪の深重《じんじゅう》もよくよくわかりました。「文《もん》明《あきら》かに理詳《りつまび》らかなり、疑うべからず」。確信いたしました。このうえは実乗の一善に帰依し、生前安穏・後生救済の信仰生活にいそしみたく存じます。『立正安国論』は、客の領解・改悔・信仰告白と誓約で終わる。

9月23日

去《いぬ》る文応《ぶんおう》の比《ころ》、故最明寺入道殿《こさいみようじにゆうどうどの》に申《もう》し上《あげ》ぬ。されども用《もち》い給《たま》う事《こと》なかりしかば、念仏者等此由《ねんぶつしやとうこのよし》を聞《き》きて、上下《じようげ》の諸人《しよにん》をかたらい打《う》ち殺《ころ》さんとせし程《ほど》に、かなわざりしかば……

『妙法比丘尼御返事《みようほうびくにごへんじ》』（一五六一）

為政の最高責任者が鎌倉幕府執権職北条氏。五代執権は北条時頼、入道して最明寺の別邸にこもるが、北条得宗《とくそう》として政界最大の実力者であった。文応元年日蓮は『立正安国論』を時頼に上書した。七月十六日のことである。時頼がこれを黙殺したのをよいことに、厳しい批判を浴びた念仏者多数が日蓮の草庵を夜襲した。献進後四十余日、八月二十七日のことである。上下の諸人、幕閣につらなる有力者も加担していた。松葉谷《まつばがやつ》の草庵は焼かれたが、日蓮殺害の計画は失敗した。叶うべくもなかったのだ。

9月24日

夜中《やちゆう》に日蓮が小庵《しようあん》に数千人《すうせんにん》押《お》し寄《よ》せて殺害《さつがい》せんとせしかども、いかんがしたりけん、其《そ》の夜《よ》の害《がい》もまぬかれぬ。然《しか》れども心《こころ》を合《あわ》せたる事《こと》なれば、寄《よ》せたる者《もの》も科《とが》なくて、大事《だいじ》の政道《せいどう》を破《やぶ》る。

『下山御消息《しもやまごしようそく》』（一三三〇）

文応元年八月二十七日の夜中、群衆が鎌倉松葉谷の草庵を襲撃し、日蓮殺害をはかった。「松葉谷法難」である。法難の因は前月七月十六日上書の『立正安国論』にあった。「先づ大地震に付《つけ》て去《いぬ》る正嘉《しようか》元年に書を一巻《いつかん》注したりしを、故最明寺《こさいみようじ》の入道殿に奉る。御尋《おんたづ》ねもなく御用《おんもち》いもなかりしかば、国主の御用いなき法師《ほつし》なればあやまちたりとも科《とが》あらじとやおもいけん。念仏者並《ならび》に檀那等《だんなとう》、又《また》さるべき人々も同意したるとぞ聞《きこ》えし」とある。為政の要人が同意もし使嗾《しそう》もした政道破壊の暴挙であった。

9月25日

きりもの（権臣）どもよりあいて、まちうど（町人）等《とう》をかたらいて、数万人《すうまんにん》の者《もの》をもんて、夜中《やちゅう》におしよせ失《うしな》わんとせしほどに、十羅刹《じゅうらせつ》の御計《おんはか》らいにてやありけん、日蓮其難《そのなん》を脱《のが》れし。

『破良観等御書《はりょうかんとうごしょ》』（一二八六）

日蓮が蒙《こうむ》った法難のうち最大規模の四つを四大法難というが、その最初が「松葉谷法難」。為政の府にある要路者が謀略し、群衆を煽動《せんどう》して夜襲した。夜打ちは焼打ちである。日蓮はからくも難をのがれるが、そのことを別書では「いかんがしたりけん」と述べ説明の仕様がないといい、本書では法華経の守護神「十羅刹女の御計らい」をうけたと表現している。法華経の行者日蓮として、最初の大難をかいくぐったが、死んで死なざる〝不思議の日蓮〟のおもいを抱かせる法難として、夜中の襲撃はあった。

9月26日

日蓮が生《いき》たる不思議《ふしぎ》なりとて伊豆《いず》の国《くに》へ流《なが》しぬ。されば人《ひと》のあまりににくきには、我《わ》がほろぶべきとが（失）をもかえりみざる歟《か》。御式目《おんしきもく》をも破《やぶ》らるる歟《か》。

『下山御消息《しもやまごしょうそく》』（一三三〇）

『立正安国論』の上申と人々への提言は、論争・衝突を鎌倉市中にまきおこし、暴徒は日蓮の草庵を襲い火を放って殺そうとした。死んだはずの日蓮が生きていた。このことを「不思議なり」として幕府は公然と逮捕し何等の吟味もなく伊豆へ流罪に処した。日蓮憎悪の感情は、冷静を欠いて身を亡ぼすこととなるばかりか、幕府みずから国法たる貞永式目《じょうえいしきもく》を破るしまつ。為政者自身の破法の愚挙を難じ、「左右《そう》なく大事たる政道を曲《まげ》らるるは、わざとわざわいをまねかるる歟《か》。墓無々々《はかなしはかなし》」とも叱責した。

9月27日

ひとえにおもい切《きり》て申《もう》し始《はじ》めしかば、案《あん》にたがはず、………去《いぬ》る弘長元年《こうちょうがんねん》五月十二日に御勘気《ごかんき》をかうふり（蒙）て、伊豆《いず》の国《くに》の伊東《いとう》にながされぬ。又《また》、同《おな》じき弘長《こうちょう》三年二月二十二日にゆりぬ。

『報恩抄《ほうおんしょう》』（一二三七）

法華経信仰の宣布はいくたの受難がともなう。前途の多難を知りつつ日蓮は、ひたすら思い切って法門流伝の荒旅を開始した。やはり案にたがうことなく迫害の嵐がうずまいた。中略部分は「或《あるい》は所をおい、或は罵《のり》、或はうたれ、或は疵《きず》をかうふるほどに」とあり、そのはてに伊豆伊東への島流しという極刑が国家権力の弾圧として見舞った。初度の王難《おうなん》である。弘長元年からあしかけ三年、流人の身として日蓮は伊豆の地にすごした。三年目の弘長三年二月二十二日、幕府は日蓮を赦免した。このとき日蓮四十三歳。「伊豆法難」という。

9月28日

五月十二日流罪《るざい》の時《とき》その津《つ》に着《つき》て候《そうら》いしに、いまだ名《な》をも聞《きき》およびまいらせず候《そうろう》ところに、船《ふね》よりあがり苦《くる》しみ候《そうら》いきところに、ねんごろにあたらせ給《たま》い候《そうら》いし事《こと》はいかなる宿習《しゅくじゅう》なるらん。

『船守彌三郎許御書《ふなもりやさぶろうもとごしょ》』（二二九）

伊豆へ流罪された日蓮。着岸の津《つ》は名もなき荒磯であって、とある一岩礁に置きざりにされたのである。流人日蓮をのせた護送船は、日蓮を遺棄して去った。死んでしまえという幕府の意志である。岩上にたたずむ日蓮は、海水にもまれて苦しんだ。あたかもこのとき、漁師彌三郎が暗礁に立つ日蓮を救助した。「ねんごろ」な殊遇を日蓮はえた。特別の手厚い待遇をほどこしてくれたことは、過去世の宿善いかばかりかと讃歎し感謝した。松葉谷法難につぐ第二の大難「伊豆法難」も、かくて死を逸がれた。

9月29日

ことに五月《さつき》のころなれば米《こめ》もとぼしかるらんに、日蓮を内内《ないない》にはぐくみ給《たま》いしことは、日蓮が父母《ふぼ》の伊豆《いず》の伊東川奈《いとうかわな》と云《い》うところに生《うま》れかわり給《たま》うか。

『船守彌三郎許御書《ふなもりやさぶろうもとごしょ》』（二二九）

伊豆の海中に没し死ねとばかりに投げ棄《す》てられた日蓮。その酸鼻な危機を救った漁師彌三郎。その妻また日蓮に厚い保護を加えた。「今末法に船守の彌三郎と生れかわりて日蓮をあわれみ給うか。たとい男はさもあるべきに、女房の身として食をあたえ、洗足《せんぞく》・手水《ちょうず》其外《そのほか》さも事ねんごろなる事、日蓮はしらず不思議とも申すばかりなし。ことに三十日《みそか》あまりありて内心に法華経を信じ、日蓮を供養し給う事いかなる事のよしなるや」。感謝の辞は綿綿《めんめん》として絶えない。彌三郎夫婦は日蓮の父母の生れかわりかと。

9月30日

讒言《ざんげん》を蒙《こうむ》り流罪《るざい》に行《おこな》われまいらせて候《そうろう》国主《こくしゅ》には未《いま》だ値《あい》まいらせ候《そうろ》わぬ歟《か》。されば此讒言《このざんげん》の人《ひと》、国主《こくしゅ》こそ我身《わがみ》には恩深《おんふか》き人《ひと》にはおわしまし候《そうろう》らめ。仏法《ぶっぽう》を習《なら》う身《み》には必《かなら》ず四恩《しおん》を報《ほう》ずべきに候《そうろう》か。

『四恩鈔《しおんしょう》』（二三七）

日蓮の言動を心よくおもわぬ人々は、日蓮をおとしいれようとして悪口を吐き告発した。幕府は讒言を容れて伊豆への流罪に処した。流人日蓮は、逆境を順境におきかえ法華経修行にいそしむことができた。かかる果報をもたらせたのは、讒言者たちのおかげであり、国主である執権《しっけん》北条政権の恩恵である。それゆえ彼等は、日蓮にとって「恩深き人」である。迫害者を賞揚し、敵を味方と日蓮は感受した。仏法者のつとめ「四恩」には衆生の恩・国王の恩がある。伊豆法難は感恩報謝のおもいを深めさせた。

10月

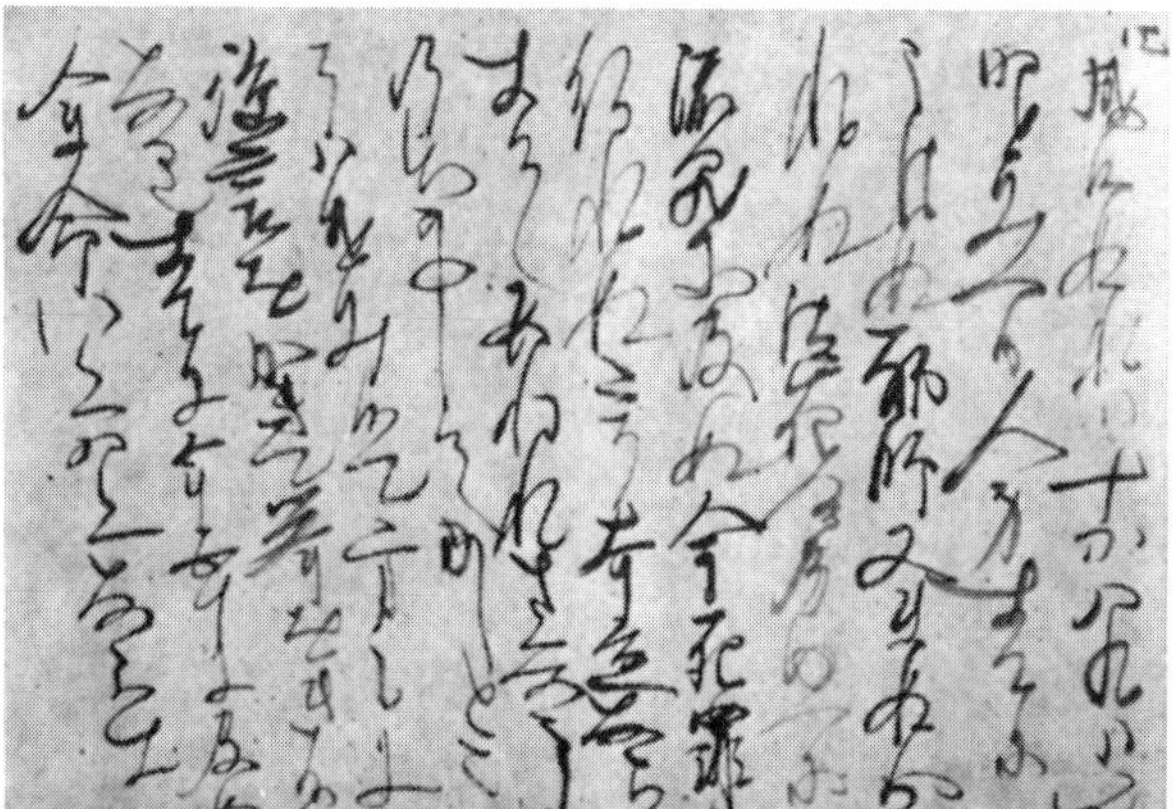

『**金吾殿御返事**』〈千葉県法華経寺蔵〉

『金吾殿御返事《きんごどのごへんじ》』〈千葉県法華経寺蔵〉

文永六年十一月二十八日、日蓮四十八歳のときの手紙。右端上部に「四」とあるように用箋の第四枚目。五紙以下の真蹟を欠失している。流死の二罪をものともせず、余命を法華経のためにささげようとの決意を門下に表明する澄明で悲壮な書状。末行に「すでに年五十に及ぬ。余命いくばくならず」とある。

10月1日

法華経の御故《おんゆえ》に已前《いぜん》に伊豆《いず》の国《くに》に流《なが》され候《そうら》いしも、こう申《もう》せば謙《へら》ぬ口《くち》と人《ひと》はおぼすべけれども、心《こころ》ばかりは悦《よろこ》び入《い》って候《そうら》いき。一端《いったん》はわびしき様《よう》なれども、法華経の御為《おんため》なれば嬉《うれし》と思《おも》い候《そうろう》。

『呵責謗法滅罪鈔《かしゃくほうぼうめつざいしょう》』（七七九）

伊豆流罪は国家権力の発動であり、もとより過酷な日々をすごさねばならなかった。だから「一端はわびしき様」ではある。しかし、法のゆえの受難であるから悲劇ではなく喜悦であり、うれしいことであったという。日蓮のかかるおもいは、多分は負け惜しみと受けとられもしようし、へらずぐちをたたくものと人々にはおもわれよう。他人の評言はどうともあれ、法華経の行者日蓮にとっては、法のための値難は経文の身読実践であったから、喜悦のほかはない。まさに法悦であったのだ。「法華経の御為」が日蓮の事蹟である。

10月2日

其後《そのご》、彌《いよいよ》菩提心強盛《ぼだいしんごうじょう》にして申《もう》せば、いよいよ大難《だいなん》かさなる事《こと》、大風《たいふう》に大波《たいは》の起《おこ》るがごとし。日本《にほん》六十六箇国《かこく》・島《しま》二《ふたつ》の中《なか》に、一日片時《いちにちかたとき》も何《いず》れの所《ところ》にすむ(住)べきよう(様)もなし。

『報恩抄《ほうおんしょう》』（一二三七）

「其後」とは、最初の流罪、伊豆伊東への配流ののち。初度の王難・伊豆流罪は、法華経の行者の確信を日蓮にもたらせた。受難は経文の身読であり、行者の実証であったから、伊豆法難をなめてのちの日蓮は、いよいよ強盛に、いよいよ果断に法門流伝にいそしんだ。一波が万波を呼び、大風が大波をまきおこす。当然のこと、大難が雲集し競起した。日本全国は六十六箇国と壱岐《いき》・対馬《つしま》の二島。追放・流罪、追われ追われの身に終始した日蓮の実感として、このことばが書きつけられたであろう。

10月3日

日蓮は外見《がいけん》の如《ごと》くば日本第一《にほんだいいち》の僻人也《びやくにんなり》。我朝《わがちよう》六十六箇国《かこく》・二《ふたつ》の島《しま》の百千万億《ひやくせんまんおく》の四衆《ししゆう》上下《じようげ》万人《ばんにん》に怨《あだ》まる。仏法《ぶつぽう》日本国《にほんこく》に渡《わた》りて七百余《しちひやくよ》年《ねん》、いまだ是程《これほど》に法華経の故《ゆえ》に諸人《しよにん》に悪《にく》まれたる者《もの》なし。

『法蓮鈔《ほうれんしよう》』（九五二）

日蓮の一生は、文字どおり波瀾重畳であった。おそらく、日蓮ほど迫害にあけくれた宗教者はあるまい。「法華経行者日蓮」、この言葉は日蓮の自称であり、自己規定の言葉である。日蓮は文字どおり身命を賭して法華経を愛し行じた。法華経を行なう者、行者日蓮の事蹟は破天荒で前代未聞の仕業であった。だからそのことに見合って抑圧がひしめいた。罵詈讒謗《めりざんぼう》にさらされた。外見はどう見ても日本一の僻人である。引文はつづけて月《がっ》氏《し》・漢土《かんど》にもなしとのべ「されば一閻浮提《いちえんぶだい》第一の僻人ぞかし」という。

10月4日

仏法《ぶつぽう》を学《まな》ぶの法《ほう》は身命《しんみよう》を捨《す》てて国恩《こくおん》を報《ほう》ぜんが為《ため》なり。全《まつた》く自身《じしん》の為《ため》に非《あら》ず。雨《あめ》を見《み》て龍《りゆう》を知《し》り蓮《はちす》を見《み》て池《いけ》を知《し》る等《とう》と云云《うんぬん》。災難《さいなん》急《きゆう》を見《み》るの故《ゆえ》に度々《たびたび》これを驚《おどろ》かす。用《もち》いざるに而《しか》もこれを諫《いさ》む。

『宿屋入道再御状《やどやにゆうどうさいごじよう》』（四二五）

『立正安国論』は北条時頼の近臣宿谷入道最信の手をへて内奏された。その後九年をへた文永五年の蒙古国書到来は、「他国侵逼難《たこくしんぴつなん》」の予言的中となった。蒙古国の来牒《らいちよう》は異敵侵攻のさきぶれにほかならない。来牒を期して日蓮の言動は活発化し、『立正安国論』の再上申、要路者との面談要請、学習活動の強化、門下の養成と結束をはかった。ことに当初から執奏を依頼していた宿屋入道とは交流を深め、度々状を呈して急迫する国難に対処せんとした。「不用而諫之」、為政者の態度軟弱を諫暁《かんぎよう》する。

10月5日

仏法《ぶっぽう》は漸《ようや》く廃《すた》れ王法《おうぼう》は次第《しだい》に衰《おとろ》う。已《すで》に亡国《ぼうこく》と成《なら》んとす。情《こころ》あらん人《ひと》、誰《だれ》か傷差《いたま》ざらんや。国土《こくど》の滅亡《めつぼう》と衆生《しゅじょう》の悪道《あくどう》とは疑《うたが》いなきものか。予《よ》粗《ほぼ》この旨《むね》を勘《かんが》え国主《こくしゅ》に示《しめ》すと雖《いえど》も敢《あえ》て叙用《じょよう》なし。

『四信五品鈔《ししんごほんしょう》』（一二九九）

宗教の邪正と国家の消長とは比例する。宗教信仰が正しく宣布され、正しく受容される国は平安となる。仏法（宗教）と王法（政治）の関係は体と影。本体は仏法でその反映として王法がある。「法定《さだ》まり国清《す》めり」とて、法主国従。立正によって安国がある。日蓮生涯の主張は立正安国であり、国家の興亡はひとえに正法建立にある。国家の滅亡、庶民の苦悩の原因を知って自分は考えをまとめ、しばしば国主に提示してきたけれどもついに用いられなかった。悲しいことである。嗟嘆せずにおられない。

10月6日

只今《ただいま》、他国《たこく》より我国《わがくに》を逼《せ》むべき由《よし》、兼《かね》てこれを知《し》る。故《ゆえ》に、身命《しんみょう》を仏神《ぶっしん》の宝前《ほうぜん》に捨棄《しゃき》して、刀剣《とうけん》武家《ぶけ》の責《せめ》を恐《おそ》れず、昼《ひる》は国主《こくしゅ》に奏《そう》し夜《よる》は弟子《でし》等《とう》に語《かた》る。

『強仁状御返事《ごうにんじょうごへんじ》』（一一二二）

今にも蒙古軍が襲い来って日本国を攻撃してくるということは、かねてより知り警鐘を打ってきた。為政者はじめ人々は耳傾けることなく荏苒《じんぜん》今日に至った。緊迫のさま杳《よう》としてない。国土の盛衰は仏法による。正法の流伝建立に日蓮は命を投げだしてたつ。国主北条執権にしばしば勘文《かんもん》を上申した。危機の実況を門弟に語った。「只今此国滅亡せんとす。予《よ》、粗先《ほぼま》づ此子細《このしさい》を勘《かんが》うるの間《あいだ》、身命を捨棄し国恩を報ぜんとす」。熱誠の懇情、あふるる至誠も「愚人《ぐにん》の習《ならい》」は焦眉の急を弁えず、歳月空《むなし》く費やした。

10月7日

今年《ことし》も十一月十一日、安房《あわ》の国《くに》、東条《とうじょう》の松原《まつばら》と申《もう》す大路《おおじ》にして、申酉《さるとり》の時《とき》、数百人《すうひゃくにん》の念仏《ねんぶつ》等《ら》にまちかけられ候《そうら》いて、日蓮は唯一人《ただいちにん》、十人《じゅうにん》ばかり、もの〻要《よう》にあうものはわづかに三《さん》、四《よ》人也《にんなり》。

『南条兵衛七郎殿御書《なんじょうひょうえしちろうどのごしょ》』（三二六）

文永元年十一月十一日、四十三歳の日蓮は十余年ぶりに帰郷した。日蓮の帰郷を待っていた人々の中に日蓮憎悪をつのらせていた東条郷の地頭、東条景信がいた。この日、初冬の暗闇を利して日蓮は門下十人ほどで東条郷を通過中、突然の襲撃をうけた。何ほどか応戦できるものは三、四人。たちまち松原の大路は叫喚《きょうかん》のるつぼと化した。すさまじい攻撃にさらされた。輩下多数をひきつれての待ち伏せは景信の怨念の大きさをあらわす。絶命の弟子もでた。日蓮も重傷を負う。「東条法難」である。

10月8日

い（射）るや（矢）は、ふるあめ（降雨）のごとし。弟子《でし》うつたち（太刀）はいなづま（稲妻）のごとし。一人《いちにん》は当座《とうざ》にうち（討）とられ、二人《ふたり》は大事《だいじ》のて（手）にて候《そうろう》。

『南条兵衛七郎殿御書《なんじょうひょうえしちろうどのごしょ》』（三二六）

東条松原の法難。弟子は殺され、日蓮また重傷を負う必死の刃難であった。景信の襲撃のさまを日蓮は、射かけられる矢は雨のようにふりそそぎ、切りつける太刀は雷電稲妻のように宵闇にきらめいたと修羅場をのべる。即座に斬り殺された弟子一人、重傷の弟子二人。襲撃者のおたけび、傷を負って倒れ伏す者のうめき、逃げまどう日蓮とその弟子たち。松籟《しょうらい》は血なまぐささをのせて周辺にたぎる。襲撃はもとより突然であった。法に殉じ師に殉じていった弟子。安房東条の松原に吹く風は今に往古を語る。

10月9日

自身《じしん》もき(切)られ、打《う》たれ、結句《けっく》にて候《そうら》いし程《ほど》に、いかが候《そうら》いけん、うち(討)もら(漏)されていままでい(生)きてはべり。いよいよ法華経こそ信心《しんじん》まさり候《そうら》へ。

『南条兵衛七郎殿御書《なんじょうひょうえしちろうどのごしょ》』(三二七)

殉教の弟子数人。日蓮自身も斬りつけられ、打ちすえられた。刀の傷は額《ひたい》にほられ、打擲のあとは左手骨折。もはやこれまでと死を覚悟せねばならなかった。幾多の殉難を回顧して後年「文永元年十一月十一日頭《かしら》にきずをかおり左の手を打ちおらる」「頭に疵《きず》を負い左手を打ち折らる」とくりかえし語り、「命をすつる程の大難」ともあかしている。まったくの危機であった。しかし日蓮は、これほどの襲撃をうけて奇蹟的に危地を脱した。虎口脱出のさまを、「いかが候いけん」、いったいどうしたわけかという。実感であろう。

10月10日

日本国《にほんこく》に法華経よみ学《がく》する人《ひと》これ多《おお》し。人《ひと》のめ(妻)をねらい、ぬすみ等《とう》にて打《うち》はらるゝ人《ひと》は多《おお》けれども、法華経の故《ゆえ》にあやまたるゝ人《ひと》は一人《いちにん》もなし。されば日蓮は日本第一《にほんだいいち》の法華経の行者也《ぎょうじゃなり》。

『南条兵衛七郎殿御書《なんじょうひょうえしちろうどのごしょ》』(三二七)

瀕死の重傷下、重囲をくぐって日蓮は、東条景信の魔手をのがれた。「命をすつる程の大難」をなめた日蓮は、受難を新たな転生とし飛躍した。法華経のために必死の危害を蒙るものは日本国にはいない。日蓮一人であると。「いよいよ法華経こそ信心まさり候へ」と法悦にひたり、法華経の教説を身に読む体験実証の成果は、「法華経の行者」の自覚と確信を一気に高めさらなる飛躍をもたらせた。「されば日蓮は日本第一の法華経の行者也」との宣言は、刃《やいば》の下をかいくぐる捨身の危機の中から生れた自信あふれた声明であった。

10月11日

すでに年《とし》五十に及《およ》びぬ。余命《よめい》いくばくならず。いたづらに曠野《こうや》にすてん身《み》を、同《おなじ》くは一乗法華《いちじょうほっけ》のかた(方)になげて、……、法華涅槃経《ほっけねはんぎょう》に説《と》き入《い》れられまいらせんと願《ねが》うところ也《なり》。

『金吾殿御返事《きんごどのごへんじ》』(四五九)

文永六年十一月二十八日の手紙。この年、日蓮四十八歳。いわゆる知命《ちめい》の歳にならんとしていた。覚悟のほど、決死の思いがみなぎっている。もはや五十だ。のこされた命はほどもない。無駄死はできぬ。かならず死ぬ身。なれば、同じ死でも法華経への殉死。これが日蓮の願い。捨身求法の典型、雪山童子《せっせんどうじ》と薬王菩薩《やくおうぼさつ》。正法護持の典型、仙豫《せんよ》・有徳《うとく》両王。「雪山童子・薬王菩薩の跡をおい、仙豫・有徳両王の名を後代に留《とどめ》て」が中略部分。日蓮は法華・涅槃両経に説く先聖《せんしょう》のひそみにならおうとあらためて決意したのである。

10月12日

これほどの僻事申《ひがごともう》して候《そうら》へば、流死《るし》の二罪《にざい》の内《うち》は一定《いちじょう》と存《ぞん》せしが、いままで、なにと申《もう》す事《こと》も候《そうら》わぬは不思議《ふしぎ》とおぼえ候《そうろう》。いたれる道理《どうり》にて候《そうろう》やらむ。

『金吾殿御返事《きんごどのごへんじ》』(四五八)

「僻事《ひがごと》」とは、道理にあわぬ不都合なこと、よこしまにねぢまげたひがみたることである。日蓮はおのが主張を「僻事」という。「これほどの僻事」とは『立正安国論』の論旨の展開や言動をさす。為政の府に訴えた破天荒な行動であったから、人々は日蓮の主張を「僻事」としか解さなかった。世論、大衆、権力者は、少数意見を無視反発し危害を加える。世相人心になずんでの〝僻事宣言〟を発した日蓮の胸中は甚だ重いが澄《す》んでいる。これほどまでの僻事に流死の極刑なきはなぜか。不思議か道理か。

10月13日

人身《にんしん》すでに受《うけ》ぬ。邪師《じゃし》又免《またまぬか》れぬ。法華経のゆへに流罪《るざい》に及《およ》びぬ。今死罪《いましざい》に行《おこな》われぬこそ本意《ほい》ならず候《そうら》へ。あわれさる事《こと》の出来《しゅったい》し候《そうら》へかしとこそはげみ候《そうら》いて、方々《かたがた》に強言《ごうげん》を書《かき》て挙《あ》げおき候《そうろう》なり。

『金吾殿御返事《きんごどのごへんじ》』（四五九）

人間として生れたことそれ自体がとほうもなく稀《まれ》でめぐまれたこと。それなのになお仏の教えにふれ学びえて、邪師にあうことも邪師となることもまぬがれた。師にふさわしくない人を師とすることが多いのに、師にふさわしい師を師とした。正師・正法、法華経のためにすでに流罪をなめた。死罪にならぬのが不満におもう。あゝ、どうぞ死罪の極刑が見舞って下さい。真正の法華行者の証《あかし》となるからです。法に生きた日蓮、法に死せんと志願する日蓮のあらわな心の裡《うち》である。行動者日蓮が躍如としている。

10月14日

一分《いちぶん》の慈悲《じひ》に催《もよお》されて粗随分《ほぼずいぶん》の弟子《でし》にあら〳〵申《もう》せし程《ほど》に次第《しだい》に増長《ぞうちょう》して国主《こくしゅ》まで聞《きこ》えぬ。国主《こくしゅ》は理《り》を親《おや》とし非《ひ》を敵《かたき》とすべき人《ひと》にておわすべきが、いかんがしたりけん諸人《しょにん》の讒言《ざんげん》をおさめて、一人《いちにん》の余《よ》をすて給《たま》う。

『神国王御書《しんこくおうごしょ》』（八九〇）

日蓮在世の政権は鎌倉幕府、その最高権力者国主は執権北条氏。国主たる者は、道理をとり非道理をすてる。「理を親とし非を敵」として善政を布《し》くべきである。正理をうとめば国乱れるは道理である。日蓮の主張、それは教主釈尊の衆生救済の慈悲心を受けつぐものであり、従って「一分の慈悲」にうながされての言動であった。この心を日蓮は、「日蓮が慈悲広大」ともほこらかに告げもするのであるが、国主の対応は人々の讒言をいれての弾圧ばかりであった。権力者の無慈悲は理不尽な弾圧をうむ。

10月15日

但《ただ》、おおけなく、国土《こくど》までとこそ、おもいて候《そうら》へども、我《われ》と用《もち》いられぬ世《よ》なれば力及《ちからおよ》ばず。

『転重軽受法門《てんじゅうきょうじゅほうもん》』（五〇八）

雄渾で壮大な志願力。果断で壮烈な実行力。強靱な意志の人日蓮。獅子王のごとき日蓮。ひき退《しりぞ》くことのなかった日蓮。法華経のために命を捨てた日蓮。その日蓮が、はからずももらした慨歎のことば。ふとこぼれおちた一種弱気のことば。ほとんど例外に属することばである。破格の弾圧・龍口法難《りゅうこうほうなん》。門弟全体を襲い教団崩壊となった文永八年の法難。過分にも、身分不相応にも、つつしみもなく国土全体の成仏を日蓮は念願したのであったろうか。その念願が途絶しようとしている。国権弾圧はそのことを挫折させんとしている。力及ばぬことであったのか。力足らざることであったのか。のち日蓮は敢然と立つ。

10月16日

世《よ》に悪国善国有《あっこくぜんこくあ》り、法《ほう》に摂受折伏《しょうじゅしゃくぶく》あるゆへかとみへはんべる。正像猶《しょうぞうなお》かくの如《ごと》し。中国又《ちゅうごくまた》しか也《なり》。これは辺土也《へんどなり》。末法《まっぽう》の始也《はじめなり》。かかる事《こと》あるべしとは先《さき》に思《おも》い定《さだ》めぬ。期《ご》をこそまち候《そうら》いつれ。

『転重軽受法門《てんじゅうきょうじゅほうもん》』（五〇七）

善悪両国があるから、仏は弘教の方法として摂受と折伏の二法を示された。善国には寛容な柔の摂受、悪国には峻厳な剛の折伏である。正法像法各千年は弘法に困難なく容易な時代。それでもなお摂折《しょうしゃく》二法によらねばならぬ。大国や中国においてもまた同じ。しかるに今の日蓮は、国は仏国印度《いんど》にへだたること遠い辺土の小国、時代は最悪の正像二千年後の末法。だから弘法に受難・値難は相即して競い起る。このことは、つとに諒知し、むしろ難来《きた》るを待ってさえいた。龍口法難に遭遇しての感慨である。

10月17日

涅槃経《ねはんぎょう》に転重軽受《てんじゅうきょうじゅ》と申《もう》す法門《ほうもん》あり。先業《せんごう》の重《おも》き今生《こんじょう》に尽《つき》ずして未来《みらい》に地獄《じごく》の苦《く》を受《う》くべきが、今生《こんじょう》にかかる重苦《じゅうく》に値候《あいそうら》へば地獄《じごく》の苦《く》はつと消《きえ》て、死《し》に候《そうら》へば人《にん》・天《てん》・三乗《さんじょう》・一乗《いちじょう》の益《やく》をうる事《こと》の候《そうろう》。

『転重軽受法門《てんじゅうきょうじゅほうもん》』（五〇七）

『涅槃経』は『法華経』の補説・流通分《るつうぶん》。その価値は法華経に相似し、従って日蓮は「法華・涅槃」と並記すること多く、また行動の支《ささ》えを涅槃経に求めもした。「転重軽受《てんじゅうきょうじゅ》」の教説もその一つ。直接の典拠は涅槃部所属の『大般泥洹経《だいはつないおんきょう》』。意味するところは、重き先業のため未来に重苦を受けるべきが現世に重苦を受けることによって来世の重苦を今に転じ、人界・天界・声聞界・縁覚界・菩薩界・仏界の悦楽を得ること。法難進行するなか日蓮は、値難の意義付けを転重軽受に支えられかつ強調した。その意味・いわれを考えた。

10月18日

鉄《くろがね》は炎打《きたいう》てば剣《つるぎ》となる。賢聖《けんせい》は罵詈《めり》して試《こころ》みるなるべし。我今度《われこんど》の御勘気《ごかんき》は世間《せけん》の失一分《とがいちぶん》もなし。偏《ひとえ》に先業《せんごう》の重罪《じゅうざい》を今生《こんじょう》に消《け》して、後生《ごしょう》の三悪《さんあく》を脱《のが》れんずるなるべし。

『佐渡御書《さどごしょ》』（六一四）

名刀は鍛《きた》えれば鍛えるほど、打てば打つほど出《で》来栄《きば》えは見事である。歴史に名をとどめる賢人《けんじん》・聖人《せいじん》も悪口雑言・罵詈の嵐に耐え、それを試練として自己を磨いていった。悪口罵詈のみならず刀《とう》杖瓦礫《じょうがりゃく》、流罪死罪がたえまなく見舞い、それをばねとし試験台として飛躍していったのが日蓮である。だからこそ、迫害者は善知識ともいったのだが、同時に先業の重罪を今生の大難甘受を通して消去し、未来の大苦を軽からしめるという、転重軽受の教えを踏み行くものであった。だから、難は歎きではなかった。

10月19日

去文永八年《いぬるぶんえい》九月十二日御勘気《ごかんき》をかおる。其《そ》の時《とき》の御勘気《ごかんき》のようも常《つね》ならず法《ほう》にすぎてみゆ。了行《りょうこう》が謀反《むほん》をおこし、大夫《だゆう》の律師《りっし》が世《よ》をみださんとせしを、めしとられしにもこえたり。

『種種御振舞御書《しゅじゅおんふるまいごしょ》』（九六三）

この日文永八年九月十二日、日蓮は捕縛された。逮捕のさまは、一介の法師の召り取りには異常なものものしさであった。指揮官は政治・軍事の最高責任者の要人である侍所《さむらいどころ》の所司《しょし》平左衛門尉頼綱。武装の兵士多数を率《ひき》いて松葉谷の草庵に乱入したのである。建長三年の了行、弘長元年の三浦一族大夫律師の謀叛発覚騒動のように大がかりであった。草庵は破壊され、仏像・経巻は踏みにじられた。日蓮はさんざんに打たれた。弟子は逮捕入牢。日蓮は何等の吟味なく、この夜死刑地龍《たつ》ノ口《くち》、刎頸《ふんけい》の筵《むしろ》に座す。「龍口法難《りゅうこうほうなん》」である。

10月20日

此《これ》は教主釈尊《きょうしゅしゃくそん》・多宝《たほう》・十方《じっぽう》の仏《ほとけ》の御使《おんつかい》として世間《せけん》には一分《いちぶん》の失《とが》なき者《もの》を、一国《いっこく》の諸人《しょにん》にあだまするのみならず、両度《りょうど》の流罪《るざい》に当《あ》てゝ、日中《にっちゅう》に鎌《かま》倉《くら》の小路《こうじ》をわたす事朝敵《ことちょうてき》のごとし。

『神国王御書《しんこくおうごしょ》』（八九二）

「両度の流罪」。伊豆と佐渡。二度におよんだ島流しである。伊豆へは日蓮四十歳から四十二歳。佐渡へは五十歳から五十三歳。それぞれ鎌倉の地で逮捕され、あたかも朝敵のごとく市中をさらし者にされた。犯禁者の扱いであった。自分日蓮は、教主釈尊・多宝仏・十方諸仏の三仏と約束した。その約束とは、衆生救済の仏のご意志を継承し、仏意を広め伝える法華経の行者・如来使たることの誓願であった。そのための受難であって、世間的には「一分の失」もない。仏使日蓮の孤高の精神があふれている。

10月21日

日蓮、此経《このきょう》の故《ゆえ》に現身《げんしん》に刀杖《とうじょう》を被《こうむ》り二度《にど》の遠流《おんる》に当《あた》る。当来《とうらい》の妙果《みょうか》、これを疑《うたが》うべしや。……既《すで》に法華経のために御勘気《ごかんき》を蒙《こうむ》れば、幸《さいわい》の中《なか》の幸《さいわい》なり。瓦礫《がりゃく》を以《も》って金銀《こんごん》に易《かえ》るとは是《こ》れ也《なり》。

『波木井三郎殿御返事《はきいさぶろうどのごへんじ》』（七四七）

日蓮、法華経のためにまのあたり刀杖の難に値い二度まで流罪に処せられた。現在の受難は未来に受ける尊い果報・成仏の保証である。法のための迫害甘受は悲劇ではなく喜悦である。幸の中のもっともなる幸である。石瓦を金銀と交換するほどの幸である。法に殉ずることの喜び。法華経の弘通に留難《るなん》多し。法華経の行者に巨難が競い来る。「法華経の文を見聞するに、末法に入って教の如く法華経を修行する者は留難多かるべきの由《よし》、経文赫赫《かくかく》たり」。経文との符合、行者の実証である。だから無数の迫害、御勘気は、幸のほかはない。

10月22日

国主《こくしゅ》より御勘気《ごかんき》二度《にど》なり。第二度《だいにど》は外《そと》には遠流《おんる》と聞《きこ》えしかども内《うち》には頸《くび》を切《き》るべしとて、鎌倉龍ノ口《かまくらたつのくち》と申《もう》す処《ところ》に、九月十二日の丑《うし》の時《とき》に頸《くび》の座《ざ》に引《ひ》すえられて候《そうら》いき。

『妙法比丘尼御返事《みょうほうびくにごへんじ》』（一五六二）

日蓮は二度、国権発動の弾圧を蒙《こうむ》った。「国主の王難必ず来るべし」と予測し、「王難すでに二度におよぶ」と結果した。初度は伊豆への流罪、二度は佐渡。その佐渡流罪はおもて向けの公表であって、内実は刑場龍《たつ》ノ口《くち》で頸刎ねて殺してしまえというものであった。だから龍ノ口の死刑は私刑でもあった。文永八年九月十二日、逮捕のその深夜日蓮は刎頸の場に引きすえられた。「九月十二日子《ね》丑《うし》の時に頸《くび》はねられぬ」。不測の事態は斬刑中止。処遇をめぐって幕閣は混乱。翌月十日佐渡への進発となる。〝不思議の日蓮〟というべきか。

10月23日

今《いま》日蓮、法華経一部《いちぶ》よみて候《そうろう》。一句一偈《いっくいちげ》に猶《なお》、受記《じゅき》をかお(蒙)れり。何《いか》に況《いわん》や一部《いちぶ》をやと、いよ〳〵たのもし。

『転重軽受法門《てんじゅうきょうじゅほうもん》』(五〇八)

今や日蓮は法華経の全体、一部八巻二十八品のすべてを身に読みおえた。まったき法華経行者の使命をはたすべき十全の資格を得た。その到来を期《ご》していた流死《るし》の二罪のうち、未発の死罪は文永八年九月十二日の龍口斬刑によって実現した。虎《こ》口《こう》を脱して二旬あまりの十月五日、安堵《あんど》のおもいをさらなる決断に秘めて、澄みきった心境をのせて報じたのが本状。未来成仏の保証＝受記《じゅき》、そのことの確証を今や得た。愉悦かぎりなしと。「今」とは、ついに念願をはたしおえたとの凱歌《がいか》の心がこめられている。死罪とひきかえの至大な果報であった。

10月24日

日蓮は、日本国東《にほんこくとう》夷《い》東条《とうじょう》安房国《あわのくに》海辺《かいへん》の旃陀羅《せんだら》が子也《こなり》。いたづらに朽《くち》ん身《み》を、法華経の御故《おんゆえ》に捨《す》てまいらせん事《こと》、あに石《いし》に金《こがね》をかう(替)るにあらずや。各各《おのおの》なげかせ給《たま》うべからず。

『佐渡御勘気鈔《さどごかんきしょう》』(五一一)

「いたづらに曠野《こうや》にすてん身」が凡夫一般の死。このことを日蓮はもとより拒否し、おのが死を有意味たらしめんと励んできた。病に伏し老を迎えたときも、「いたづらに疫病にやおかされ候はんずらむ。老死《おいじに》にや死に候はんずらむ。あらあさまし〳〵」と病死・老死を拒否し殉教死を念願した。日本の東のすみ、安房東条の海辺に漁夫の子として生れた日蓮。所詮「いたづらに朽ん身」である。その辺陬軽易《へんすうきょうい》の身が法のためのゆえに配流されて佐渡に赴く。石と金を交換する果報だ。無意味な死ではない。歎く必要はない。

10月25日

本《もと》より学文《がくもん》し候《そうら》いし事《こと》は仏教《ぶっきょう》をきわめて仏《ほとけ》になり、恩《おん》ある人《ひと》をもたすけんと思《おも》う。仏《ほとけ》になる道《みち》は、必《かなら》ず身命《しんみょう》をす(捨)つるほどの事《こと》ありてこそ仏《ほとけ》にはなり候《そうろう》らめと、おしはか(推量)らる。

『佐渡御勘気鈔《さどごかんきしょう》』(五一〇)

仏教習学に従事してきたということは、大道を会得して自身が仏となり、ひいては恩ある人々を仏道へすすめて大果を成就してほしいと念願したからである。流人《るにん》として佐渡島へ発つにあたり故旧の人々へあてた別離の手紙の一節である。仏道成就はあだやおろそかではなし得ない、かりそめごとではなし難い。決死殉教の勇猛心の必要を、国家の罪人と扱われ死島佐渡へ赴く日蓮は体感した。経文説示のとおり大難来るを身証したから、「いよいよ信心もおこり、後生もたのもしく候」と心境を告げ伝える。

10月26日

日蓮は明日《あす》佐渡《さど》の国《くに》へまかるなり。今夜《こよい》のさむ(寒)きに付《つけ》ても、牢《ろう》のうちのありさま、思《おも》いやられていたわし(労)くこそ候《そうら》へ。

『土籠御書《つちろうごしょ》』(五〇九)

それは文永八年十月九日夜のことである。沈々たる静夜、粛殺たる冷気のなか、日蓮はとらわれの愛弟子日朗《にちろう》に別離と慰撫の状をしたためた。明日北海の孤島佐渡へ流され行く。氷雪にはだを交じえる流人生活がはじまる。佐渡は魔の島・死の島である。死に行くおのが身を忘れはてて日蓮は、獄舎につながれている弟子の身の上におもいをそそぐ。獄中の日朗よ、陰惨な土の牢に受難にたえる弟子たちよ。法のゆえに恐怖の日々をすごす弟子たちよ。幽閉の弟子への濃《こま》やかな心情があふれている。短簡で言葉は少ないが、沈黙の余韻は響き無量である。

10月27日

今月《こんげつ》十月也十日相州《そうしゅう》愛京郡《あいこうぐん》依智郷《えちのごう》を起《た》ちて武蔵《むさし》の国久目河《くにくめがわ》の宿《しゅく》に付《つ》き、十二日を経《へ》て越後《えちご》の国寺泊《くにてらどまり》の津《つ》に付《つ》きぬ。此《こ》れ自《よ》り大海《たいかい》を亘《わたっ》て佐渡《さど》の国《くに》に至《いた》らんと欲《ほっ》するに順風定《じゅんぷうさだま》らずして其《そ》の期《ご》を知《し》らず。

『寺泊御書《てらどまりごしょ》』（五一二）

文永八年九月十二日、龍ノ口の虎口を脱した日蓮は流罪の身となって佐渡へと護送された。相模愛甲郡依智を発ったのが十月十日。武蔵久目河を経て、道中十二日。佐渡へとわたる越後の港・寺泊着は十月二十二日。北国絶海の孤島佐渡。すでに冬の寒風がさむざむと身を切って、越後の荒磯に吹いていた。冬の海は荒れていた。風はすさんで定まらず、渡海は困難であった。荒れる北国の冬の海。日蓮の渡航を阻止するかのようであった。寺泊到着のこの日の夜酉時《とりのとき》、幽閉の弟子日朗たちの身を案じつつ心境を報じた。愛京は愛甲の音通。

10月28日

道《みち》の間《あいだ》の事《こと》、心《こころ》も及《およ》ぶことなく、又筆《またふで》にも及《およ》ばず。但《た》だ暗《あん》に推《お》し度《はか》るべし。又《また》、本《もと》より存知《ぞんち》の上《うえ》なり。始《はじめ》て歎《なげ》くべきに非《あら》ざれば、これを止《とど》む。

『寺泊御書《てらどまりごしょ》』（五一二）

依智から寺泊への道中は苛烈であった。日蓮憎悪の権化、極楽寺良観たちはあくまでも殺害をもくろみ「鎌倉よりもいかにもして此《これ》へわたらぬよう計《はか》ると申しつかわし」た。「鎌倉を出《い》でしより日《ひ》に日《び》に強敵かさなるが如し。野を行き山を行くにも、岨《そば》・坦《ひら》の草木の風に随ってそよめく声も、敵《かたき》の我を責《せ》むるかと覚《おぼ》ゆ。ようやく国にも付《つき》ぬ」。道中の艱難は筆舌に尽し難い。推察せよ。ただしこの苦難は、「本より存知の上」であるから、事あらためてあれこれと書かぬ。書き記すべきでもない。泣《な》き言《ごと》・ぐちは大法を担う法華経行者日蓮には不用・無用。渡り行く佐渡の痛苦はさらである。

10月29日

鎌倉《かまくら》を出《い》でしより日日《ひび》に強敵《ごうてき》かさなるが如《ごと》し。ありとある人《ひと》は念仏《ねんぶつ》の持者《じしゃ》也《なり》。野《の》を行《い》き山《やま》を行《い》くにも、岨《そば》・坦《ひら》の草木《そうもく》の風《かぜ》に随《したが》ってそよめく声《こえ》も、敵《かたき》の我《われ》を責《せ》むるかと覚《おぼ》ゆ。ようやく国《くに》にも付《つき》ぬ。

『法蓮鈔《ほうれんしょう》』（九五三）

流人の島佐渡。佐渡へ赴く道中は苛烈であった。鎌倉の出発は九月十二日、その夜は死刑の断頭に身をさらし、依智《えち》滞在一カ月も常に死の危険にさらされた。依智から佐渡渡海の港寺泊へは道中十二日。この間も生命の危機を日々にあじわった。初冬の枯野を進む道。切りたったがけ、嶮岨《けんそ》な地も、平坦な地でも、風の音がかたきの襲撃のようにおもえるほどに、おそろしい道中であった。「ようやく佐渡の国へ着いた」とは実感であろう。からくして行き着いた佐渡も、刺客とりまく死の島であった。佐渡は死島である。

10月30日

佐渡《さど》の国《くに》につかわされしかば、彼《か》の国《くに》へ趣《おもむ》く者《もの》は、死《し》は多《おお》く生《せい》は希《まれ》なり。からくして行《い》きつきたりしかば、殺害謀叛《さつがいむほん》の者《もの》よりも猶重《なおおも》く思《おも》われたり。

『法蓮鈔《ほうれんしょう》』（九五二）

佐渡への流罪行は険難であった。ようやくたどり着いた佐渡の島。そこは、「死は多く生は希《まれ》」な死の島であった。「今日切る、あす切る、といいしほどに四箇年」と日蓮は回想する。今日こそ殺されるにちがいない。明日はきっと殺されるであろうとの日々を重ねて四年をすごすにいたる。「日蓮臨終一分《いちぶん》も疑いなし」「一日も壽《いのち》あるべしとも見えね」「今年今月万が一も身命を脱《のが》れ難きなり」。類語多いが、このことは苦楚《くそ》をなめ辛苦《しんく》に身を置いた証《あかし》である。「打ち殺したれども御とがめなし」というのが実状であった。流謫《るたく》の島佐渡への配流《はいる》は惨苦の日々、殺されることしか考えられなかった。

10月31日

十月二十八日に佐渡《さど》の国《くに》へ著《つ》〔着〕きぬ。十一月一日に六郎左衛門《ろくろうざえもん》が家《いえ》のうしろみの家《いえ》より塚原《つかはら》と申《もう》す山野《さんや》の中《なか》に、洛陽《らくよう》の蓮台野《れんだいの》のように死人《しにん》を捨《すつ》る所《ところ》に一間四面《いつけんしめん》なる堂《どう》の仏《ほとけ》もなし。

『種種御振舞御書《しゅじゅおんふるまいごしょ》』（九七一）

文永八年十月二十八日。流人日蓮が配流の島佐渡に初一歩を印した日である。守護代《しゅごだい》本間六郎左衛門が日蓮の監視にあたった。十一月一日、この日が佐渡の流人日蓮として流罪の日々をすごすべくあてがわれた塚原三昧堂《さんまいどう》入居の日である。そこは死者埋葬の地で京都の蓮台野のよう。埋葬地とはいえ、身寄りなき者の死体遺棄の場であった。形《かたち》ばかり建つくずれるような荒堂、そこが三昧堂である。流人日蓮を遇する幕府の態度を雄弁に告げるものであって、まことに「心細かるべきすまい」であった。

11月

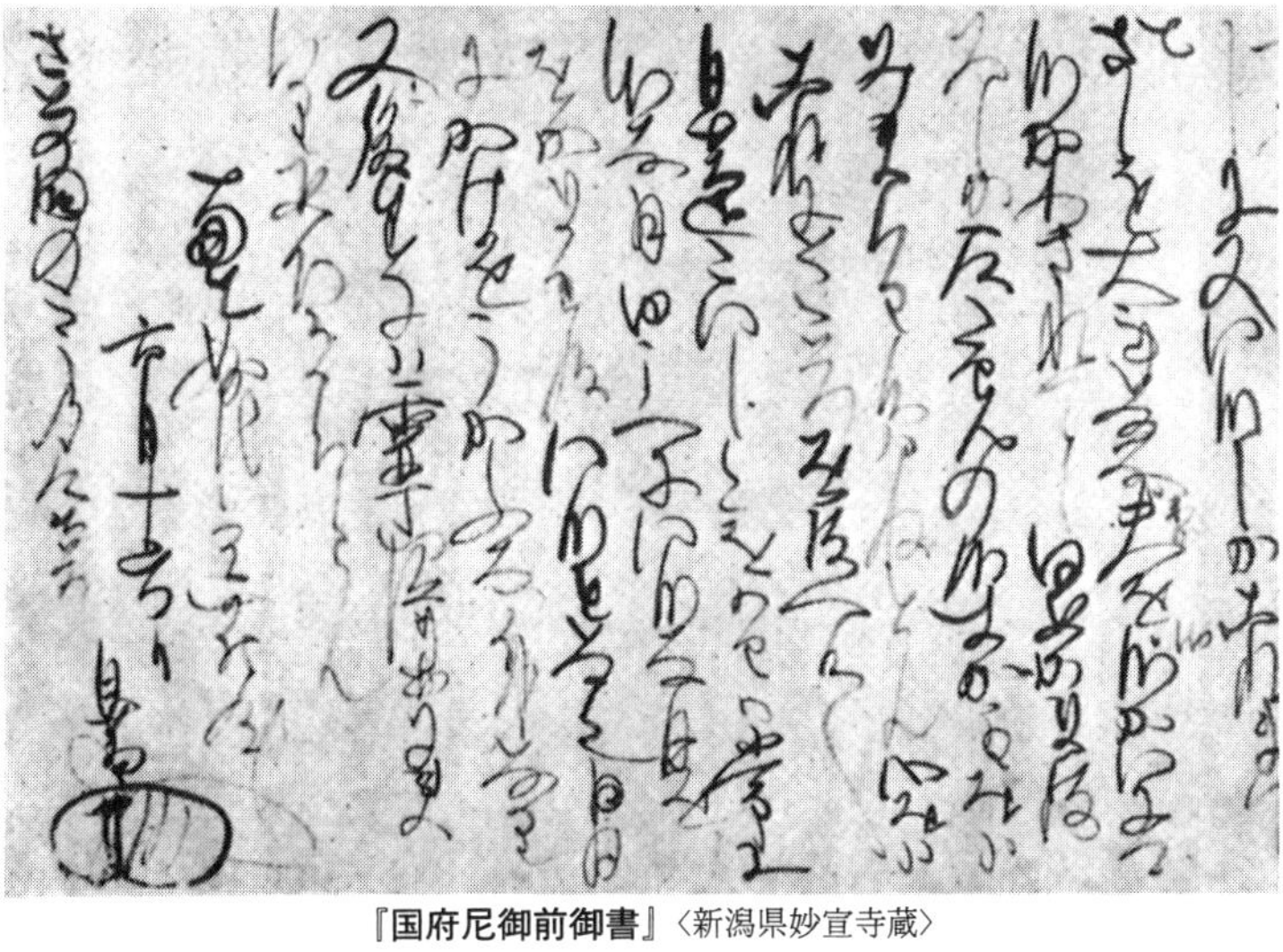

『国府尼御前御書』〈新潟県妙宣寺蔵〉

『国府《こう》尼《あま》御前《ごぜん》御書《ごしょ》』〈新潟県妙宣寺蔵〉

佐渡の信徒国府尼への手紙。建治元年六月十六日付。写真は全文七紙のうちの最末第七紙。「さとの国のこう乃尼御前」と宛書きする。「日蓮こいしくをはせば、常に出る日、ゆうべにいづる月ををがませ給。いつとなく日月にかげをうかぶる身なり」とある。

11月1日

栖《すみか》には尾花苅萱《おばなかるかや》おいしげれる野中《のなか》の御三昧《ごさんまい》ばらに、おち破《やぶ》れたる草堂《そうどう》の上《うえ》は雨《あめ》もり壁《かべ》は風《かぜ》もたまらぬ傍《あたり》に、昼夜《ちゅうや》耳《みみ》に聞《き》く者《もの》は枕《まくら》にさゆる風《かぜ》の音《おと》、朝暮《ちょうぼ》に眼《め》に遮《さえぎ》る者《もの》は遠近《おんごん》の路《みち》を埋《うづ》む雪也《ゆきなり》。

『法蓮鈔《ほうれんしょう》』（九五三）

「栖《すみか》」とは配所にあてがわれた三昧堂。佐渡謫《たっ》居《きょ》のありさま、生活の窮乏を伝えて別の状にいう。「佐渡の国にありし時は、里《さと》より遙《はるか》にへだたれる野と山との中間に塚原《つかはら》と申す御三昧所《ごさんまいしょ》あり。彼處《かしこ》に一間四面《いっけんしめん》の堂あり。空《そら》は板間あわず四壁はやぶれたり。雨は外《そと》の如《ごと》し。雪は内に積《つも》る。仏はおわせず。筵畳《むしろたたみ》は一枚もなし。然れども我根本《われこんぽん》より持《たも》ちまいらせて候教主釈尊を立《たて》まいらせ、法華経を手ににぎり、蓑《みの》をき笠《かさ》をさして居たりしかども、人もみへず、食もあたへずして四箇年なり」。死島佐渡の情景である。

11月2日

日蓮佐渡《さど》の国《くに》へながされたりしかば、彼国《かのくに》の守《しゅ》護等《ごとう》は国主《こくしゅ》の御計《おんはから》いに随《したが》って日蓮をあだむ。万民《ばんみん》は其《そ》の命《めい》に随《したが》う。いかにも命《いのち》たすかるべきよう（様）はなかりし。

『千日尼御前御返事《せんにちあまごぜんごへんじ》』（一五四四）

死ねよかしと投げ捨てられた孤島佐渡。一日も早く死ねと追放された流人日蓮。佐渡国の守護は北条一門の大仏宣時《おさらぎのぶとき》、国主は執権北条時宗。宣時はその父朝直《ともなお》と同様に念仏者でしきりに日蓮を圧迫した。時宗はいささかならず日蓮に好意をもっていた。宣時は国主の命令だといって「虚御教《そらみぎょう》書《しょ》」・偽《いつわり》の指令を三度も発して日蓮をさいなみ、日蓮に保護の手を差し出す人を加圧した。日蓮殺害をめざす人々多数がとりまき暗躍した。陰惨な境遇は助かるはずもなかった。しかし日蓮は、存分に命を燃焼させた。

11月3日

地頭々々等《ぢとうぢとうとう》、念仏者々々等《ねんぶつしやねんぶつしやとう》、日蓮が庵室《あんしつ》に昼《ちゆう》夜《や》に立《た》ちそいて通《かよ》う人《ひと》あるをまどわさんとせめしに、阿仏房《あぶつぼう》に櫃《ひつ》をしをわせ、夜中《やちゆう》に度々御《たびたびおん》わたりありし事《こと》、いつの世《よ》にか忘《わす》らん。

『千日尼御前御返事《せんにちあまごぜんごへんじ》』（一五四五）

衣も食も住も人の情も、ともに欠けた流罪の地・佐渡。「今日切る、あす切るといいしほどに四箇年」。その中で、監視の目をくぐり夜中ひそかに日蓮に人のぬくもりを伝えた人々が、一人また一人と堂を訪ねていった。「只《ただ》、悲母の佐渡の国に生れかわりて有《あ》るか」と日蓮は実感した。阿仏房・千日尼夫妻とその一家の人々は、佐渡の信徒の中心であり、その友・国府《こう》入道一家や中興《なかおき》入道一家、一谷《いちのさわ》家の人々たちが代表である。人々は日蓮保護の故に所払い・科料・財産没収の憂目《うきめ》にあうが熱誠をつらぬく。

11月4日

日蓮此道理《このどうり》を存《ぞん》じて既《すで》に二十一年也《ねんなり》。日来《ひごろ》の災《わざわい》・月来《つきごろ》の難《なん》、此両三年《このりようさんねん》の間《あいだ》の事《こと》、既《すで》に死罪《しざい》に及《およば》んとす。今年今月《こんねんこんげつ》萬《まん》が一《いち》も身命《しんみよう》を脱《のが》れ難《がた》き也《なり》。世人《せじん》、疑《うたが》い有《あ》らば委細《いさい》の事《こと》は弟子《でし》にこれを問《と》へ。

『顕仏未来記《けんぶつみらいき》』（七四二）

仏滅後二千年をへた末法の始めこそ、仏の大法が興起《こうき》し流伝する。興起の大法は法華経、流伝に献身する人は法華経色読の行者。法あって群類を救い、人あって光輝をますは必然の道理。日蓮、この道理を存知《ぞんち》して大法興廃の大業を担《にな》ってはや二十一年。日々月々に大小の災難つきず、殊《こと》にここ両三年、文永八・九・十年と連続した龍口死罪・佐渡遠流《おんる》は毎日が死と背中あわせ「今日切る、あす切る」とて、刺客とりまく中に過した。今やその危機いよいよ深まり萬が一にも命の保証はない。弟子たちの責務は、はなはだ重い。奮起せよ。

11月5日

此法門当世《このほうもんとうせい》の人上下《ひとじょうげ》を論《ろん》ぜず信心《しんじん》を取《と》り難《がた》し。其故《そのゆえ》は仏法《ぶっぽう》を修行《しゅぎょう》するは現世安穏《げんぜあんのん》後生善処《ごしょうぜんしょ》等《とう》と云云《うんぬん》。而《しか》るに日蓮法師《ほっし》、法華経の行者《ぎょうじゃ》と称《しょう》すと雖《いえど》も留難多《るなんおお》し。当《まさ》に知《し》るべし仏意《ぶっち》に叶《かな》わざるか。

『波木井三郎殿御返事《はきいさぶろうどのごへんじ》』（七四五）

「法華経の行者日蓮」として主唱する法華仏教。日蓮の法門は世人の多くから疑問と批判がよせられたばかりか、迫害弾圧を招くにいたった。生命の危機にいくたびもさらされた日蓮。さすれば、日蓮の法門は現世安穏ではない、仏の本意に叶ってはいない。いうように法華経の行者ではないのではないか。世人一般の疑惑のことばである。留難の多きは先刻承知、仏意に叶う証拠と答える。「但し此邪難、先案《せんあん》の内、御勘気を蒙《こうむ》るの後、始めて驚くべきに非ず。経文赫赫《かくかく》たり。眼《まなこ》有らん者はこれを見るか」。知る人ぞ知る。

11月6日

日蓮御房《ごぼう》は師匠《ししょう》にてはおわせども余《あまり》に剛《こわ》し。我《われ》等《ら》はやわらかに法華経を弘《ひろ》むべしと云《い》わんは、螢《ほたる》火が日月《にちがつ》を笑《わら》い、蟻塚《ありづか》が華山《かざん》を下《くだ》し、井江《せいこう》が河《か》海《かい》をあなづり、烏鵲《かささぎ》が鸞鳳《らんほう》を笑《わら》うなるべし。

『佐渡御書《さどごしょ》』（六一八）

弟子達の師日蓮への疑い、それは一般の疑惑であり批判でもあったのだが、文永八年の法難は営々辛苦のはての教団をほとんど根こそぎ潰滅させた。門弟からの日蓮批判は噴出《ふんしゅつ》した。あまりにも強義一点張り、強引にすぎはせぬかと。日蓮とて人情の機微を解さぬわけではない。否、知悉するところである。けれども、こと法門においてはいささかの妥協もあるべきではない。「いつもの事なれば時の威をおそれて申す人なし」。これであってはなるまい。弟子たちの俗見俗論を日蓮は笑うべきことと一蹴《いっしゅう》した。

11月7日

されば、此経《このきょう》を聴聞《ちょうもん》し始《はじめ》ん日《ひ》より思《おも》い定《さだ》むべし。況滅度後《きょうめつどご》の大難《だいなん》の三類《さんるい》、甚《はなはだ》しかるべしと。然《しかる》に我弟子《わがでし》等《とう》の中《なか》にも兼《かね》て聴聞《ちょうもん》せしかども、大小《だいしょう》の難来《なんきた》る時《とき》は今始《いまはじめ》て驚《おどろ》き肝《きも》を消《け》して信心《しんじん》を破《やぶ》りぬ。

『如説修行鈔《にょせつしゅぎょうしょう》』（七三一）

仏さえ弘法《ぐほう》の過程にさまざまの受難にさらされた。だから滅後における弘法者には、いっそうの苦難が起ると法華経に説かれる。況滅度後とはそのことであり、三種類の弾圧群がたちあらわれる。信仰即受難、受難即救済の論理を日蓮は弟子に語り教えた。「況滅度後と朝夕教えし事は是也《これなり》」といい、「兼《かね》て申さざりけるか」ともいう。大小破格の弾圧は転向棄教者の続出をみた。国権をかざしての抑圧であったから、退転脱落も無理からぬものであった。しかし日蓮は懸命に踏みとどまり、弟子達を支えた。

11月8日

我弟子《わがでし》に朝夕教《あさゆうおし》えしかども、疑《うたが》いをおこして皆《みな》すてけん。つたなき者《もの》のならいは、約束《やくそく》せし事《こと》をまことの時《とき》はわするゝなるべし。

『開目鈔《かいもくしょう》』（六〇四）

信仰とはつらいものである。無疑の信をつらぬくことはほとんど至難でもある。信仰には多くの困難がつきまとう。内《うち》なる心の反乱もあり、外《そと》からの圧迫もある。信仰は迫害とつれそうといえよう。だから日蓮は、弟子たちに朝に夕に教えていた。信仰することの持続の困難を。人間は弱い。土壇場《どたんば》、ぎりぎり結着の場にさらされて、本当の強弱が知られ真価がためされる。人は弱い。つたなき者＝拙者だ。拙者《つたなきもの》の習い性は、肝心の時に肝心の約束を放棄し忘れはててしまう。真《まこと》の時を生きようではないか。約束を履行しようではないか。仏との約束を、おのれとの約束を。

11月9日

但《ただ》し今夢《いまゆめ》の如《ごと》く宝塔品《ほうとうほん》の心《こころ》を得《え》たり。此経《このきょう》に云《いわ》く……。伝教大師云《でんぎょうだいしいわ》く……。天台大師《てんだいだいし》は……。安《あん》州《しゅう》の日蓮は恐《おそ》らくは三師《さんし》に相承《そうじょう》し法華宗《ほっけしゅう》を助《たす》けて末法《まっぽう》に流通《るつう》す。三《さん》に一《いち》を加《くわ》えて三国四師《さんごくしし》と号《なづ》く。

『顕仏未来記《けんぶつみらいき》』（七四二）

日蓮今にして彷彿《ほうふつ》として宝塔品の意味を確かめ得た。ありありと宝塔品の真意を体得した。留難《るなん》重畳《じゅうじょう》のはての述懐である。法華経第十一章宝塔品は、仏滅後の法華経広布が大難事であることを述べ、しかもなお忍難の流通を仏は命じていた。伝教大師は易《やす》きを捨て難きに就《つ》く丈夫《じょうぶ》の心を発《おこ》してこの難事に身を挺し、天台大師は釈尊に信順して法華経宗を中国に敷演高揚《ふえんこうよう》した。日本安房《あわ》の国に生れた日蓮は、印度釈尊―中国天台―日本伝教の三国三師の法華仏教を受け継いだ。故《ゆえ》に一を加えることができよう。即ち「三国四師」である。

11月10日

願《ねが》くは、我《われ》を損《そん》ずる国主等《こくしゅとう》をば最初《さいしょ》にこれを導《みちび》かん。我《われ》を扶《たす》くる弟子等《でしとう》をば釈尊《しゃくそん》にこれを申《もう》さん。我《われ》を生《う》める父母等《ふぼとう》には未《いま》だ死《し》せざる已前《いぜん》に此《こ》の大善《だいぜん》を進《すすめ》ん。

『顕仏未来記《けんぶつみらいき》』（七四二）

迫害下に日蓮は思う。再三殺害せんとした国主およびその輩下。政権の柄《へい》を握る執権北条氏。その御内《みうち》平頼綱。彼等はこぞって日蓮を迫害したが、彼等こそ日蓮の善知識・恩人。だからいう。「我を損ずる国主等をば最初にこれを導かん」。またいう。我をして大法流布の任を果《はた》さしめ支え扶《たす》けてくれた同行《どうぎょう》の弟子・檀越の功績をまず釈尊に報告言上しよう。さらにいう。法華行者の我を生める大恩の父母乃至《ないし》師匠・故旧の人々・生国日本等に、生前に法華の大善を勧進《かんじん》しよう。恩徳報謝の大誓願である。自己滅却の報恩行である。

11月11日

世間《せけん》に人《ひと》の恐《おそ》るゝ者《もの》は火炎《ほのお》の中《なか》と刀剣《つるぎ》の影《かげ》と此《この》身《み》の死《し》するとなるべし。牛馬《ぎゅうば》猶《なお》身《み》を惜《おし》む、況《いわん》や人《にん》身《しん》をや。癩人《らいにん》猶《なお》命《いのち》を惜《おし》む、何《いか》に況《いわん》や壮人《そうにん》をや。

『佐渡御書《さどごしょ》』（六一一）

この書『佐渡御書』は、流刑地佐渡から幕府の大弾圧下にあって疑惑を生じ退転におもむき、失意・恐怖におののく門下一同へあてて督励した状。その冒頭、師日蓮は死の島佐渡へ流され、弟子は獄舎につながれ、檀越《だんのつ》たちまた破格の抑圧下に身をおいた。日蓮への信仰は結果、死の恐怖とつれそうものとなった。日蓮は必死に説き懸命に支えた。信仰と弾圧の問題、疑惑の払拭、自身の資格、転向の無意義、………そして何よりも法華経の再検討。『開目鈔』がそれだが、この書はその要旨の再説。法に死すのが信。法を活かすのも信。法に生き法に死せよ。命かぎりあり、惜しむべからず。

11月12日

夫《そ》れ、一切衆生《いっさいしゅじょう》の尊敬《そんぎょう》すべき者《もの》三《み》つあり。所謂《いわゆる》、主《しゅ》・師《し》・親《しん》これなり。又《また》、習学《しゅうがく》すべき物《もの》三《み》つあり。所謂《いわゆる》、儒《じゅ》・外《げ》・内《ない》これなり。

『開目鈔《かいもくしょう》』（五三五）

まず提示すべきことがある。我等が尊敬し習学せねばならぬ各三つについてである。大著『開目鈔』はこのように書きだされる。主・師・親三徳絶対尊崇と儒・外・内三道必習の呼びかけであった。人間として尊敬すべきは多いが、主・師・親にまとめられよう。宗教の世界においては、仏教の根本精神をふまえれば、尊敬対象は三つ。三徳への報恩の道を教える習学対象が三つ。中国哲学儒教、インド哲学バラモン教、そして仏教。三徳崇敬・三道習学は人間として絶対規準。『開目鈔』はまずこう総挙。ついで、三つの尊敬・三つの習学それぞれを、精緻厳正かつ周匝《しゅうそう》に究尽する。

11月13日

我身《わがみ》法華経の行者《ぎょうじゃ》にあらざるか。此《こ》の疑《うたが》いは此《こ》の書《しょ》の肝心《かんじん》、一期《いちご》の大事《だいじ》なれば、処々《しょしょ》にこれを書《か》く上《うえ》、疑《うたが》いを強《つよ》くして答《こたえ》をかまうべし。

『開目鈔《かいもくしょう》』（五六一）

「此の書」とは『開目鈔』。『開目鈔』の趣旨、著述目的は一つ。「我身法華経の行者にあらざるか」。この一点であり、このことの検証は「一期の大事」であるという。日蓮の生涯は法華経の行者につきる。法華経の行者をめざし実践してきた。そのことのために破格の弾圧を生み、身は流地にあり教団は壊滅に瀕した。檀越の脱落転向はなだれ打ち主なき教団は全き分裂の危機にある。生涯最大の危機にあって自己剔抉の筆を呵し、冷厳客観に己れを裁断する。日蓮の自己検証を深刻に再検証せよと迫る。大いに疑い徹底して不信を投げつけ対決せよ。そのはてに答を見出せと。

11月14日

当世《とうせい》日本国《にほんこく》に第一《だいいち》に富《と》める者《もの》は日蓮なるべし。命《いのち》は法華経にたてまつる。名《な》をば後代《こうだい》に留《とどむ》べし。大海《たいかい》の主《ぬし》となれば諸《もろもろ》の河神《かしん》皆《みな》したがう。須彌山《しゅみせん》の王《おう》に諸《もろもろ》の山神《さんじん》したがわざるべしや。

『開目鈔《かいもくしょう》』（五八九）

釈迦仏の使徒・日蓮。釈迦仏の命・法華経。法華経の行者・日蓮。仏使日蓮は命を釈迦仏・法華経にささげ、懸命捨身の歩みを歩んだ。値難累積のはてに死の島佐渡へと流された。そこでの大著『開目鈔』は日蓮の最大長篇。かたみとして綴った真に血涙の書である。身は人として最悪最底の境にさらされて、今の日本国にあって第一の〝富者〟といいきった。信仰者の法悦、精神の充足、心裡の歓び。苦境を歓喜と受けとめた日蓮は、「日蓮が流罪は今生《こんじょう》の小苦なればなげかしからず。後生《ごしょう》には大楽をうくべければ大《おお》いに悦《よろこ》ばし」と結んだ。

11月15日

相州《そうしゅう》鎌倉《かまくら》より北国《ほっこく》佐渡《さど》の国《くに》、其《そ》の中間《ちゅうかん》一千《いっせん》余《よ》里《り》に及《およ》べり。山海《さんかい》はるかにへだて山《やま》は峨峨《がが》、海《うみ》は濤濤《とうとう》。風雨《ふうう》時《とき》にしたがう事《こと》なし。山賊海賊《さんぞくかいぞく》充満《じゅうまん》せり。宿々泊々《すくすくとまりとまり》、民《たみ》の心《こころ》虎《とら》の如《ごと》し犬《いぬ》の如《ごと》し。

『日妙聖人御書《にちみょうしょうにんごしょ》』（六四七）

感嘆のほかはなかった。遠国佐渡へ流された日蓮を、子づれの女旅、困苦艱難をおかして一婦人が見舞った。信仰のゆえの壮挙であった。鎌倉・佐渡の道中、その労苦と恐怖、察することばがない。「いまだ聞かず、女人の仏法を求めて千里の路をわけし事を。須彌山《しゅみせん》をいたゞきて大海を渡る人をば見るとも此《この》女人をば見るべからず。砂をむして飯となす人をば見るとも此女人をば見るべからず。日本第一の法華経の行者の女人なり」。讃辞をつらね「かたがた筆も及ばず心弁《わきま》え難《がた》ければ止《とど》め了《おわ》んぬ」。

11月16日

女人《にょにん》は夫《おとこ》を魂《たましい》とす。夫《おとこ》なければ女人《にょにん》魂《たましい》なし。此《この》世《よ》に夫《おとこ》ある女人《にょにん》すら、世《よ》の中渡《なかわた》り難《がと》うみえて候《そうろう》に、魂《たましい》もなくして世《よ》を渡《わた》らせ給《たま》うが、魂《たましい》ある女人《にょにん》にもすぐれて、心中《しんちゅう》かいがいしくおわする。

『乙御前御消息《おとごぜんごしょうそく》』（一〇九七）

夫と別れて幼児を養う寡婦を激励した一文。不如意の婦人は鎌倉に住み熱誠の信に生きていた。佐渡へ流された日蓮を子づれの女旅で訪ねてもいたのである。「御勘気をかおりて佐渡の島まで流されしかば、問《と》い訪《にな》う人もなかりしに、女人の御身として方々《かたがた》御志ありし上、我と来り給いし事、現《うつつ》ならざる不思議也」。それだけに、よるべなき婦人と幼児を日蓮は案じ支えた。たのむ夫なき婦人の魂は信仰である。「人の心かたければ神の護り必ず強しとこそ候へ。是《これ》は御ためにも申すぞ」。呉々《くれぐれ》志の強盛たらんことを伝えた。

11月17日

科《とが》なき事《こと》すでにあらわれて、言《い》いし事《こと》も虚《むな》しからざりけるかのゆへに、御一門《ごいちもん》諸大名《しょだいみょう》は許《ゆる》すべからざるよし申《もう》されけれども、相模《さがみ》の守殿《かみどの》の御計《おんはから》いばかりにて、ついにゆりて、のぼりぬ。

『中興《なかおき》入道《にゅうどう》御消息《ごしょうそく》』（一七一六）

文永十一年二月十四日、流罪赦免状が発せられた。執権北条相模守時宗が反対派を押し切って赦免を断行したのである。その理由は犯科者ではなく讒言によるものであったという事、発言が正当であった事などである。犯禁者でなかった事はもとよりだが、発言の正当とは日蓮の内乱予言が事実となったことへの評価である。「佐渡国にてきらんとせし程に、日蓮が申せしが如く鎌倉に同志討始まりぬ。使い走り下りて頸をきらず。結句はゆるされぬ」。三月八日赦免状到来、同十三日鎌倉へ向けて離島した。

11月18日

されば、つらかりし国《くに》なれども、そり（剃）たるかみ（髪）をうしろ（後）へひかれ、すす（進）むあし（足）もかえりしぞかし。

『国府《こう》尼《あま》御前《ごぜん》御書《ごしょ》』（一〇六四）

「つらかりし国」・佐渡。流人として四年をすごした佐渡が島。飢え死かこごえ死か刺客の刃に倒されるか。死しか予測されぬ日々を日蓮はすごした。流人の島佐渡は死の島であった。その中にあって人間のぬくもりで日蓮をささえた島人も多かった。「しかるに尼御前並《ならび》に入道殿は、彼《か》の国に有《ある》時《とき》は人目《ひとめ》をおそれて夜中に食をおくり、或時《あるとき》は国のせめをもはばからず、身にもかわらんとせし人々なり」。これらの人々との別れは悲しいことであった。流罪赦免、離島にあたっての心の裡《うち》を切々として伝える。「つらかりし国」佐渡よ。雪氷遺棄のわが身を暖めてくれた島の人々よ。万感去来。

11月19日

四月八日に平《へい》の左衛門《さえもん》の尉《じょう》に対面《たいめん》の時《とき》、蒙古国《もうここく》は何比《いつごろ》かよせ候《そうろう》べきと問《と》うに、答《こたえ》て云《いわ》く、経文《きょうもん》は月日《つきひ》をささず、但《ただ》し天眼《てんげん》の怒《いか》り頻《しき》りなり、今年《ことし》をばすぐべからずと申《もう》したりき。

『法蓮鈔《ほうれんしょう》』（九五五）

三月十三日離島した日蓮は、同二十六日鎌倉に敢行した。ついで四月八日、平頼綱はじめ幕閣要人と会談。すでに自界叛逆難は的中していたから、来るべき他国侵逼難・蒙古軍侵攻の期日を日蓮にたづねる意図が幕府にあった。日蓮は断言する。襲来は今年と。「今年は一定《いちじょう》寄せぬと覚《おぼ》う」「よも今年はすごし候はじ」「今年よすべし」。この年秋十月五日、蒙古軍はおしよせる。四月八日会談は、三度目の国主諫暁《かんぎょう》であった。襲来の有無を問う以前になすべきことがある、そのことこそ為政の任に就く者の責務である、と日蓮は献言した。

11月20日

第三《だいさん》には、去年文永《こぞぶんえい》十一年四月八日、左衛門尉《さえもんのじょう》に語《かた》って云《いわ》く、王地《おうち》に生《うま》れたれば、身《み》は随《したが》えられたてまつるようなりとも、心《こころ》をば随《したが》えられたてまつるべからず。

『撰時抄《せんじしょう》』（一〇五三）

日蓮は三度にわたって為政者を直諫した。国主諫暁・国家諫暁といわれる。万民の代表国主がまず改心の実を示すべきだと。初度は文応元年七月十六日、二度は文永八年九月十二日、三度が掲出文で平頼綱への発言。これを「余に三度の高名あり」と誇称。精神の自立、良心の自由を告げる。身は治政下にあって委《ゆだ》ねるが心までは屈伏しないと。信仰は無上の力をもつ。俗権の猛威・黄金の誘惑・時代の群論・俗衆の迫害等々一顧の価なし。「たとい身は随う様《よう》に候へども、心は一向に用いまいらせ候まじ」。

11月21日

本《もと》よりご(期)せし事《こと》なれば、日本国《にほんこく》のほろびんを助《たす》けんがために、三度《さんど》諫《いさ》めんに御用《おんもち》いなくば、山林《さんりん》にまじわるべきよし存《ぜん》ぜしゆへに、同《どう》五月十二日に鎌倉《かまくら》をいでぬ。

『光日房御書《こうにちぼうごしょ》』(一一五五)

四月八日会談の献言も無視され、三度におよんだ国家諫暁《かんぎょう》もついにことごとく不毛に帰した。痛恨のおもいを抱いて日蓮は五月十二日鎌倉を退出し、孤影飄然《こえいひょうぜん》として甲斐の山路にわけ入り波木井《はきい》郷身延山《ごうみのぶさん》に庵を結ぶ。諫暁三度は、はたさねばならぬ責務として志願していた。その後の深山籠居は「本より」というように素願であった。「賢人の習い三度国を諫《いさ》むるに用いずば山林に交われということは定まれる例なり」ともいう。身延への路、それは峰に登り、谷を下り、河を渡る、いぶせき道であった。

11月22日

我身《わがみ》は釈迦仏《しゃかぶつ》にあらず、天台大師《てんだいだいし》にてはなけれども、まかるまかる昼夜《ちゅうや》に法華経をよみ、朝暮《ちょうぼ》に摩訶止観《まかしかん》を談《だん》ずれば、霊山浄土《りょうぜんじょうど》にも相似《あいに》たり、天《てん》台山《だいさん》にも異《こと》ならず。

『松野殿女房御返事《まつのどのにょうぼうごへんじ》』(一六五一)

日蓮にとって絶対尊崇の人師は釈迦仏と天台大師智顗《ちぎ》。釈迦仏は印度《いんど》の霊鷲山《りょうじゅせん》に住し、智顗は中国天台山にあって、それぞれ仏の本懐『法華経』を説き、その実践要綱書『摩訶止観』を著わした。時・所ともに異なっていても意《こころ》は同じ。いま日蓮は身延山中にあって昼夜朝暮、御経を読み止観を談ずる。かの霊鷲山・天台山に似て異なることはない。「庵の内には昼《ひる》は終日《ひねもす》に一乗妙典の御法《みのり》を論談し、夜は竟夜《よもすがら》要文誦持《じゅじ》の声のみす。伝え聞く釈尊の住み給いけん鷲峰《じゅほう》を我朝此砌《このみぎり》に移し置きぬ」ともいう。草庵の日々、法楽の日々。

11月23日

いまに生国《しょうごく》へはいたらねども、さすがこい(恋)しくて、吹《ふ》く風《かぜ》、立《た》つくも(雲)までも、東《ひがし》のかた(方)と申《もう》せば、庵《いおり》をいでて身《み》にふれ、庭《にわ》に立《たち》てみるなり。

『光日房御書《こうにちぼうごしょ》』(一一五五)

晩年の日蓮は甲斐身延《かいみのぶ》の山中深くにこもった。生国安房《あわ》の国は、甲斐の国より東にあたる。すでに老境にある日蓮。おりにつけ望郷の思いにひたされる。「さすがこいし」と。東から吹きよせる風、流れ行く雲。はるかに想いを故郷にはせつつ、ひととき庵室を出て東風を身に受け、空行く雲をあおぎ見んとて庭に立つ。亡き父母・故旧を追懐する山中の日蓮。甲斐の山まで、安房の潮風はとどかぬが、「我国の人といえばなつかし」とて「此《この》御ふみを給《たび》て心もあらずしていそぎいそぎひらき」見たという。故郷の人からの手紙の懐《なつか》しさ。

11月24日

日蓮恋《こい》しくおわせば、常《つね》に出《い》づる日《ひ》、夕《ゆう》べにいづる月《つき》をおがませ給《たま》へ。いつとなく日月《にちがつ》にかげ(影)をうかぶる身《み》なり。又後生《またごしょう》には霊山浄土《りょうぜんじょうど》にまいりあいまいらせん。

『国府尼御前御書《こうあまごぜんごしょ》』(一〇六四)

「さどの国のこうの尼御前」と宛書した建治元年六月十六日の手紙。国府に住み日蓮から国府入道・国府尼御前と呼ばれた夫婦は、雪を食べ草を摘んで命をささえる日蓮を支助し熱誠同信の徒となった。佐渡流罪をとかれた日蓮は、甲斐身延山にこもる。佐渡から身延へ、妻は夫の背にくさぐさのみやげをしつらえ旅立たせた。感動の再会と追憶。夫は教導の師日蓮に会えぬ妻の嘆きを語った。島へ帰る夫の手に妻あて書簡が握られていた。佐渡の人よ、国府の尼よ、天の日月を拝しつつ心をかよわせようと。

11月25日

いかなる御心《おんこころ》ねにて、かくかきわけて御訪《おんとぶらい》のあるやらん。知《し》らず、過去《かこ》の我父母《わがふぼ》の御神《みたましい》の御身《おんみ》に入《い》りかわらせ給《たま》うか。又《また》知《し》らず、大覚世尊《だいがくせそん》の御《おん》めぐみにやあるらん。涙《なみだ》おさえがたく候《そうら》へ。

『法蓮鈔《ほうれんしょう》』（九五三）

身延山は山岳重畳する中にそばだつ鬱然たる深山。日蓮の草の庵の生活は、「かかる山中の石《いわ》のはざま、松の下《もと》に身を隠し心を静む」ものであった。「山たかく、河ふかく、石多く、路せばし」という。「山くずれ、路ふさがり、人もかよわず」という。「冬は雪深く、夏は草茂り、問《と》う人希《まれ》なれば道をふみわくることかたし」ともいう。かかる深山幽谷の道なき道をかきわけて、遠近の信徒は日蓮に法門を問い、かつ衣・食を給すべく登山した。篤信の芳志に接して日蓮は、あらわに感動を伝え、そしてあらわに泣いた。

11月26日

抑《そもそも》各々《おのおの》はいかなる宿善《しゅくぜん》にて日蓮をば訪《にな》わせ給《たま》えるぞ。能々過去《よくよくかこ》を御尋《おんたず》ね有《あ》らばなにと無《な》くとも此度生死《このたびしょうじ》は離《はな》れさせ給《たま》うべし。……是偏《これひとえ》に末代《まつだい》の今《いま》の世《よ》を表《ひょう》する也《なり》。敢《あえ》て人《ひと》の上《うえ》と思食《おぼしめす》べからず。

『三三蔵祈雨事《さんさんぞうきうのこと》』（一〇七一）

省略部分は「すりはむどく（須梨槃特《すりはんどく》）は三箇年に十四字を暗《そら》にせざりしかども仏に成《な》りぬ。提《だい》婆《ば》は六万蔵を暗《そら》にして無間に堕《おち》ぬ」である。仏弟子の須梨槃特は人なみはずれた魯鈍で一時は教団を追放されかけたが、短句〝塵を払い垢を除く〟をようやく覚えて大悟した。提婆達多《だいばだった》はその聡明を悪逆にかえ仏に反逆して奈落におちた。一方は懸命一途、一方は倨傲《きょごう》不純。時をへだてて今の手本、他人事ではない。かかる事例を思うに、いったい皆さんの日蓮への訪問は宿善いかばかりか。檀越讃嘆のことばだ。

11月27日

人《ひと》にすてられたる聖《ひじり》の寒《かん》にせめられていかに心《こころ》ぐるしかるらんと、おもいやらせ給《たま》いておくられたるか。父母《ふぼ》におくれしよりこのかた、かかるねんごろの事《こと》にあいて候《そうろう》事《こと》こそ候《そうろう》はね。

『西山殿後家尼御前御返事《にしやまどのごけあまごぜんごへんじ》』（一九〇二）

「聖」は学徳すぐれた高僧の美称でもあるが、この場合は人に見すてられたというように山に籠る隠遁の僧に擬してのもの言いである。身延の日蓮は決していわれるような隠者ではない。不退の法戦に常に臨んだ行動者である。相手の境遇をおもい、立場にそって筆を尽すのは、文をよくした日蓮の常法である。甘酒・山の芋などを贈り届けた人は「夫《おとこ》にもすぎわかれ、たのむかたもなき尼《あま》」であった。不如意の身が信仰のゆえに供養の誠をささげたのである。書きついでいう。「涙もかきあへ候はぬぞ」と。

11月28日

昔《むかし》の得勝童子《とくしょうどうじ》は沙《すな》の餅《もち》を仏《ほとけ》に供養《くよう》し奉《たてまつ》りて阿《あ》育大王《いくだいおう》と生《う》まれて、一閻浮提《いちえんぶだい》の主《あるじ》たりき。貧女《ひんにょ》の我《わが》かしら（頭）をおろし（剃）て油《あぶら》と成《な》せしが、須彌《しゅみ》山《せん》を吹《ふ》きぬきし風《かぜ》も此火《このひ》をけさず。

『王日殿御返事《おうにちどのごへんじ》』（一八五三）

「弁房《べんぼう》の便宜《びんぎ》に三百文《もん》、今度《このたび》二百文給了《たびおわ》んぬ」と書きだされる女性信徒王日の供養への礼状。弟子弁房のつてに託して王日は布施を届けた。「仏は真に尊くして物によらず」と前置きして本文となる。尊貴無上の仏への供養は物の大小多寡ではなく、問題は真心であると。二百文・三百文の布施はいわば少額。それへのおもいやりも含まれていようが、真心からの奉仕は仏因となり仏となると王日の浄心の仏事を賞讃。故事二例、阿育王（アショーカ）と貧女の一灯を示し、「女人変じて仏となる」と嘉賞する。

11月29日

在世《ざいせ》の月《つき》は今《いま》も月《つき》、在世《ざいせ》の花《はな》は今《いま》も花《はな》、むかし(昔)の功徳《くどく》は今《いま》の功徳《くどく》なり。

『南条殿御返事《なんじょうどのごへんじ》』（一〇七九）

麦の供養への謝辞を述べた中の一節。仏弟子阿《あ》那律尊者《なりつそんじゃ》と迦葉《かしょう》尊者の故事を引き、供養の得果は仏となった。だから、「彼《かれ》をもって此《これ》を案《あん》ずるに、今の檀那の白麦《しらむぎ》はいやしくて仏にならず候べきか。おくり給びて候御心ざしは、麦にはあらず金《こがね》なり。金にはあらず法華経の文字なり。今の麦は法華経の文字なり」と芳志を讃える。釈尊在世の月は今もかわらず同じ月。花も同じ。懇志の功徳も同様である。「昔と今と一同なり」「在世は今にあり、今は在世なり」。古今通じて至誠・懇情もとることない。それらの事共《ことども》をおもうにつけ、変わることないばかりか、いよいよますますの篤《あつ》き信仰・熱誠の信心。讃ずるのほかは何もない。

11月30日

物種《ものたね》と申《もう》すもの一《ひとつ》なれども植《うえ》ぬれば多《た》となり龍《りゅう》は小水《しょうすい》を多雨《たう》となし人《ひと》は小火《しょうか》を大火《だいか》となす。衣《ころも》帷《かたびら》は一《ひとつ》なれども法華経にまいらせさせ給《たま》いぬれば法華経の文字《もんじ》は六万《ろくまん》……、一字《いちじ》は一仏《いちぶつ》なり。

『御衣竝単衣御書《おんころもならびにひとえごしょ》』（一一一一）

「御衣布《おんころもぬの》、竝《ならび》に御単衣《おんひとえ》給い候い了《おわ》んぬ」と書きだされた礼状の一節。衣類を贈られた日蓮は、着物の施しにことよせて法門をのべる。物の種は、一実が多果を生むように、法華経信仰からもたらされる浄資は、たとえ微小な一も一にとどまらぬとその果報多大をあかす。後文に「法華経の文字こそ真の仏」といい、引文に「一字は一仏なり」という。経文は仏の心、一字一仏。法華経は六万九千三百八十四字。さすれば六万九千三百八十四仏。贈与の衣を着て御経を読めば六万余仏にまみえることとなると。

12月

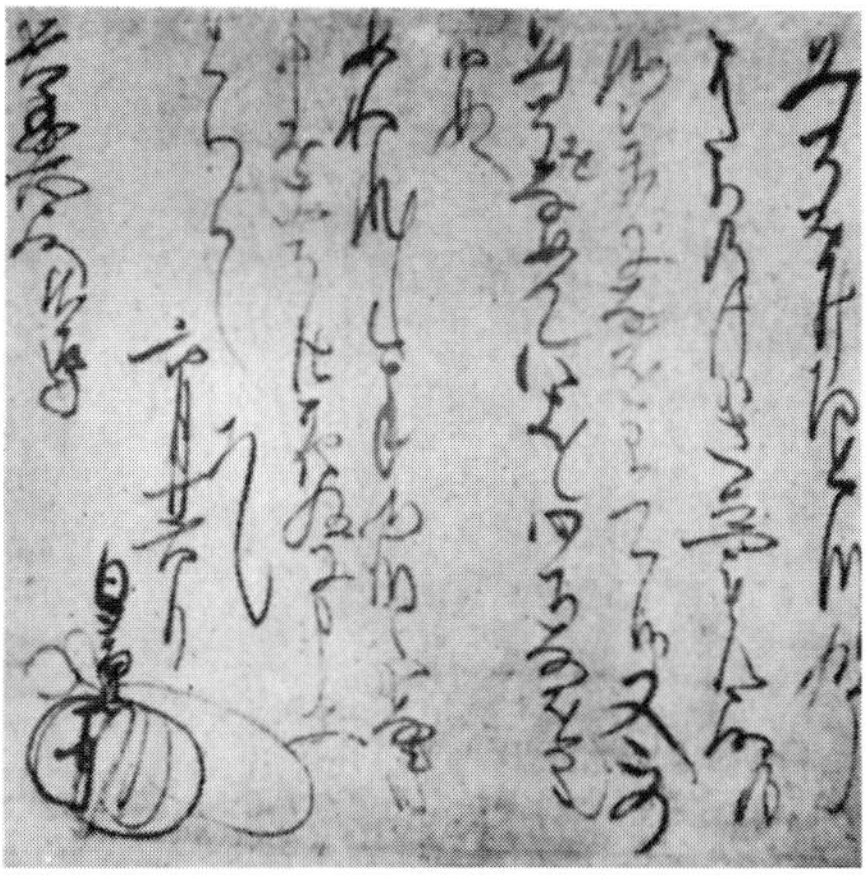

『**兵衛志殿御返事**』〈福井県妙勧寺蔵〉

『兵衛志《ひょうえさかん》殿《どの》御返事《ごへんじ》』〈福井県妙勧寺蔵〉

武蔵池上郷の地頭、池上兵衛志へあてた全文一紙の書状。弘安元年六月二十六日付。この日、日蓮は他に二通、前日も翌日もそれぞれ手紙を書いている。本状は味噌を贈られての礼状。「みそをけひとつ給了。……又このみそをなめていよ〳〵心ちなをり候ぬ」とある。

12月1日

みそおけひとつ給《たま》い了《おわ》んぬ。はらのけは左衛門《さえもん》殿《どの》の御薬《おんくすり》になおりて候《そうろう》。又《また》このみそをなめていよ〱心《ここ》ちなおり候《そうら》いぬ。あわれ〱今年《ことし》御《おん》つゝがなき事《こと》をこそ法華経に申《もう》し上《あ》げまいらせ候《そうら》へ。

『兵衛志殿御返事《ひょうえさかんどのごへんじ》』（一五二五）

味噌桶一樽いただきました。はらのけ（下痢）は四条左衛門尉頼基殿の調薬をのんでよくなりました。又、お届けいただいたこの味噌をなめて、ますます心地よくなりました。あゝ、どうか今年が無事息災でありますようにと、法華経の御前《みまえ》で祈らせていただきます。短簡の全文である。日蓮の身延の晩年は時に回復はあったものの病体であった。遠近の檀越は師の身を案じ療治薬を届けた。武蔵の池上《いけがみ》氏が味噌を届けたそれへの返報礼状である。池上一家の安泰を願い祈る山中の日蓮がしのばれる。

12月2日

日本国皆釈迦仏《にほんこくみなしゃかぶつ》を捨《すて》させ給《たま》いて候《そうろう》にいかなる過《か》去の善根《ぜんごん》にてや法華経と釈迦仏《しゃかぶつ》とを御信心《ごしんじん》ありて、各々集《おのおのあつま》らせ給《たま》いて八日《ようか》を供養申《くようもう》させ給《たま》うのみならず、山中《さんちゅう》の日蓮に華香《けこう》を送《おく》らせ候《そうろう》やらん。

『四条金吾殿御返事《しじょうきんごどのごへんじ》』（一九〇六）

仏教の根源・原拠は釈迦仏であって、他の何者でもあり得ない。根本・基本は釈迦仏であり、他ありとすれば枝葉・派生で末節・亜流。どうしようもない原則である。しかるに、釈迦仏が捨てさられ、かわってたとえば阿弥陀仏・大日如来・薬師仏等々、はては自身即仏とののしるおもいあがりの野狐禅の徒すらある。壊乱・腐乱も極まれりとの思いは一人日蓮のみではあるまいが、趨勢に棹《さお》さして敢然立った。仏教は釈迦一仏。仏誕日の八日、鎌倉の信徒は讃仏の集いを修す。身延山中の日蓮は信徒の美挙を讃う。

12月3日

田舎《いなか》に於《おい》て邪正《じゃしょう》を決《けっ》せば、暗中《あんちゅう》に錦《にしき》を服〔着《き》〕て遊行《ゆうぎょう》し、澗底《かんてい》の長松《ちょうしょう》匠《たくみ》に知《し》られざるか。兼《かね》て又《また》、定《さだ》めて喧嘩《けんか》出来《しゅったい》の基《もとい》なり。

『強仁状御返事《ごうにんじょうごへんじ》』（一一二二）

強仁なる学僧が身延の日蓮に状を寄せ宗義の論争を申し出た。法門論談・公場対決は日蓮久しい希望。諸宗高僧これを回避して受ず。「此事余《このことよ》も年来鬱訴《うっそ》する所也。忽《たちま》ちに返状を書いて自他の疑冰《ぎひょう》を釈《と》かんと欲す」と応受。「但し歎ずるは」とて引文に続く。切角の申し越しだが宗論は公開の場で行うべきである。田舎での私的非公開の法論は公正な決着を妨げ、あげくはつまらぬ喧嘩となり終わる。暗夜の美服は無意味であり、谷底の美松は工匠の目にとまらぬではないか。だから、どうか朝廷か幕府へ奏問されたい。公場対決・公開論争の呼びかけである。正々の旗堂々の陣。

12月4日

今幸《いまさいわい》に強仁上人《ごうにんしょうにん》御勘状《ごかんじょう》を以《もっ》て日蓮を暁喩《ぎょうゆ》す。然《しか》るべくんば此次《このつい》でに天聴《てんちょう》を驚《おどろ》かし奉《たてまつ》て決《けっ》せん。速々《そくそく》天奏《てんそう》を経《へ》て疾々《とくとく》対面《たいめん》を遂《と》げ邪見《じゃけん》を翻《ひるがえ》し給《たま》へ。書《しょ》は言《ことば》を尽《つく》さず言《ことば》は心《こころ》を尽《つく》さず。悉々《しつしつ》公場《こうじょう》を期《ご》す。

『強仁状御返事《ごうにんじょうごへんじ》』（一一二三）

為政の府鎌倉にあって日蓮は、久しきにわたって諸大寺高僧との公場対決を願望していた。幕府の官僧的存在として権勢をほこった極楽寺良観、建長寺道隆たちは、日蓮の学識に畏怖し宗論敗北による権威の失墜を恐れて逃避をつづけ、日蓮は「終《つい》に空《むな》く年月を送」った。今、強仁の来勘に接して日蓮は欣喜《きんき》し雀躍《じゃくやく》した。過去の経験から鎌倉に期待はもてぬ。京都天奏はさらに願うところ。速々の天奏、疾々の対面、くれぐれ公場面談の時期いたるを待つ。勇躍のこころをのせて日蓮は返報した。

12月5日

今度《こんど》ぞ三度《さんど》になり候《そうろう》。法華経もよも日蓮をばゆるき行者《ぎょうじゃ》とはおぼせじ。釈迦《しゃか》・多宝《たほう》・十方《じっぽう》の諸仏《しょぶつ》・地涌千界《じゆせんがい》の御利生《ごりしょう》、今度《こんど》みはて(見果)候《そうろ》わん。あわれ〳〵さる事候《ことそうら》へかし。

『檀越某御返事《だんのつぼうごへんじ》』(一四九三)

弘安元年四月十一日の手紙。鎌倉居住の檀越は身延の日蓮に急報した。幕府は、日蓮を三度目の流罪に処すと決したと。報に接して日蓮は、悠揚《ゆうよう》迫らぬ態度を持し、「御文《おんふみ》うけ給わり候い了《おわ》んぬ。もしその義候《ぎ》わば、用《もち》いて候わんには百千万億倍のさいわいなり」といい、「あわれ〳〵さる事の候へかし」、どうぞどうぞ三度流罪を実現してくださいといい切った。この年、日蓮は五十七歳。殉教の意気いぜんとして壮《さかん》であった。伊豆・佐渡につづいて三度目の流罪。よし、流さば流せ。凄まじい。

12月6日

いたずらに、やくびょう(疫病)にやおかされ候《そうろ》わんずらむ。おいじに(老死)にや死《し》に候《そうろ》わんずらむ。あらあさまし〳〵。願《ねが》くは法華経のゆえに国主《こくしゅ》にあだまれて今度生死《こんどしょうじ》をはなれ候《そうろう》ばや。

『檀越某御返事《だんのつぼうごへんじ》』(一四九三)

疫病が全国を風靡《ふうび》していた。飢饉《ききん》につづく疫病の蔓延は多くの人々を死に追いやった。日蓮も病《や》んでいた。また六十に近い老体でもあった。日蓮にとって、病死・老死はあさましい死に方であった。老病死は、だれにとってもあさましいにちがいないし、まぬがれ得ない。それを熟知しつつ日蓮は、なおあさましいとて拒否し、かうるに国主に敵視されての殉教死を念願した。主権者を向うにまわしての死、壮烈な殉死こそ、いくたびも生死の竿頭を出入した日蓮にとって願求すべき道であった。

12月7日

仏《ほとけ》は法華経謗法《ほうぼう》の者《もの》を治《ぢ》し給《たま》わず、在世《ざいせ》には無《な》きゆへに。末法《まつぽう》には一乗《いちじよう》の強敵充満《ごうてきじゆうまん》すべし、不軽《ふきよう》菩薩《ぼさつ》の利益《りやく》これなり。各々我弟子等《おのおのわがでしとう》、はげませ給《たま》へ〳〵。

『諫暁八幡抄《かんぎようはちまんしよう》』（一八五〇）

抱負雄大と策励の辞。仏は法華経を誹謗する不信で無善根の根本悪者救済は放棄された。なぜならば、仏のご在世にはかかる謗法の輩がいなかったからである。しかし、末法には必ず一乗真実経・法華経の広布を妨げる大敵・強敵が充満する。かの不軽菩薩が折伏逆化《しやくぶくぎやつけ》・而強毒之《にごうどくし》、不退強烈な修行と布教に勉励して謗法者の救済に献身し、人々に大利を与え自らも大利益を得た。末法の弘通は難事である。大法のため、大利のため、さあ我弟子たちよ、懸命に励もうではないか、弘通に精進しようではないか。

12月8日

此法門《このほうもん》を申《もう》すには必《かなら》ず魔出来《ましゆつたい》すべし。魔競《まきそ》わずは正法《しようぼう》と知《し》るべからず。第五《だいご》の巻《まき》に云《いわ》く……。此釈《このしやく》は日蓮が身《み》に当《あた》るのみならず、門家《もんか》の明鏡《めいきよう》也《なり》。謹《つつしん》で習《なら》い伝《つた》えて未来《みらい》の資糧《しりよう》とせよ。

『兄弟鈔《きようだいしよう》』（九三一）

前文に「摩訶止観《まかしかん》の第五ノ巻の一念三千《いちねんさんぜん》は、今《いま》一重立入《いちじゆうたちいり》たる法門ぞかし」とあり、省略部分は「行解《ぎようげ》既《すで》に勤《つと》めぬれば三障四魔《さんしようしま》紛然《ふんぜん》として競《きそ》い起《おこ》る」とある。一念三千仏種の法門は、前代未聞、破天荒の教説のゆえに、さまざまな非難、妨害がつきまとう。〃好事魔多し〃である。天台大師の極説『摩訶止観』五巻はそのことをあかす。法門のゆえに迫害弾圧にあけくれた日蓮。門下また抑圧にさらされた。正法阻止《そし》に向かって魔は群《むら》がり競《きそ》い起った。日蓮の教説が正法たることの具体的なあかしとして魔があった。

12月9日

大事《だいじ》には小瑞《しょうずい》なし。大悪《だいあく》おこれば大善《だいぜん》きたる。すでに大謗法国《だいほうぼうこく》にあり、大正法《だいしょうぼう》必《かなら》ずひろまるべし。各々《おのおの》なにおかなげかせ給《たま》うべき。

『大善大悪御書《だいぜんだいあくごしょ》』（八七七）

めでたいしるしやきざしである瑞相・瑞兆は、どうでもよい小事にはおこらず、大事におこる。大事に小瑞なく大瑞があらわれる。一方、小を捨てて大に就くべきであり、小を忍びずば大謀《たいぼう》は無理なこと。大悪の興起は大善興起の大瑞とおもうべきである。大悪の根源、法華経誹謗の大謗法が国土に充満していることは、大正法たる法華経信仰が流布する大瑞相であり明証である。「魔競《きそ》わずは正法と知るべからず」なのだから、眼前の大悪は悲歎すべきではなく、逆に喜びである。「舞《まい》をも舞《まい》ぬべし、立《たち》て踊《おど》りぬべし」といって弾圧下の門弟を鼓舞する日蓮。

12月10日

仏《ほとけ》、法華経をとかせ給《たま》いて今《いま》にいたるまでは二千二百二十余年《よねん》になり候《そうら》えども、いまだ法華経を仏《ほとけ》のごとくよみたる人《ひと》は候《そうろ》わぬか。大難《だいなん》をもちてこそ、法華経しりたる人《ひと》とは申《もう》すべき。

『上野殿御返事《うえのどのごへんじ》』（一三〇七）

「此《これ》をもておもい候えば」につづいて引文となる。この事実をもってよくよく考えればとの「此《これ》」とは、教主釈尊ご在世受難の数々を指摘したもの。「仏すら九横《くおう》の大難にあい給う」「仏に九横の大難有り」と日蓮はしばしば語る。仏でさえも批判者・敵対者にさんざんな目にあわされた。だから我等の受難も当然のことと日蓮は観念する。このことを引きあいに出して、苦難にさらされる門弟を慰撫激励したのである。大難遭遇こそ正法の証《あかし》。法華経を知るとは経との一体、全身で読むこと。そこに難来る。

12月11日

法華経の極理《ごくり》南無妙法蓮華経の七字《しちじ》を、始《はじめ》て持《たも》たん日本国《にほんこく》の弘通《ぐづう》の始《はじめ》ならん人《ひと》の、弟子檀那《でしだんな》とならん人人《ひとびと》の大難《だいなん》の来《きた》らん事《こと》をば、言《ことば》をもて尽《つく》し難《がた》し、心《こころ》をもておしはかるべしや。

『兄弟鈔《きょうだいしょう》』（九三一）

法華経信仰を受持《じゅじ》するということは、必ず種々の大難に遇《あ》う。受難は正信の証《あかし》である。「浅事《せんじ》だにも成《じょう》ぜんとすれば四魔競《きそい》て成じがたし」だ。〝艱難《かんなん》汝《なんぢ》を玉にす〟。「此法門を申すには必ず魔出来すべし。魔競わずは正法と知るべからず」。受難の克服あって信仰の歓喜を生む。とはいえ、南無妙法蓮華経を始唱した日蓮、その日蓮の門下となった弟子や檀那たちに加わる大難の数々におもいをこめれば、悲愁・哀感こもごも湧くが、言葉に尽せず心にも推《お》しはかりがたい。受難の門弟に日蓮は心をくだく。

12月12日

此《これ》より後《のち》もいかなる事《こと》ありとも、すこしもたゆむ事《こと》なかれ。いよ〳〵はりあげてせむべし。たとい命《いのち》に及《およ》ぶとも、すこしもひるむ事《こと》なかれ。あなかしこ〳〵。

『兵衛志殿御返事《ひょうえさかんどのごへんじ》』（一三七一）

日蓮の信徒池上《いけがみ》兄弟と父との家庭争議は、ことが信仰問題であったから悶着長く尾を引き兄は二度におよんで父子義絶の厄を招いた。日蓮は手紙一本で兄弟を教導しついに父の入信で落着するに至るが、この書状は二度目の勘当を危惧し予測しての訓誡である。この後もどんな事態が突発してもけなげに対処し、気をゆるめたり油断したりは禁物。いよいよ気をひきしめひるんではなりませんぞ。このことは肝心なことですぞ、肝心なことですぞ。当代、親権は絶対であった。捨身の決断を要した所以である。

12月13日

設《たと》い、いかなるわづらわしき事《こと》ありとも夢《ゆめ》になして、只《ただ》法華経の事《こと》のみ、さはぐらせ給《たま》うべし。

『兄弟鈔《きょうだいしょう》』（九三三）

たとえどんなにか面倒で気の重いことができても、思い悩み、うろたえることなく、一場の夢とかたづけひたすら信頼する法華経にのみ心をよせて取り扱ってください。『兄弟鈔』は武蔵《むさし》の地頭、池上兄弟への消息。兄弟と父は日蓮の教説をめぐって対立。父は兄を勘当した。父と兄の間にはさまれて弟は苦悶する。「一切は親に随うべきにてこそ候へども、仏になる道は随わぬが孝養の本《もと》にて候か」ともいい切った。世俗倫理と宗教の衝突。父子の葛藤は年余に及ぶ。法華一向、只法華経が落着に導いた。信仰の世界に甘えも妥協もない。信仰は絶対闘争の世界である。無限闘争の世界である。だから、ぎりぎりの言葉で教示した。

12月14日

せん(詮)するところ、ひとすぢにおもい切《きり》て、兄《あに》と同《おな》じく仏道《ぶつどう》を成《な》り給《たま》へ。親父《しんぶ》は妙荘厳王《みょうしょうごんおう》のごとし、兄弟《きょうだい》は浄蔵《じょうぞう》・浄眼《じょうげん》なるべし。昔《むかし》と今《いま》はかわるとも、法華経のことわりたがうべからず。

『兵衛志殿御返事《ひょうえきかんどのごへんじ》』（一四〇三）

池上兄弟と父との葛藤はうずまく。兄、大夫志宗仲《むねなか》は強信を貫いた。弟、兵衛志宗長《むねなが》は父を捨て兄につくか、つまり信仰を貫くか、兄を捨て父につくか、つまりは実利について家督を相続するか、択一の岐路に立って苦悶をかさねた。日蓮の教示のことばは連綿としてつづく。法華経第二十七章は、邪信の父王妙荘厳とそれを改信させた仏徒浄蔵・浄眼二子の物語である。昔、父のめざめをいざなった兄弟。今、池上兄弟も合力して故事に習え。日蓮は全智を傾けことばをつくして教導し救済せんとする。

12月15日

との（殿）は、現前《げんぜん》の計《はか》らいなれば親《おや》につき給《たま》わんずらん。ものぐる（物狂）わしき人々《ひとびと》は、これをほめ候《そうろう》べし。

『兵衛志殿御返事《ひょうえさかんどのごへんじ》』（一四〇三）

「現前の計らい」とは、目前の利害損得に対する計算。「殿」は、池上兄弟の弟兵衛志。信仰の相違のゆえに親父左衛門大夫は兄を勘当し弟に家督を譲らんとした。弟は兄と共に同信して義絶されるか、兄に背き親に随う邪信とひき替えに家督をつぎ名誉も地位も獲得して実利につくか。苦悶のはてに弟はほとんど親に傾いた。「ものぐるわしき人々」、世間の迷っている人達、欲に目のくらんだ人、打算にたけた連中。これらは多く通常人、普通人間。これら愚人にほめられても意味はない。狂人になるな。「人《ひと》久しといえども百年には過《すぎ》ず。其《そ》の間《あいだ》の事《こと》は但一睡《ただいっすい》の夢ぞかし」。考えよ。

12月16日

わどの（和殿）兄《あに》をすてゝ兄《あに》があとをゆづられたりとも、千万年《せんまんねん》の栄《さかえ》かたかるべし。しらず、又《また》わづかの程《ほど》にや。いかんが此世《このよ》ならんずらん。よく〳〵思《おも》い切《きっ》て一向《いっこう》に後世《ごせ》をたのまるべし。

『兵衛志殿御返事《ひょうえさかんどのごへんじ》』（一四〇六）

和殿は貴殿・あなた。兵衛志殿、あなたが兄を捨て去って兄の家督権をもし相続したとしても、それによって無限の繁栄を約束されるというものではありません。多分、あなた一代わずかのことでありましょう。どうして此世でないことがありましょう。此世とは、転変して不定ということです。僅々の間に滅《ほろ》んでしまう、それが此世・現世の掟です。この事実をよくよく考えてひと思いに一向後世・永遠の命に思いをかけ、安住不滅の後世をこそ信頼すべきであります。名誉も地位も財産もたかだか「僅《わず》かの程」です。

12月17日

あわれ〳〵いつかけさん(見参)に入《いっ》て申《もう》し候《そうら》はん。又《また》むかいまいらせ候《そうら》いぬれば、あまりのうれしさに、かたられ候《そうら》はず候《そうら》へば、あら〳〵申《もう》す。よろづは心《こころ》にすい(推)しはからせ給《たま》へ。

『兵衛志殿御返事《ひょうえさかんどのごへんじ》』(一五〇七)

さしも池上家父子の争いも解決をみるにいたった。絶望の境地から身をおこして信仰を貫徹した兄弟を、日蓮は伝えることばがないほどに感動した。父の権威からする圧迫に子として抗することは世間の人倫に背くことであったから限りない苦悩が伴った。それを乗り越え大道を貫き二度の勘当にも屈することはなかった兄。翻弄されつつも一念の信を守り通した弟。それを教導し解決に導いた日蓮。言うべきことばもなく「あまりにとうとくうれしき事」であったから「百千枚に書《かく》とも尽《つ》」きぬともいう。かくし得ぬ喜びがあふれる。

12月18日

青鳧五貫文《せいふごかんもん》、送《おく》り給《たま》い了《おわ》んぬ。
唱《とな》え奉《たてまつ》る南無妙法蓮華経《なむみょうほうれんげきょう》一辺《いっぺん》の事《こと》。恐々《きょうきょう》。
六月十八日　　日蓮　花押《かおう》
兵衛志殿御返事《ひょうえさかんどのごへんじ》

『兵衛志殿御返事《ひょうえさかんどのごへんじ》』(一三四五)

建治三年六月十八日、池上兵衛志あての消息。厖大にのこる日蓮遺文の中で、最も短篇の書簡。ここには、月日・署名・花押・充所《あてどころ》を含めた全文をのせた。原文は仮名《かな》交り文ではないから字数はさらに少ない。長文懸河の手紙の多い日蓮にとって、この状は異例というべきだ。「金子《きんす》五貫文拝受しました」の謝辞をのぞけば、「奉唱南無妙法蓮華経一辺事」のみ十二字。もとより異例の理由がある。日蓮と池上家の信仰をめぐる暗葛藤とその克服事件である。信を貫いた池上氏。指導した日蓮。満腔の喜びがあり、題目一辺に千鈞《せんきん》の重みがある。

12月19日

蒙古国《もうここく》より筑紫《つくし》によせて有《あり》しに対馬《つしま》の者《もの》かためて有《あり》しに宗摠馬尉《そうのそうまのじょう》逃《にげ》ければ、百姓等《ひゃくしょうとう》は男《おとこ》をば或《あるい》は殺《ころ》し或《あるい》は生取《いけどり》にし、女《おんな》をば或《あるい》は取集《とりあつ》めて手《て》を通《とお》して船《ふね》に結付《ゆいつけ》或《あるい》は生取《いけどり》にす。一人《いちにん》も助《たす》かる者《もの》なし。

『一谷入道御書《いちのさわにゅうどうごしょ》』（九九五）

文永十一年十月五日、蒙古軍は対馬に侵攻。島主宗助国一族はじめ全島の男女全滅。壱岐の虐殺も同じ。平戸・鷹島・能古が襲われ箱崎焼かれ大宰府もおちた。屠殺に等しい殺戮《さつりく》の嵐吹き荒れて第一回蒙古襲来は終わった。国土蹂躙《じゅうりん》の悲惨を回避すべく日蓮は、このことあるをつとに指摘し方策を提示しつづけてきた。「大蒙古国よりよせて候と申せば、申せし事を御用いあらばいかになんどあはれなり。皆人の当時の壱岐対馬のようにならせ給はん事、思いやり候へば涙もとまらず」。痛嘆の他《ほか》なかったから「悲しむべし悲しむべし」と。

12月20日

されば、国土《こくど》いたくみだれば、我身《わがみ》はいうにかいなき凡夫《ぼんぶ》なれども、御経《おんきょう》を持《たも》ちまいらせ候《そろ》う分《ぶん》斉《ざい》は、当世《とうせい》には日本第一《にほんだいいち》の大人《たいじん》なりと申《もう》すなり。

『撰時抄《せんじしょう》』（一〇五六）

日蓮は『立正安国論』においてつとに内乱《ないらん》・外《がい》寇《こう》の必至を経説を根拠として予言していた。のち文永九年、北条執権時宗《ときむね》と庶兄時輔《ときすけ》等は鎌倉・京都で内戦。ついで文永十一年、蒙古《もうこ》の日本侵略軍が襲来した。国土は乱れた。予言の的中である。我身はたかだか一介の凡夫にすぎぬけれども、御経を身に持しているかぎりは、仏の使者・名代《みょうだい》である。今の日本では第一の人物というべきである。仏使日蓮として仏の与望を担っている者の自信と気迫にあふれている。責任を果した者の誇りであって大慢ではない。それは、「御経」＝法華経の絶対尊貴と絶対尊崇にもとづく。

12月21日

蒙古国《もうここく》の事《こと》を聞《きい》ては、羊《ひつじ》の虎《とら》の声《こえ》を聞《き》くがごとし。また筑紫《つくし》へおもむきて、いとおしき妻《め》を離《はな》れ、子《こ》を見《み》ぬは、皮《かわ》をはぎ、肉《にく》を破《やぶ》るがごとくにこそ候《そうろう》らめ。

『上野殿御返事《うえのどのごへんじ》』（一七六七）

蒙古軍の来襲は悲惨のほかなかった。多数の人々が殺されていった。残ったものは、人々の痛哭と恐怖ばかりであった。人々は再襲におののいた。「かの打手に向いたる人々の嘆き、老たる親、幼き子、若き妻、めづらしかりし住家うち捨てて、よしなき海をまもり雲の見うれば旗かと疑い、釣船の見ゆれば兵船かと肝心《きもこころ》をけす。日に一・二度山へのぼり夜に三・四度馬に鞍《くら》をおく。現身に修《しゅ》羅道《らどう》を感ぜり」「かく嘆かんほどに、蒙古の兵《つわものせ》攻め来《きた》らば、山も海も生取《いけどり》か、船の内か、高麗《こうらい》かにて憂目《うきめ》にあわん」。痛嘆の辞はつづく。

12月22日

このよ（世）の中《なか》はいみじかりし時《とき》は、何事《なにごと》かあるべきとみえしかども、当時《とうじ》はことにあぶなげにみえ候《そうろう》ぞ。いかなる事《こと》ありともなげかせ給《たま》うべからず。

『南条殿御返事《なんじょうどのごへんじ》』（一〇八〇）

この世が人が、安穏・順調で喜ばしい時は、不安などはまるで感じることはなく、世の乱れや不遇がおころうとも思わない。太平楽をきめこむものである。一端事急《こと》を告げればどうなることであろうか。現在はどうであろうか。危殆《きたい》に瀕しているではないか。蒙古軍襲来下、国はあげて動揺し驚動した。その震撼のさまはすでに襲来に先きだつ蒙古国書の到来時、「蒙古国の牒状《ちょうじょう》に正念《しょうねん》をぬかれてくるう」ありさまであった。このことあるを日蓮と門弟は予知し警告していたから、あわてふためくことはなかった。

12月23日

本師《ほんし》既《すで》に曲《まが》れり。末葉《まつよう》豈《あ》に直《すなお》ならん乎《や》。源《みなもと》濁《にご》れば流《なが》れ清《きよ》からず等《とう》とは是《こ》れ之《これ》を謂《い》うか。これに依《よ》って日本《にほん》久《ひさ》しく闇夜《あんや》となり、扶桑《ふそう》終《つい》に他国《たこく》の霜《しも》に枯《かれ》んと欲《ほっ》す。

『太田《おおた》入道殿《にゅうどうどの》御返事《ごへんじ》』（一一一七）

ここでの「本師」は真言宗の元祖たち善無畏・金剛智・不空・弘法・慈覚・智証。真言密教は世をおおって低俗な祈祷万能の変体をさらし、仏道に名をかりての邪道に陥没した。護国と称するも亡国の元凶と日蓮は指弾。真言亡国は仏法歪曲にもとづき濁乱を招く。無明の長闇にとざされて仏光かくれ、混迷の深まりは他国の責《せめ》となって日本国ついに破滅せんとす。蒙古軍侵攻下、亡国の真言に棹《さお》さして救国の大法を担《にな》わんとする日蓮。本師の曲解は末輩も邪曲。源流の汚濁は下流もしかり。理非曲直は見易いこと。

12月24日

人《ひと》は見《み》る眼《め》の前《まえ》には心《こころ》ざし有《あ》りとも、さし離《はな》れぬれば心《こころ》は忘《わす》れずともさてこそ候《そうろう》に、去《いぬる》文永《ぶんえい》十一年より今年《ことし》弘安元年《こうあんがんねん》まではすでに五ケ年《ごかねん》が間《あいだ》此《この》山中《さんちゅう》に候《そうろう》に佐渡《さど》の国《くに》より三度《さんど》まで夫《おっと》を遣《つか》わす。

『千日尼御前《せんにちあまごぜん》御返事《ごへんじ》』（一五四五）

去る者は日々に疎しという。人の多くは現実的・功利的・打算的である。恩ある人も遠く離れ去るといつしか不知恩の徒になり下がる。佐渡の苦境にあって日蓮をはぐくんだ人々。佐渡の信徒は教導の師日蓮をひたすら信頼し恋慕した。文永十一年三月佐渡離島、同六月身延に定住した日蓮。弘安元年は身延入山五年目だが実質は四年。その間、佐渡の千日尼は夫阿仏房の背に荷を負わせて大連年師を見舞った。「いくらほどの御心ざしぞ。大地よりも厚く大海よりも深き御心ざしぞかし」。感嘆し讃嘆した。

12月25日

一日二日たがいしをだにもおぼつかなしとおもいしに、こぞ(去年)の三月の二十一日にわかれにしが、こぞもまちくらせどもみゆる事《こと》なし。今年《ことし》もすでに七月になりぬ。

『千日尼御返事《せんにちあまごへんじ》』(一七六二)

四面楚歌《しめんそか》のただ中に放置され苦難の四年をすごした佐渡の日蓮。阿仏房・千日尼夫妻は命を投げ出して日蓮を保護し熱き信仰の人となったばかりか、身延に庵を結ぶ日蓮を再三訪い奉仕した。その阿仏房がみまかった。妻への弔書は連綿とつづく。「散《ち》りし花も又咲《さき》ぬ。落《おち》し菓《このみ》も又なりぬ。春の風もかわらず、秋の景色《けしき》もこぞの如し。いかにこの一事のみ変《かわ》りゆきて本《もと》の如くなかるらむ。月は入りて又出《いで》ぬ。雲は消て又来《きた》る。この人の出《い》でて帰らぬ事こそ天も恨めしく地も嘆かしく候へとこそおぼすらめ」。

12月26日

去年《こぞ》は七月二日、父《ちち》の舎利《しやり》を頸《くび》に懸《か》け一千里《いっせんり》の山海《さんかい》を経《へ》て甲州波木井《こうしゅうはきい》身延山《みのぶさん》に登《のぼ》りて法華経の道場《どうじょう》に此《これ》をおさめ、今年《ことし》は又《また》七月一日身延山《みのぶさん》に登《のぼ》りて慈父《じふ》の墓《はか》を拝見《はいけん》す。子《こ》にすぎたる財《たから》なし。

『千日尼御返事《せんにちあまごへんじ》』(一七六五)

佐渡・身延の間をいくたびも往来した阿仏房。佐渡にあって苦境の日蓮を護り助けてくれた阿仏房。人生を信仰を語りあかした阿仏房。その阿仏が死んだ。弘安二年三月二十一日である。七月二日、子の藤九郎守綱《とうくろうもりつな》は父の遺骨を首に掛け身延に登山。日蓮の草庵のかたわらに埋骨した。今年また七月一日、守綱は墓参に上山。仏事を営みおえた守綱は佐渡への帰途につく。島へ帰る子に、島で待つ千日尼への状を日蓮はもたせやる。夫を亡くした妻の別離の悲しみを思いやり、「子にすぎたる財なし」と。

12月27日

人《ひと》は生《うま》れて死《し》する習《なら》いとは、智者《ちしゃ》も愚者《ぐしゃ》も上下《じょうげ》一同《いちどう》に知《し》りて候《そうら》へば、始《はじめ》て嘆《なげ》くべし驚《おどろ》くべしとわおぼえぬ由《よし》、我《われ》も存《ぞん》じ人《ひと》にも教《おし》え候《そうら》へども、時《とき》にあたりて夢《ゆめ》か幻《まぼろし》か、未《いま》だわきまえ難《がた》く候《そうろう》。

『上野殿後家尼御前御書《うえのどのごけあまごぜんごしょ》』（一七九三）

檀越の訃報に接して日蓮は泣いた。今に多く伝える弔書は一字一涙の感を抱かせる。生者必滅《しょうじゃひつめつ》・会者定離《えしゃじょうり》。このことは仏者として日蓮はもとより熟知する。仏者たらずとも賢愚わかつことなく人皆知る。冷《ひや》やかにいえば、死は必然、嘆き驚くべきことではない。しかし日蓮は五体をあげて死を悼み、傷心を打ちまけて哀惜した。真に痛哭した。悲哀の感情をさらけだした。死別の悲しさに共鳴し共苦した。夢か幻か、信ずることができないと報じた。死の境をいくたびも往来した日蓮は命をかぎりなくいとおしんだ。

12月28日

老《おい》たる母《はは》は留《とど》まりて若《わか》き子《こ》の先立《さきだ》つ情《なさけ》なき事《こと》なれば、神《かみ》も仏《ほとけ》もうらめしや。いかなれば親《おや》に子《こ》をかえさせ給《たま》いて先《さき》にはたてさせ給《たま》わず、留《とど》めおかせ給《たま》いて嘆《なげ》かせ給《たま》うらんと心《こころ》う（憂）し。

『光日房御書《こうにちぼうごしょ》』（一一五八）

「親子の別れにも、親は逝きて子は留まるは、同じ無常なれどもことわり（理）にもや」。親子の死別は辛いもの。親が先きだち子が生き残るのは同じ無常の悲しみとはいいながら順次の道理であろう。「子を留めて親の去ること次第たりと雖《いえど》も、倩《つらつら》、事《こと》の心を案ずるに去《さっ》て後来《のちきた》るべからず、何《いず》れの月日をか期《ご》せん。二母国《にぼこく》に無《な》し。今より後誰《のちだれ》をか拝すべきや。離別忍び難し」とも別の状にある。順次の道理の逆はいっそう辛く恨めしい。どうして子にかえて親を先立たせてくれなかったのか。悲しく恨めしい。

12月29日

畏《かしこみ》申《もう》し候《そうろう》。道《みち》の程《ほど》別事《べちごと》候《そうら》はで池上《いけがみ》まで着《つき》て候《そうろう》。道《みち》の間《あいだ》山《やま》と申《もう》し河《かわ》と申《もう》しそこばく大事《だいじ》にて候《そうらい》けるを公達《きうだち》に守護《すご》せられまいらせ候《そうらい》て、難《なん》もなくこれまで着《つき》て候《そうろう》事《こと》、恐《おそ》れ入《い》り候《そうろう》ながら悦《よろこ》び存《ぞん》じ候《そうろう》。

『波木井殿御報《はきいどのごほう》』（一九二四）

弘安五年九月八日、日蓮は身延を下山し涅槃《ねはん》の旅におもむいた。病体を栗鹿毛《くりかげ》の馬の背にゆられて道中十一日、武蔵池上家に着いた。翌十九日、安着の旨を身延の南部氏へ報じた。絶筆である。日蓮最後の手紙は短いが、その半分を道中を背に受けた栗鹿毛の馬へのあふれるような慈愛で埋められている。「栗鹿毛の御馬はあまりおもしろくおぼへ候程《ほど》に、いつまでも失《うしな》うまじく候」といい、「知らぬ舎人《とねり》をつけて候てはおぼつかなくおぼへ候」ともいう。馬一匹にそそぐ濃《こま》やかな情愛をあらわに示す。

12月30日

日本国《にほんこく》にそこばくもてあつかうて候《そうろう》み（身）を、九年まで御《おん》きえ（帰依）候《そうらい》ぬる御心《おんこころ》ざし申《もう》すばかりなく候《そうら》へば、いづくにて死《し》に候《そうろう》とも、はか（墓）をば身延《みのぶ》さわ（沢）にせさせ候《そうろう》べく候《そうろう》。

『波木井殿御報《はきいどのごほう》』（一九二四）

日本国中でたいそうもてあまされた私を、九年もの間ご帰依なされたご厚意は言葉ではとても言い尽すことができません。たとえどこで死のうとも墓は身延の沢に建ててくださいますよう。絶筆の書状に記された日蓮の遺言である。死期近きを伝え心かなった山、身延山を留魂《るこん》の地と指定している。弘安五年十月十三日、日蓮は池上家の一室でついにみまかった。仏の命をつぎ、仏の命をつぐ人々を育《はぐく》んできた日蓮。仏と共に道なき道を歩んだ日蓮は、仏に支えられ一人仏を支えながら弘通の生涯を終えた。

12月31日

日蓮が慈悲広大《じひこうだい》ならば、南無妙法蓮華経は万年《まんねん》の外未来《ほかみらい》までもながるべし。日本国《にほんこく》の一切衆生《いっさいしゅじょう》の盲目《もうもく》をひらける功徳《くどく》あり。無間地獄《むけんじごく》の道《みち》をふさぎぬ。

『報恩抄《ほうおんしょう》』（一二四八）

一切衆生の救済が仏教のめざす唯一の課題。教主釈尊は衆生救済の大慈悲心にあふれたお方。大慈大悲の仏の命をひきついだ法華経の行者日蓮。仏の命法華経の結晶南無妙法蓮華経は、万年をこえでた未来に向けて流伝する。日蓮の衆生救済の慈悲心が広大だから、そのことは確かである。人々の盲目を開き、地獄への道を途絶させることが日蓮の仕事である。人間凝視への開目《かいもく》、仏を見つめる心の開目、これによって人は仏となり得る。大いなる慈悲の実践者仏《ほとけ》、仏の慈悲の継承者日蓮。日蓮の課題の総括の一節。

文献案内

（日蓮聖人について関心をより深めたいと考えられる方々に、参照・参考すべき主要文献を単行本にかぎり列記した。）

●日蓮の著述〈真蹟集・遺文集・校注書〉

『日蓮大聖人御真蹟』全五函、三帙・四十八巻・二十二冊　立正安国会監〈立正安国会〉昭32（昭56改幀）
『日蓮聖人真蹟集成』全十巻　日蓮聖人真蹟集成法蔵館編集部編〈法蔵館〉昭51
『日蓮大聖人御真蹟対照録』全三巻　立正安国会編〈立正安国会〉昭42
『昭和定本 日蓮聖人遺文』全四巻　立正大学日蓮教学研究所編〈総本山身延久遠寺〉昭34
『親鸞集　日蓮集』（日本古典文学大系82）　兜木正亨・新間進一校注〈岩波書店〉昭39
『日蓮文集』（岩波文庫）　兜木正亨校注〈岩波書店〉昭40
『日蓮集』（日本の思想4）　田村芳朗編〈筑摩書房〉昭44
『日　蓮』（日本思想大系14）　戸頃重基・高木豊校注〈岩波書店〉昭45
『日　蓮』（日本の名著8）　紀野一義編〈中央公論社〉昭45
『法然・親鸞・日蓮集』（仏教教育宝典4）　茂田井教亨他編〈玉川大学出版部〉昭47
『御本尊集目録』　山中喜八編〈立正安国会〉昭49再刊
『日蓮大聖人御真蹟目録』　片岡善蔵編〈立正安国会〉昭56

●日蓮の思想〈研究・注釈・解説書〉

『日蓮聖人教学の研究』　浅井要麟〈平楽寺書店〉昭20（昭44再刊）
『日蓮宗教学史』　執行海秀〈平楽寺書店〉昭27
『日蓮聖人御遺文講義』全十九巻　望月歓厚他〈日蓮聖人遺文研究会〉昭32再刊
『日蓮教学の研究』　望月歓厚〈平楽寺書店〉昭33
『日蓮宗読本』　立正大学日蓮教学研究所編〈平楽寺書店〉昭36
『日蓮　その人と思想』　里見岸雄〈錦正社〉昭38
『日蓮書簡集』　池田諭〈経営思潮研究会〉昭38
『法華思想史上の日蓮聖人』　山川智応〈浄妙全集刊行会〉昭39再刊
『日蓮聖人御消息文講話』　茂田井教亨〈山喜房仏書林〉昭39
『日蓮とその門弟』　高木豊〈弘文堂〉昭40
『日蓮の思想と鎌倉仏教』　戸頃重基〈冨山房〉昭40
『日蓮聖人遺文の文献学的研究』　鈴木一成〈山喜房仏書林〉昭40
『日蓮思想の根本問題』　勝呂信静〈教育新潮社〉昭40
『鎌倉新仏教思想の研究』　田村芳朗〈平楽寺書店〉昭40
『日蓮書簡に聞く』　茂田井教亨〈教育新潮社〉昭41
『開目抄に聞く』　室住一妙〈教育新潮社〉昭41
『予言者の仏教―立正安国論』　田村芳朗〈筑摩書房〉昭42
『鎌倉仏教―親鸞と道元と日蓮―』　戸頃重基〈中央公論社〉昭42

『日蓮宗入門』　茂田井教亨〈教育新潮社〉昭42
『日蓮―書簡を通してみる人と思想―』　増谷文雄〈筑摩書房〉昭42
『日蓮大聖人と倶に』　室住一妙〈教育新潮社〉昭42
『日蓮―その生涯と思想―』　久保田正文〈講談社〉昭42
『日蓮聖人の実現の宗教』　山川智応〈浄妙全集刊行会〉昭42再刊
『日蓮宗学説史』　望月歓厚〈平楽寺書店〉昭43
『永遠のいのち〈日蓮〉』（仏教の思想12）　紀野一義〈角川書店〉昭45
『現代人の信と解』　長谷川正徳〈教育新潮社〉昭46
『講座日蓮』全五巻　宮崎英修・田村芳朗編〈春秋社〉昭47
『日蓮聖人研究』　宮崎英修・茂田井教亨編〈平楽寺書店〉昭47
『日蓮宗の成立と展開―中山法華経寺を中心として―』　中尾堯〈吉川弘文館〉昭48
『日蓮教学の諸問題』　茂田井教亨先生古稀記念会編〈平楽寺書店〉昭49
『死者・生者―日蓮認識への発想と視点』　上原専禄〈未来社〉昭49
『中世法華仏教の展開』　影山堯雄編〈平楽寺書店〉昭49
『日蓮の伝記と思想』　日蓮宗現代宗教研究所編〈隆文館〉昭50
『まことの法華経信仰』　山川智応〈浄妙全集刊行会〉昭51再刊
『法華経と日蓮聖人』　久保田正文〈第一書房〉昭51
『現代語訳　日蓮聖人の手紙』全二巻　石川康明編〈国書刊行会〉昭51
『日蓮教学の思想史的研究』　戸頃重基〈冨山房〉昭51

『日蓮宗信行論の研究』　渡辺宝陽〈平楽寺書店〉昭51
『日蓮聖人遺文全集講義』全二十八巻　清水龍山他〈ピタカ〉昭52再刊
『開目鈔講讃』全二巻　茂田井教亨〈山喜房仏書林〉昭52
『日蓮主義発展史』　山川智応〈真世界社〉昭53
『日蓮のことば』　渡辺宝陽〈雄山閣出版〉昭53
『これからの世界・人間』　田中香浦〈真世界社〉昭53
『日蓮宗』（日本仏教基礎講座）　渡辺宝陽・中尾堯編〈雄山閣出版〉昭53
『日蓮と立正安国論』　佐々木馨〈評論社〉昭54
『日蓮聖人の宗教』　田中香浦〈真世界社〉昭54
『法華経者の精神』　茂田井教亨〈大蔵出版〉昭54
『日蓮の法華経観』　茂田井教亨〈佼成出版社〉昭55
『日蓮の行法観』　茂田井教亨〈佼成出版社〉昭56
『日蓮教学の根本問題』　茂田井教亨〈平楽寺書店〉昭56
『日蓮―房総における宗派と文化―』　千葉県郷土史研究連絡協議会編〈千秋社〉昭56
『日蓮のこころ―言葉と行動の軌跡―』　今成元昭〈有斐閣〉昭57
『鎌倉仏教史研究』　高木豊〈岩波書店〉昭57
『日　蓮』（日本名僧論集9）　中尾堯・渡辺宝陽編〈吉川弘文館〉昭57
『日蓮教団の諸問題』　宮崎英修先生古稀記念論文集刊行会編〈平楽寺書店〉昭58
『日蓮　女性への手紙』　永田美穂〈暁書房〉昭58

『日蓮聖人教学研究』 庵谷行亨〈山喜房仏書林〉昭59
『日蓮―その人と心―』 茂田井教亨〈春秋社〉昭59
『日蓮の人間観』上下二巻 茂田井教亨〈佼成出版社〉昭59
『日蓮その人と教え―挑戦する苦しみ喜び―』 渡辺宝陽監〈すずき出版〉昭59
『日蓮聖人と日蓮宗』(日本仏教宗史論集9) 中尾堯・渡辺宝陽編〈吉川弘文館〉昭59
『日蓮宗研究Ⅰ』 日蓮宗研究刊行同人会編〈法華ジャーナル〉昭59

●日蓮の史伝

『法華経の行者日蓮』 姉崎正治〈博文館〉大5(昭48再刊、昭58講談社学術文庫)
『日蓮聖人伝十講』 山川智応〈新潮社〉大10(昭50再刊、浄妙全集刊行会)
『日蓮聖人』 山川智応〈新潮社〉昭18(昭57再刊法蔵館)
『日蓮という人―その虚像と実像―』 戸頃重基〈至誠堂〉昭41
『日蓮聖人御伝』 久保田正文〈大法輪閣〉昭42
『日蓮―その行動と思想―』 高木豊〈評論社〉昭45
『日蓮―行動者の思想―』 中島尚志〈三一書房〉昭45(昭57増補改題『日蓮論―行動者の思想』)
『日蓮―その生涯とこころ―』 菊村紀彦〈社会思想社〉昭46
『日蓮―その思想・行動と蒙古襲来―』 川添昭二〈清水書院〉昭46
『日蓮とその弟子』 宮崎英修〈毎日新聞社〉昭46
『日蓮―配流の道―』(日本の旅人4) 紀野一義〈淡交社〉昭48

『日蓮―殉教の如来使―』　田村芳朗〈日本放送出版協会〉昭50
『日蓮聖人小伝』　高橋智遍〈師子王学会出版部〉昭52四版
『日蓮聖人―久遠の唱導師―』　岡元錬城〈法華ジャーナル〉昭52
『日蓮の旅』　新月通正〈朝日ソノラマ〉昭55

●その他〈教団史・辞（事）典〉

『日蓮教団史概説』　影山堯雄〈平楽寺書店〉昭34
『日蓮教団全史㊤』　立正大学日蓮教学研究所編〈平楽寺書店〉昭39
『日蓮宗布教の研究』　影山堯雄〈平楽寺書店〉昭50
『日蓮宗の歴史』　中尾堯〈教育社〉昭55
『法華辞典』　中村又衛編〈山喜房仏書林〉昭37四版
『本化聖典大辞林』全三巻　田中智学監〈国書刊行会〉昭49再刊
『日蓮辞典』　宮崎英修編〈東京堂出版〉昭53
『日蓮宗事典』　日蓮宗事典刊行委員会編〈日蓮宗宗務院〉昭56
『日蓮聖人事蹟事典』　中尾堯編〈雄山閣出版〉昭56
『日蓮聖人大事典』　河村孝照・石川教張編〈国書刊行会〉昭58

			8月、院主代、日秀の檀越弥四郎の頸を斬らせ全面的弾圧の口実をつくらんと謀る。9月、院主代と門下論争対決を深め、同21日、院主代は在地政所と結託し苅田狼藉事件を譏構、日秀等の所業と謀略して幕府に提訴。日秀等の檀越熱原の百姓20人逮捕されて鎌倉に連行される。日秀・日興ら鎌倉へ同行し、鎌倉の門弟と共に国権弾圧に対処。事態を身延の日蓮に急報、交信あいつぐ。10月1日、檀越に回状(『聖人御難事』)し、異体同心の結束を呼びかけ忍難の決意を要請す。10月12日、日秀ら日蓮の指示によって申状案文を作成し、この日身延到着。ただちに添削加除して送り返し、併せ指示の状を発す。同15日、平頼綱、拘置の百姓20名を狂気的に拷問し、中心人物神四郎等3人斬首される。同17日、事変の急報に接して殉教を痛哭し、ただちに問注すべきを指示。以後、年余にわたり圧迫しきりに加わるも檀越結束して法難をのりこえる。以上〈熱原法難〉。この年7月、幕府蒙古国使を博多に斬る。
1280	弘安3	59	7月1日、藤九郎守綱、父の1周忌登詣す。翌2日、守綱に託して阿仏の妻千日に慰撫の状『千日尼御返事』を遣す。7月15日以降、各地の門弟を集めて特別講座を開講す。9月5日、南条時光の弟五郎没し、以後連綿として慰藉の状をつづる。この年9月筑前筥崎八幡宮、11月鎌倉鶴岡八幡宮炎上。12月、『諌暁八幡抄』を撰述して国王・国神を批判、八幡に法華経行者の守護を諌暁す。前年および今年、病状やや恢復す。
1281	〃 4	60	この年正月、病状悪化し年末まで病体つづく。3月1日～4日、病状小康裡に身延を下山し駿河南条家を訪い、故五郎の展墓と母子を慰藉す。4月28日、鎌倉に大風吹き荒れ第2次蒙古襲来を予測す。5月、蒙古再襲(弘安の役)。10月、この月工を起し小坊・大坊・厩などを造作し、11月24日落慶す。12月の状に死期近きを告げ、臨終に対応する。
1282	〃 5	61	2月28日、南条時光重病の報に接し、自身の病を蹴って『法華証明鈔』を呈す。春夏を病体ですごし、9月8日身延下山、常陸の湯をめざさんとす。同18日、武蔵池上郷の池上宗仲邸に着く。同19日、池上安着の報を波木井南部氏へ報知するが、口述させての絶筆となる(『波木井殿御報』)。同25日、池上家にあって『立正安国論』を講ず。10月8日、日昭・日朗・日興・日向・日頂・日持の6名を本弟子と指定し後事を託す。10月13日、辰の刻、池上宗仲の邸に死す。

1276	建治 2	55	3月末、下総の檀越富木常忍上山し老母の遺骨を納む。3月末・4月初、武蔵の檀越池上兄弟の兄宗仲、日蓮の信徒たるをもって父に勘当さる。建治4年1月の落着まで2度の勘当あって苦悶する兄弟を教書多数を発して教諭。4月16日、『兄弟鈔』を認めて教誡。7月21日、これより先き清澄の旧師道善房死去。この日師恩を報謝追悼し『報恩抄』を擱筆。弟子日向をして7月26日、安房に進発させ墓前に捧ぐ。この年、駿河熱原滝泉寺院主代行智、同寺居住の日蓮の弟子日秀・日弁等に念仏を強要圧迫し対立を深める。この年、真言宗蜂起し宗論の風評流れる。『種種御振舞御書』を著す。
1277	〃 3	56	3月中旬から1カ月、佐渡阿仏房再度の上山あって給仕す。6月9日、鎌倉の弟子三位房、龍象房と桑ケ谷で問答論破。信徒四条頼基これに随行し厄を招く。6月、弟子因幡房日永、下山兵庫五郎に日蓮信奉を咎められ、日永にかわって『下山御消息』を代作し陳弁諫暁す。6月23日、北条一門江馬氏、四条頼基の日蓮帰依を咎め、主に随従すべきを命ず。同25日、頼基にかわって『頼基陳状』を著し、主の良観信奉強要に抗し弁明する。以後、教書多数を発して教導する。12月30日、発病し以後下痢になやまされる。この年、諸国に疫病蔓延する。この年冬、草庵大破し修復する。
1278	弘安 1	57	1月16日、駿河岩本実相寺居住の弟子豊前房に書を呈し、同寺長老の圧迫に対抗教示、併せ四十九院別当の抑圧にも対応教示す。3月、駿河四十九院1月の紛争激化し、同寺の寺務厳誉は居住の日蓮の弟子日興・日持ら四人を追放する。ために日興ら不当を難じ申状を呈して対決する。3月21日、鎌倉の檀越急報をもたらせ、幕府が日蓮と諸宗との公場対論実現謀るを伝える。ただちに『諸人御返事』を認め門下に回覧させ喜びと決意を告げる。また、かつての『立正安国論』を再治し『立正安国論〈広本〉』を執筆す。4月11日、鎌倉の檀越、宗論中絶と3度目の流罪断行の風評を報じ来り、この日3度流罪を甘受し絶対闘争の決意を披瀝す。のち3度流罪は虚報と判明。6月、昨年来の病状すすみ、この月重態におちいる。11月、この頃草庵止住の門弟40人から60人と報じ、翌年は100人と報ずる。
1279	〃 2	58	3月21日佐渡阿仏房没し、その子藤九郎守綱7月2日遺骨を身延に納める。4月、滝泉寺院主代、公然門下弾圧に乗り出す。

			る。2月11日、執権の庶兄北条時輔の乱（2月騒動）起り、のち内乱的中によって入牢の弟子釈放さる。3月、『佐渡御書』を門下に送る。4月、一谷に配所を移さる。5月、鎌倉の門弟の赦免運動を禁制す。この年、阿仏房・国府入道の一家等入信、弟子学乗房入門。門弟こもごも来島資助。鎌倉の一婦人の来島に接し痛く感動す。
1273	文永10	52	4月25日、『観心本尊抄』を撰述す。5月、『如説修行鈔』、閏5月11日、『顕仏未来記』を著し門弟教導。7月8日、『曼荼羅本尊』を図顕す。9月19日、鎌倉の弟子弁殿日昭に「大師講」再開を指示す。この年7月、弟子日頂、佐渡に渡って随従し、弟子等の佐渡弘教活動活発化。門徒増大し、ために佐渡の異教徒鎌倉に上り佐渡守護大仏宣時の「虚御教書」をもたらし、弘通禁制・門弟抑圧に暗躍す。12月7日には三度目の「虚御教書」出される。
1274	〃 11	53	1月14日、『法華行者値難事』を著し、佐渡守護大仏宣時の虚御教書を写し載せ門弟にその非法を公開させ、あわせ赦免運動を指示。1月・2月に天変を見て今年蒙古襲来あるを直覚す。2月、赦免後に備え、のち『法華取要抄』と改題修訂される『以一察万抄』を著す。2月14日、幕府、流罪赦免状を発す。3月8日状佐渡に届き、同13日離島。同26日、鎌倉へ敢行する。4月8日、平頼綱たち幕閣要人と対談し第3回国主諫暁を行う。このとき蒙古問題を論じ、今年襲来あるを確言し対策を進言する。4月12日、鎌倉に大風吹き草木枯る。5月12日、建言無視の幕府を見限り鎌倉を退出する。同17日、甲斐波木井郷に着く。6月17日、身延山中に庵を結ぶ。これより前の5月24日、『法華取要抄』を著述し門弟一同に送達す。5・6月頃、清澄寺への別当招請あるも拒絶す。10月、蒙古軍襲来す（文永の役）、報に接して痛歎しかねて正法流布を確信す。12月、『顕立正意抄』を著し幕府の頑迷を悲しみ門下の信行を督励す。この年以後数年『注法華経』の撰集に従事す。この年7月、駿河の檀越南条時光身延訪問、以後各地の檀越遠近よりこもごも上山す。
1275	建治1	54	2月『神国王御書』、3月『曽谷入道殿許御書』、6月『撰時抄』等を撰述する。この年以降、門下に指示し聖教の蒐集につとめる。9月、幕府、蒙古使を龍口に斬り、12月、異国征伐を計画しのち中止。12月26日、真言僧強仁、状を寄せ来る。公場対論を切望して『強仁状御返事』を返書す。

			す。同月、蒙古王フビライの使者日本に向けて発つ。
1268	文永5	47	1月蒙古国書到来し、2月幕府蒙古襲来防備を指令、3月北条時宗執権就任。この年、蒙古国書到来を期して諫暁活動熾烈に展開す。3月末・4月初、新執権時宗に『立正安国論』を上書。4月5日、これより前幕府要人法鑒房(侍所所司平盛時入道か)と会見し執権時宗との面談を要請、ついでこの日状『安国論御勘由来』を発して意見を述べ対談を請う。8月21日、得宗被官宿谷最信に書を呈して対談を請い時宗への内奏を要請。9月、重ねて面談執奏を請う。10月11日、執権・最信・平頼綱・極楽寺良観・建長寺道隆等、政教界の要人11カ所に書を送り外寇を警告し公場対決を要請す。門弟を策励し、年末には次年正月を期して「大師講」の充実拡大を告げ、教書の蒐集に当る。
1269	〃 6	48	この年1月1日から15日まで半月間の「大師講」を開始して、門弟教導につとめる。師檀あげて学習・教化の活動に精励す。前年につづき再び諸方に書を寄せ対決を迫る。11月28日、檀越に状『金吾殿御返事』を発し捨身の決意を披瀝す。12月8日、『立正安国論』を書写し奥書を付して下総の檀越矢木氏へ送る。
1270	〃 7	49	「大師講」中心の教導は門下の増大とみにすすめ、念仏宗・禅宗・律宗等への諸宗批判を顕在激化す。
1271	〃 8	50	6月、良観の祈雨にことよせ仏法の正邪を判ぜんと法験争いを申し送る。良観祈雨に失敗し、7月8日浄光明寺行敏を表にして法論を申し懸けらる。同13日、公場対決要請を返報す。9月、これより以前、良観・然阿良忠・道阿道教らによって幕府に訴えられる。良観らの訴状十項目に陳述反論し、ために良観ら訴・陳の番えを放棄しひたすら讒言讒奏す。9月10日、侍所所司平頼綱召喚訊問す。同12日、頼綱に逮捕され不法を強言す〈第2回国主諫暁〉。門弟また逮捕禁獄され信徒への弾圧激化し教団崩壊寸前となる。この日深夜頼綱刑場龍口に斬らんとして失敗し、13日相模依智へ護送さる〈龍口法難〉。10月3日、入牢の弟子5人に慰藉の状を送り、明年3月赦免あるを予告す。10月10日、依智を発って佐渡流罪の途につく。同21日、越後寺泊に着く。同28日、佐渡に着く。11月1日、塚原三昧堂に謫居。以後在島4年暗殺者の中に身をさらす〈佐渡法難〉。
1272	〃 9	51	1月16日・17日、佐渡の異教徒と問答〈塚原問答〉し、弁成とのそれを『法華浄土問答鈔』に記す。2月中旬、前年謫居後着手の『開目鈔』なりただちに全門下に披読させるべく鎌倉へ送

1257	正嘉 1	36	8 月23日、鎌倉にあって前代未聞の大地震に遭遇す。
1258	〃 2	37	暴風吹き、大雨洪水し、諸国田園損亡、各地に群盗蜂起。連年の災害を勘えるため駿河岩本実相寺経蔵にこもる。『一代聖教大意』を撰述し、諸経の閲読に従事す。
1259	正元 1	38	疫病全国に流行。夏の頃にか鎌倉に帰り『守護国家論』を撰述す。10月13日、念仏者と対決。念仏批判に幕閣大仏朝直動く。
1260	文応 1	39	疫病熾烈。『災難興起由来』『災難対治鈔』『唱法華題目鈔』を著し、ついで『立正安国論』をまとめあげ、7 月16日、宿谷入道最信を介して前執権北条時頼に上書す。〈第 1 回国主諫暁〉。上呈に先だって時頼と会談し、災難克服の意見を上申す。8 月27日、鎌倉の僧徒蜂起し名越の草庵を夜討放火す〈松葉谷法難〉。難をさけ下総の檀越富木常忍邸に入る。
1261	弘長 1	40	春夏の交にか鎌倉にもどり、浄土教批判を展開。鎌倉法然浄土教首領たちと法論。5 月12日逮捕され、翌13日市中を引き廻されて伊豆伊東に流罪される〈伊豆法難〉。
1262	〃 2	41	伊豆にあって『四恩鈔』『教機時国鈔』『顕謗法鈔』等一連の教理論書を述作し、教義の大綱〈五義〉を独創整足し、法華経行者の名目を示す。2 月、叡尊鎌倉下向、忍性良観これを資け鎌倉多宝寺に住す。
1263	〃 3	42	2 月22日、伊豆流罪赦免状発せられ、同24日、赦免状配所に着き、のち鎌倉へもどる。11月22日、時頼没し哀悼す。
1264	文永 1	43	7 月 4 日以降、旬日におよび大彗星流れわたり外寇を直感す。8 月21日、長時没し政村執権となる。9 月、安房に帰省し、病母を見舞い、師道善房を諌め、西条花房蓮華寺に住して伝道す。11月11日、東条松原の大路で地頭東条景信に襲撃され頭に刀疵を受け左手を折られる重傷を蒙り、門弟殉教す〈東条（小松原）法難〉。12月 8 日、『南条兵衛七郎殿御書』を発し、日本第一の法華経の行者を始唱す。
1265	〃 2	44	前年末かこの年鎌倉に帰り、檀越南条兵衛七郎の訃を聞いて駿河上野郷に下向弔問す。年末にか再び安房に下向し巡教す。
1266	〃 3	45	1 月 6 日、清澄寺にあって『法華題目鈔』を撰述す。この年からか月例24日天台大師鑽仰の「大師講」を営む。
1267	〃 4	46	この年母死去、安房帰省ありしか。8 月、忍性鎌倉極楽寺に住

日蓮聖人略年譜

西暦	年　号	年齢	事　　蹟（政治・社会の動向若干を挿記）
1222	貞応1	1	2月16日、安房国長狭郡東条郷片海に生まれる。
1229	寛喜1	8	この頃からか世間流布の称名念仏を唱える。
1232	貞永1	11	この頃からか生家にあって習学の志を抱き、故郷の大寺清澄寺登山と同寺本尊虚空蔵菩薩祈願のおもいを抱懐す。鎌倉幕府御成敗式目制定。
1233	天福1	12	5月12日、天台宗寺院清澄寺に登り、道善房に師事。
1237	嘉禎3	16	道善房について出家し、房号を是聖房と名のる。虚空蔵菩薩への熱禱つづき回心。
1238	〃　4	17	11月14日、道善房の住房で『授決円多羅義集唐決』を書写。
1239	延応1	18	前年末かこの年か鎌倉に遊学し浄土宗禅宗を学ぶ。
1242	仁治3	21	鎌倉遊学を卒え清澄寺に帰り成果を処女論文『戒体即身成仏義』にまとめる。ついで比叡山に留学す。
1248	宝治2	27	籠山6年をへてこの頃からか諸国を遍歴す。
1251	建長3	30	諸寺諸山歴訪習学し、11月24日、京都富小路で覚鑁の『五輪九字明秘密義釈』を書写。
1252	〃　4	31	この年、京畿留学の総決算を果たし，年末には安房への帰途につくか。
1253	〃　5	32	清澄帰山。日蓮と改名し、4月28日、清澄寺で法華経信仰を開陳・勧奨す〈立教開宗〉。清澄の大衆・地頭東条景信等、日蓮の教説を批判す。
1254	〃　6	33	前年より念仏者の地頭東条景信、日蓮を圧迫。地頭の領家侵害に抗して領家の尼に代って係争し勝訴す。地頭激怒し日蓮の清澄追放を謀り、師道善房日蓮を勘当、秋の頃清澄寺退出、鎌倉に出る。名越の地に小庵を結ぶ。弟子弁殿日昭入門。12月9日、檀越富木常忍に書状を送る〈現存書状第一信〉。
1255	〃　7	34	名越小庵に住して天台僧と交流し諸宗をうかがい宣教す。
1256	康元1	35	法然念仏批判を展開し街衢に唱導す。鎌倉大雨洪水。執権北条時頼辞任出家、北条長時執権就任。

岡元 錬城（おかもと　れんじょう）
昭和17年、北海道美幌町に生まれる。
昭和41年、立正大学仏教学部宗学科卒業。
日蓮宗本妙寺前住職、日蓮宗専任布教師、日蓮宗嗣学、立正大学日蓮教学研究所客員所員。
主な著書・論文
『日蓮聖人―久遠の唱導師』（法華ジャーナル）
『続 日蓮のことば365日』（東方出版）
『続々 日蓮のことば365日』（東方出版）
『日蓮聖人の御手紙』（全3巻、東方出版）
『仏説・仏法・仏事』（東方出版）
『日蓮聖人遺文研究』（全3巻、山喜房佛書林）
『立正山本妙寺史―八十年のできごと―』（本妙寺護持会）
『立正山本妙寺百年史』（本妙寺護持会）
『露塵抄』（日蓮宗新聞社）
『日蓮聖人遺文への招待―春夏秋冬―』（日蓮宗新聞社）
「『立正安国論〈広本〉』について」（『現代宗教研究』第7号所収）
「『立正安国論』考察の一視点・飢饉」（『現代宗教研究』第16号所収）
「日蓮聖人と秋田城介安達泰盛（上）・（下）」（『日蓮主義研究』第7・8号所収）
「樺太の日蓮宗」（『日蓮宗北海道大鑑』所収）
「日蓮聖人遺文「池上賜書」管見」（『御遺文研究』第33号所収）
現住所　北海道網走郡美幌町西二条北一丁目　本妙寺裡

日蓮のことば 365 日【新装版】

1985 年 5 月 12 日　　初版第 1 刷発行
2018 年 2 月 20 日　新装版第 1 刷発行

著　者　岡　元　錬　城
発行者　稲　川　博　久
発行所　東 方 出 版（株）
〒543-0062　大阪市天王寺区逢阪 2-3-2
TEL06-6779-9571　FAX06-6779-9573
装　幀　森　本　良　成
印刷所　亜細亜印刷（株）

落丁・乱丁本はおとりかえいたします。　ISBN978-4-86249-300-2